INSURANCE TECHNOLOGY

保险科技

朱进元 刘勇 魏丽 著

中信出版集团·北京

图书在版编目(CIP)数据

保险科技 / 朱进元,刘勇,魏丽著 . -- 北京:中信出版社,2018.4
ISBN 978-7-5086-8582-3

Ⅰ.①保… Ⅱ.①朱… ②刘… ③魏… Ⅲ.①科学技术 - 保险 - 研究 - 中国 Ⅳ.① F842.6

中国版本图书馆 CIP 数据核字 (2018) 第 019671 号

保险科技

著　者：朱进元　刘勇　魏丽
出版发行：中信出版集团股份有限公司
　　　　　(北京市朝阳区惠新东街甲 4 号富盛大厦 2 座　邮编　100029)
承 印 者：三河市西华印务有限公司

开　　本：880mm×1230mm　1/32　　印　张：11.75　　字　数：260 千字
版　　次：2018 年 4 月第 1 版　　　　印　次：2018 年 4 月第 1 次印刷
广告经营许可证：京朝工商广字第 8087 号
书　　号：ISBN 978-7-5086-8582-3
定　　价：88.00 元

版权所有·侵权必究
如有印刷、装订问题,本公司负责调换。
服务热线：400-600-8099
投稿邮箱：author@citicpub.com

编委会名单

编委会委员（按姓氏笔画排序）

王敏　乔阳　初可佳　郑健　夏宁峰　郭大治　蔡恩学

编写组成员（按姓氏笔画排序）

王斌　尹博　朱丽桦　张国艳　曹婷婷

CONTENTS 目 录

第1章 保险基本原理 / 001

　　保险的产生与发展 / 003

　　保险的含义与特征 / 019

　　保险的职能与作用 / 023

　　保险的要素与原则 / 031

　　保险合同与效力 / 054

　　保险的价值和意义 / 088

第2章 保险经营基础 / 097

　　保险市场 / 099

　　保险分类与产品 / 105

　　保险成本与定价 / 127

　　保险核保与理赔 / 139

保险资金运用 / 147

保险展业与分保 / 154

第 3 章 保险科技 / 171

保险 + 人工智能 / 175

保险 + 区块链 / 184

保险 + 物联网 / 195

保险 + 基因诊疗 / 205

第 4 章 互联网保险概述 / 217

大数据与互联网保险 / 219

互联网保险的概念及其参与主体 / 226

大数据技术在互联网保险中的应用 / 231

我国互联网保险的发展历程、潜力和趋势 / 257

第 5 章 保险科技创新实践 / 275

保险科技在财产保险中的创新实践 / 277

保险科技在人身保险中的创新实践 / 291

保险科技在第三方平台中的应用实践 / 305

第6章 互联网保险的风险及监管研究 / 321

互联网保险相关风险 / 323

我国互联网保险监管实践 / 326

国际互联网保险监管实践 / 336

完善我国互联网保险监管政策建议 / 344

参考文献 / 365

第 1 章
保险基本原理

保险的产生与发展

保险基于风险的客观存在而产生,因风险的变化而变化,并随着社会经济的发展和科学技术的进步而逐渐完善和成熟。

保险的历史沿革

1. 古代的保险思想

人类改造自然、征服自然的漫长经历,也是人类抵御自然灾害、防范意外事故并不断奋斗的历程。在这一过程中,人类除了利用已掌握的生产技能进行积极的灾害防御外,还通过建立经济后备的形式来弥补各种风险给社会经济生活造成的损失。随着社会生产力的提高,物质财富不断丰富,保险也随着剩余产品的出现而萌芽并发展起来。

保险学界一般认为,原始的保险思想最早出现在古巴比伦、古希腊、古罗马与古埃及。在公元前2500年,古巴比伦国王曾命令僧侣、法官和市长等向其辖区内的居民征收赋税、筹集资金,以补偿可能的天灾人祸给人们造成的经济损失。在著名的《汉穆拉比法典》中,就出现了关于类似货物运输保险和火灾保险的规定。在古希腊，盛行一种团体，持相同的政治、哲学观点或宗教信仰的人或同一行业的工匠聚集在一起，每月交付一定数额的会费，当参加者遭受不幸时，即由其所在团体给予救济。在古罗马历史上也出现过丧葬互助会的组织，参加者交付一定金额的入会费，会员死亡时，由互助会支付其丧葬费用。古罗马时期，还有过收取会费作为士兵战死后给其家属抚恤费用的做法。在古埃及，公元前4世纪前后，类似的丧葬互助组织在石匠中也很盛行。这些都是早期的互助基金组织。研究认为，在古巴比伦有了财产保险的原始形态，在古希腊、古罗马与古埃及则有了人身保险的原始形态。

原始保险思想在中国的出现则可以从夏朝、周朝的粮食储备制度中得到证实。《夏箴》上说："天有四殃，水旱饥荒，其至无时，非务积聚，何以备之。"这说明中国古代先民当时就具有风险意识。关于中国古代保险思想的精辟论述还有很多，例如，《周书》中有记载"国无三年之食者，国非其国也；家无三年之食者，子非其子也，此之谓国备"；《礼记》有云"老有所终，壮有所用，幼有所长，鳏寡孤独废疾者，皆有所养"；《墨子》主张"必使饥者得食，寒者得衣，劳者得息"；等等。为了应对灾害饥荒风险，自夏、周以来，中国历代王朝都十分重视建立国家粮食后备仓储制度，朝廷还设置了专门的官职对仓储进行管理，如汉朝的常平仓、隋朝的义仓以及宋朝的广惠仓等。公元前54年，汉宣帝采纳大司农中丞耿寿昌的建议，"令边郡皆筑仓，以谷贱时增其价而籴，以利农；谷贵时减其价而粜，以利人。名曰常平仓，民便之"。在灾荒之年，"发常平仓所储……越制赈民"。"义仓"兴盛于隋唐时期，公元585年，隋文帝劝令民间每年秋天每家出粟一石以下，储之里巷，以备凶年。义仓制度是中国相互保险的原始形态，在中国存在了约1200年。在宋、明两朝，也出现了类似形式的民间"社仓"和赡养老幼贫病的"广惠仓"制度，这些都是原始的保险措施。在我国民间，还有为老年人提供养老供给的"父母轩"或"孝子会"等，这些也是原始的社会保险形态。此外，中国古代在江河及运河流域，还存在着一种"船帮组织"，参与这些组织的船商，为避免货物载于同一船中而可能招致全部倾覆的危险，而把货物分散装载于不同的船上，以分散风险和减轻损失。还有的把同乡船户组织起来，每户交纳一定的会费，由同乡船会储存生利，以便在船只遇难时给予适当的救济，这与近代海上保险的发展异曲同工。上述种种迹象表明，中国古代的原始保险思想萌芽很早，但是关于保险的各种形态还处在一种朦胧和朴素的状态，没有人系统地提出过保险理论。

2. 近代商业保险的产生与发展

（1）海上保险

海上保险是最古老的一种保险，近代保险首先是从海上保险发展而来。1347年，世界上第一张海上运输保险单诞生在意大利，这张保险单基于一批途经地中海的海上货物的运输协议设立，现在我们仍然可以在意大利热那亚博物馆看到这张具有里程碑意义的保险单。

15世纪以后，新航线的开辟使大部分西欧商品不再经过地中海，而是取道大西洋。16世纪时，英国商人从其他欧洲商人手里夺回了海外贸易权，积极发展贸易及保险业务。1575年，英国女王特许在伦敦皇家交易所内设立保险商会以办理保险单的登记等业务，并确立了海上保险保单的标准和条款。1601年，参照安特卫普市颁布的关于保险单内容和格式的法令，伊丽莎白一世女王颁布了第一部有关海上保险的法律《涉及保险单的立法》，并批准在保险商会内设立仲裁庭以解决海上保险相关的纠纷案件。1720年，经女王批准，英国的"皇家交易"和"伦敦"两家保险公司正式成为经营海上保险的专业公司。1756—1778年，英国上院首席法官曼斯菲尔德收集了大量的海上保险案例，编制了一部海上保险法案，随后以此为基础的《海上保险法》于1906年获得英国国会的通过，并成为世界各国《海上保险法》的范本。

（2）火灾保险

火灾保险起源于1118年冰岛的Hrepps（黑瑞普）社，该社对火灾及家畜死亡损失负赔偿责任。1591年，德国酿造业发生了一起大火。灾后，为了筹集重建酿造厂所需的资金和保证不动产的信用而成立了"火灾保险合作社"，这是火灾保险的雏形。

17世纪初，德国盛行互助性质的火灾救灾协会制度，1676年，第一家公营保险公司——汉堡火灾保险局由几个协会合并宣告成立。但真正意义上的火灾保险是在伦敦大火之后发展起来的。1666年9月2日，伦敦城被大火整整烧了5天，市内448英亩①地域中有373英亩成为瓦砾，占伦敦总面积的83.26%，13200户住宅被毁，财产损失1200多万英镑，20多万人流离失所，无家可归。灾后的幸存者非常渴望能有一种可靠的保障，对火灾所造成的损失提供补偿，因此火灾保险对当时的人们来说已显得十分重要。在这种状况下，聪明的牙医巴蓬在1667年独资设立营业处，办理住宅火灾保险，1680年他同另外三人集资4万英镑，成立火灾保险营业所，1705年更名为菲尼克斯即凤凰火灾保险公司。巴蓬的火灾保险公司根据房屋租金计算保险费，并且规定木结构的房屋比砖瓦结构的房屋保费增加一倍。这种依房屋危险情况分类保险的方法是"差别费率制"的起源，巴蓬则被称为"现代火灾保险之父"。

火灾保险成为现代保险，在时间上与海上保险差不多。1710年，波凡创立了伦敦保险人公司，后改称太阳保险公司，接受不动产以外的动产保险，营业范围遍及全国。从18世纪末到19世纪中期，英、法、德等国相继完成了工业革命，机器生产代替了原来的手工操作，物质财富大量集中，使人们对火灾保险的需求也更为迫切。这一时期的火灾保险发展异常迅速，且以股份公司的形式为主。1752年，著名科学家和政治活动家本杰明·富兰克林在费城创办了美国第一家火灾保险社。进入19世纪，在欧洲和美洲，火灾保险公司大量出现，承保能力有很大提高。1871年，芝加哥一场大火造成1.5亿美

---

① 1英亩=4046.86平方米。

元的损失，其中保险公司赔付1亿美元，可见当时火灾保险的承保面之广。随着人们生产和生活的需要，火灾保险所承保的风险也日益扩展，承保责任由单一的火灾扩展到地震、洪水、风暴等非火灾风险，保险标的也从房屋扩大到各种固定资产和流动资产。19世纪后期，随着帝国主义的对外扩张，火灾保险传到了发展中国家和地区。

（3）人身保险

人身保险的产生也是源于海上保险。哥伦布发现新大陆之后，欧洲人开始从非洲贩运奴隶。15世纪末，奴隶贩子开始将海上贩运的奴隶作为货物投保海上保险，这是以人的生命为保险标的的商业化保险的起源。后来，船员和乘客也开始投保，如遇到意外伤害，由保险人给予经济补偿，这些应该是人身保险的早期形式。

1536年，英国人马丁给一个叫杰明的人投保了2000英镑的人寿保险，保险期间是1年，收取了80英镑的保费。人寿保险发展过程中一个非常重要的标志就是数学方法和统计手段在人寿保险业务中的应用。1661年，英国数学家约翰·格兰特发表了关于生命表思想的论文，法国数学家帕斯卡将概率论用于年金保险；1671年，荷兰数学家维特运用概率论的原理，依据人的生存或死亡概率计算年金；1693年，英国天文学家哈雷根据德国布勒斯劳市的居民寿命资料，编制出一张完整的生命表，用科学的方法精确地计算出各年龄人口的死亡率；1756年，英国数学家陶德森提出了"均衡保费"的思想，为现代人寿保险的产生奠定了科学的理论基础。

1699年，英国出现了首家专业化的人寿保险组织——孤陋寡闻社，该社对投保人的年龄、健康情况等条件进行了明确的规定，并且设置了宽限期等延续到现代人寿保险合同的条款。18世纪40年代至50年代，英国人辛普森和多德森两人发起组织了"伦敦公平保险公司"。辛普森根据哈雷的生命表，制定出依据死亡率变化的费率表，这是首次将生命表运用到计算人寿保险的费率上，使人寿保险得以迅速发展。

17世纪中叶，年金保险产生，其创始人是意大利银行家洛伦佐·佟蒂。佟蒂提出了一项联合养老办法，这个办法后来被称为"佟蒂法"，并于1689年正式实行。"佟蒂法"规定每人交纳一定的法郎，筹集起总额140万法郎的资金，保险期满后，规定每年支付10%，并按年龄把认购人分成若干群体，对年龄高些的，分息就多些。"佟蒂法"的特点就是把利息付给该群体的生存者，如该群体成员全部死亡，则停止给付。

随后，人寿保险的发展打破了单纯以被保险人的死亡为给付条件的模式，开始出现无论被保险人生存或死亡都可以获得保险金的两全保险以及以被保险人健康为保险标的的健康保险和意外伤害保险；到20世纪末期还出现了分红保险、投资连接保险等创新型险种。人身保险的范围不断扩充，为人类对抗死亡和疾病的威胁提供了大量有效的风险规避手段。

（4）信用保险和保证保险

信用保险和保证保险产生与发展的共同基础是信用交易，

两者在本质上都是信用担保的属性。在人类社会发展的过程中，随着社会分工的形成，商品生产者之间产生了通过商品交换来实现商品价值的追求。伴随大宗商品交易的出现，传统的以现钱现货或以货易货为主的交易方式已经不能满足人们商品交换的需求。于是，赊销、预付款、分期付款等信用交易形式就出现了。此类交易活动最初是建立在小范围内，权利人对义务人充分信任的基础上的。但是随着远距离交易以及交易对象的不断扩大变更，商品赊销方（卖方、权利人）赊销商品后不能得到相应的偿付的风险不断加大，即赊购方（买方、义务人）出现信用危机的概率提升。信用危机的出现，在客观上要求建立一种经济补偿机制以保护债权人的权益，弥补债权人可能遭受的损失，从而进一步充分发挥信用制度对商品生产的促进作用，信用保险也因此应运而生。信用保险产生于19世纪中叶的欧美国家，当时被称为商业信用保险，主要由一些私营保险公司承保，业务范围限于国内贸易。第一次世界大战后，信用保险业务得到了发展。第二次世界大战后不久，美国于1948年4月根据《对外援助法》制定了《经济合作法案》，开始实施马歇尔计划，并开始实行投资风险保险制度。

随着资本主义金融业的发展和经济活动中各种道德风险频繁发生，以及商业信用的发展，由保险人承担各种信用风险的一项新兴保险业务——保证保险随之产生。保证保险实际上是一种担保业务。1702年，英国创办了一家专门经营保证保险的保险公司——主人损失保险公司，开展了诚实保证保险业务，主要承担被保险人因雇员的不法行为，如盗窃、挪用公款等给雇主造成的经济损失。1840年和1842年，英国又相继成立了保证社和保证公司，开办保证保险业务。美国在1876年也开展了保证保险业务。随着经济和贸易的发展，保证保险业务由忠诚保证保险扩展到合同保证保险、供给保证保险等。

（5）责任保险

责任保险是对无辜受害人的一种经济保障。尽管现代保险已经有300多年的历史，但责任保险的兴起却是近100多年的事情，最早的责任保险保单出现在19世纪。19世纪，法国《拿破仑法典》中开始出现民事损害赔偿责任的规定，奠定了责任保险产生的法律基础。1855年，英国铁路乘客保险公司首次向铁路部门提供铁路承运人责任保障，开责任保险先河。1870年，建筑工程公众责任保险问世；1875年，马车第三者责任保险开始出现；1880年，出现雇主责任保险；1885年，世界上第一张职业责任保单——药剂师过失责任保险单由英国北方意外保险公司签发；1895年，汽车第三者责任险问世；1900年，责任保险扩大到产品责任，承保的是酒商因啤酒含砷而引起的民事赔偿责任。进入20世纪后，责任保险迅速兴起和发展，大部分资本主义国家都把很多的公众责任以法律规定形式强制投保。第二次世界大战以后，责任保险的种类越来越多，如产品责任保险以及各种职业过失责任保险层出不穷，在发达的资本主义国家已成为制造商和自由职业者不可或缺的保险产品。

（6）再保险

再保险同样是从海上保险萌芽的，最早的海上再保险可追溯到1370年7月12日。1370年，一位意大利海上保险人首次签发了一份转嫁风险责任的保单。这份保险原保单保的全程是从意大利热那亚到荷兰斯卢丝，原保险人将全航程分作两段，自己只承担地中海段航程的保险责任，而将航程从加的斯到斯卢丝这段航程风险较大的责任部分转嫁给其他保险人承担。这种做法虽然与现代再保险分配保额或分担赔款以控制责任的方法不同，但从分散风险的原理来看，当属再保险的开端。

在欧洲大陆国家，根据1681年法国路易十四法令、1731年汉堡法令和1750年瑞典保险法令，再保险经营在这些国家都是合法的。因为各国政府的大力支持，欧洲大陆的再保险得以持续发展。18世纪中叶以来，工业革命兴起，工商业的繁荣与发展，带动了保险业的相应发展，也使再保险从内容、方法到组织形式诸方面都发生了深刻变化。由早期的临时再保险合同，发展为后来的固定再保险合同，并成为再保险当中的主要方式。1821年，巴黎国民保险公司和布鲁塞尔业主联合公司签订了第一个固定分保合同，从此，合同再保险广为流行。到19世纪中叶，开始出现专业再保险公司，专门从事再保险业务。1852年，德国科隆再保险公司创立，成为世界上第一家独立的专业再保险公司。

中国保险业的产生与发展

1. 中国近代保险业的出现

如前文所述,数千年前,原始的保险思想已经在中国萌芽,类似近代保险的保险活动也有久远的历史。但由于中国封建社会重农轻商的政策,近现代保险业产生所需要的物质经济基础并不具备,因此属于中国的保险业迟迟得不到发展。19世纪,随着西方列强的入侵,商业保险作为资本主义经济侵略的工具开始在中国出现。1805年,英国驻印度加尔各答和孟买的洋行与其驻广州的洋行联合在广州创办了"广州保险社",这是中国近代历史上第一家商业保险公司。1835年,英国怡和洋行买下了该保险社,更名为"广州保险公司"。同年,英国人在香港开设了"保安保险公司",该公司先后在上海、广州设立了分支机构。第一次鸦片战争后,英国保险商迅速在广州、福州、厦门、宁波、上海等开放口岸拓展保险业务。1846年,英国商人又开设了永福人寿保险公司和大东亚人寿保险公司。第二次鸦片战争后,一系列英属保险公司又陆续开设,从而奠定了英商保险资本在远东的垄断地位。

2. 中国民族保险业的产生与发展

1865年5月25日,上海华商义和公司保险行成立,这是中国第一家民族保险企业,它打破了外国保险公司对中国保险市场完全垄断的局面,标志着中国民族保险业的起步。1875

年12月，在李鸿章的倡议下，由官督商办的招商轮船局集股资20万两白银在上海创办了保险招商局。1876年和1878年，招商局又先后设立"仁和保险公司"和"济和保险公司"，后来两家公司合并为"仁济和保险公司"，该公司专门承保船舶、货栈以及货物运输的保险业务。这是中国民族保险业发展初期最具影响力的保险公司。

20世纪初，特别是第一次世界大战期间，中国民族工业迅速发展，民族资本的保险业随之兴起。20世纪20年代，由"交通""金城""国华""大陆"等银行共同投资开办了太平保险公司，主营水险业务，兼营寿险业务。中国的银行资本相继投资于保险业，安平保险公司、中国保险公司、中国农业保险公司、太平洋保险公司等相继设立，到1937年，华商保险公司便发展到了40家。这一时期，国民党政府的官僚资本也开始渗入保险业。1935年10月，由中央银行拨资500万元成立了中央信托局保险部。1945年抗日战争结束后，在中国保险市场上，外国保险公司以美国的美亚保险公司最大，主要经营进出口货物运输保险业务；本国保险公司以中国保险公司、中央信托局保险部的实力较强。这一阶段，上海一直是中国保险的中心，到1949年5月，上海约有中外保险公司400家，其中华商保险公司126家。

3. 新中国成立后保险业的发展

1949年上海解放后，人民政府首先接管了官僚资本的保险公司，并批准了一部分私营保险公司复业。当时登记复业的有104家，其中华商保险公司43家，外商保险公司41家。1949年10月，经中央人民政府批准，中国人民保险公司成立，它标志着新中国以国有保险业为主导的保险市场的建立，揭开了我国保险业新的一页。1949—1958年的10年中，中国人民保险公司陆续开办了火灾保险，企业和国家机关财产保险，货物运输和运输工具保险，铁路、轮船、飞机和飞机旅客意外伤害保险，农业保险等业务，共收保险费16亿元，支付赔款3.8亿元，拨付防灾费用2300多万元，上缴国库5亿元，保险公司积累公积金4亿元，在发挥经济补偿职能、安定人民生活、积累建设资金、防灾防损、促进国际贸易等方面发挥了巨大作用。

受当时社会经济和政策的影响，1959年，国内保险业务全部停办。1964年，部分地区曾一度恢复国内保险业务，但1966—1976年，保险公司被当作"剥削公司"，被彻底"砸烂"，当时全国从事保险业的专业人员一度仅剩9人。1979年，新中国保险业获得新生，该年4月，国务院同意逐步恢复保险业务。1980年2月，中国人民保险公司全面恢复了停办20余年（1959—1980年）的国内保险业务。此后，我国保险业便逐渐步入一个飞速发展的黄金时期，其间经历了多次重大改革，把我国保险业推上了一个又一个新台阶。

1984年，中国唯一一家保险公司——中国人民保险公司从中国人民银行分离出来，以独立法人的资格开展业务。1986年，中国第一家区域性保险公司——新疆生产建设兵团农牧业保险公司（后改为新疆生产建设兵团保险公司）获准成立；1988年3月，股份制的平安保险公司在深圳成立；1991年4月，交通银行全额投资组建的第一家全国性股份制综合保险公司——太平洋保险公司在上海成立。这三家公司的成立打破了中国保险市场的垄断格局，标志着市场竞争机制开始进入保险市场。20世纪90年代中期，新华、泰康和华泰等全国性股份保险公司以及天安、大众、永安、华安等区域性股份保险公司先后成立。1996年，中国人民保险（集团）公司的财产保险公司和人寿保险公司分设。平安、太平洋等中资公司也逐步实行产、寿险分开经营。2002年10月18日，新疆生产建设兵团保险公司正式更名为"中华联合财产保险公司"，由一个地区性保险公司转变成全国性保险公司。随后，中国保险市场进入市场主体迅速膨胀时期，承保能力不断增强。

1992年，中国人民银行制定并颁布了《上海外资保险机构暂行管理办法》之后，美国友邦保险公司、日本东京海上火灾保险公司作为首批外资保险公司进入中国，标志着中国保险市场对外开放、国际保险业先进的经营理念和管理技术被引入中国市场，推进了中国保险市场国际化的进程。加入世界贸易组织（WTO）之前，在中国保险市场营业的有8家境外保险公司的13家子公司和7家中外合资保险公司。

2001年12月，中国正式加入WTO，外资进入中国保险市场的步伐明显加快。2002年，中国保险监督管理委员会（以下简称保监会）先后批准了德国慕尼黑再保险公司、瑞士再保险公司、美国信诺保险公司、英国标准人寿保险公司、美国利宝互助保险公司和日本财产保险公司等进入中国市场筹建营业性机构。此外，美国 ACE 集团参股华泰，拥有 22.13% 的股权；荷兰国际集团与北京首创集团宣布在大连成立首创安泰人寿保险公司；汇丰集团参股平安保险；美国友邦保险在北京设立分公司；等等。自加入 WTO 以来，外资保险公司从规模和地域上都得到极大发展，中国保险业全面对外开放的格局基本形成。

4. 新中国成立后保险立法的发展

1995 年 10 月 1 日，《中华人民共和国保险法》（以下简称《保险法》）开始实施，确立了保险市场化机制运作的宏观规范与微观管理原则。1999 年，保监会公布了《保险公司管理规定》。2001 年 11 月公布，并于 2002 年 1 月 1 日施行《保险代理机构管理规定》《保险经纪公司管理规定》《保险公估机构管理规定》。2002 年 2 月 1 日开始施行《外资保险公司管理条例》。一系列的法律法规形成了以《保险法》为核心的保险法律体系。

2002 年 10 月 28 日，九届全国人大常委会第三十次会议表决通过了《全国人民代表大会常务委员会关于修改〈中华人民共和国保险法〉的决定》，该决定于 2003 年 1 月 1 日起开始施行。此次《保险法》的修改，是我国保险法制建设向前迈进的重要一步。在整个修改工作中，主要贯穿了以下几个指导思想：一是履行"入世"承诺；二是加强对被保险人利益的保护；三是强化保险监管；四是支持保险业的改革与发展；五是促进保险业与国际接轨。在修改内容方面，修改重点是《保险法》中规范保险业发展的部分，而对《保险合同法》部分则没做实质性修改。从修改结果来看，这次共修改了原《保险法》中的33条，把其中的2条合并为1条，再另外增加了6条，使《保险法》从原来的152条增加到158条。

时隔不到两年，随着国民经济的快速发展以及法律环境的改变，保险业发展的形势与2002年修改《保险法》时相比已经发生了很大变化，主要表现为：保险主体类型不断增多，保险经营范围和投资渠道逐步拓宽，保险监管的重点和方法发生转变，保险合同法领域内的纠纷和争议也呈现出新的特点。为适应保险业发展和监管的需要，中国《保险法》的第二次修改工作于2004年10月正式启动，保监会起草的《〈保险法〉修订草案建议稿》于2005年10月上报给国务院法制办公室。经过广泛征求意见和专家论证，2009年2月28日第十一届全国人民代表大会常务委员会第七次会议通过了对2002年《保险法》的修订案，修订后的《保险法》于2009年10月1日开始施行。而后，根据2014年8月31日第十二届全国人民代表大会常务委员会第十次会议《关于修改〈中华人民共和国保险法〉等五部法律的决定》，根据2015年4月24日第十二届全国人民代表大会常务委员会第十四次会议《关于修改〈中华人民共和国计量法〉等五部法律的决定》又做了两次修正。《保险法》的修改事关保险业发展的全局，意义重大，必将在深化保险业改革、健全保险市场体系、加强和完善保险业监管、保护被保险人利益、促进保险业健康发展等方面产生深远的影响。

保险的含义与特征

保险的本质与含义

保险作为近现代社会经济生活中的一个重要现象，与我们的生活息息相关。历史上，保险学者从各种角度对保险加以观察并各自得出关于保险本质的论述，先后出现了"经济补偿制度说""经济补偿合同说""互助共济制度说""契约统一说""转移风险财务手段说"等关于保险本质的学说和理论。事实上，对于保险的含义，从不同的视角，有不同的理解。要完整地理解什么是保险，需要从以下几方面分析。

1. 法律角度

从法律的角度理解，保险是一种合同行为，是通过合同的方式集合多数受同类风险威胁的人，组成共同团体集聚资金，用以补偿该团体成员在生活中特定事故发生时所遭受损失的行为。

保险合同，是一方当事人（称为投保人）按照约定支付另一方当事人（称为保险人）一定数额的金钱（保险费），另一方当事人对保险标的因约定事故发生所造成的损失、损害，或者在双方约定事故的期限届满时，按照双方约定承担金钱赔偿或者给付义务的协议。投保人与保险人在法律上地位平等，在平等、自愿的基础上，订立保险合同，确立权利义务关系。

2. 经济角度

从经济意义上说，保险是集合同类风险巨资建立基金，以为特定风险的后果提供经济保障，在同类风险单位间分摊损失的一种风险财务转移行为。通过这一机制，将众多的同类风险经济单位结合在一起，建立保险基金，补偿风险事故所造成的损失。面临风险的经济单位，通过参加保险，将风险转移给保险人，以财务上确定的小额支出代替经济生活中的不确定性（可能的大额不确定损失），而保险人则借助大数法则，将足够多的面临同样风险的经济单位组织起来，按照损失分摊原则，建立保险基金，使整个社会的经济生活得以稳定。正是通过这样一项经济制度，实现了国民收入的再分配，体现了"人人为我，我为人人"的一种互助共济关系。

3. 社会角度

社会意义上的保险是指国家在既定的政策下，通过立法手段建立社会保险基金，当劳动者由于年老、疾病、伤残、失业、生育以及死亡等原因，暂时或永久性失去劳动能力或劳动机会的时候，由国家或社会对其本人或家庭给予一定的物质帮助的社会保障行为。

根据《中华人民共和国保险法》（2015年修订）的规定，保险是指投保人根据合同约定，向保险人支付保险费，保险人对于合同约定的可能发生的事故因其发生所造成的财产损失承担赔偿保险金责任，或者当被保险人死亡、伤残、疾病或者达到合同约定的年龄、期限等条件时承担给付保险金责任的商业保险行为。如前文所述，该定义仅仅是从法律的角度来分析和认识保险的，所针对的是商业保险行为。本书如无特殊说明，以后章节中所说保险均指商业保险，以此定义为准。

保险的特征

通过对保险含义的分析，可以看出，通常意义上的保险具有经济性、互助性、商品性、法律性和科学性等基本特征。

1. 经济性

保险是通过集合风险单位而实现损失分摊的一种经济保障活动，其目的是确保社会经济生活的稳定。其所保障的对象财产和人身，都直接或间接属于社会再生产中的生产资料和劳动力两大经济要素；而其实现保障的手段，也多采取货币支付。

2. 互助性

保险是基于个体对损失规律把握的困难性和团体对损失规律把握的可能性而建立起来的一种互助机制。有了这种互助机制，可以降低社会后备基金的规模，从而降低全社会的风险管理成本。在这种互助机制下，参加者以利己的动机不自觉地达到了利他的社会效果，因此，保险是众多互助机制中最容易推广、可持续性最强的一种。

3. 商品性

在保险活动中，保险人销售保险产品，投保人购买保险产品，这是一种商品交换活动。这里所交换的是一种风险保障服务，投保人通过支付保险费获得风险保障服务，保险人则通过提供风险保障服务而收取保险费，这就体现了对价交换的一种商品经济关系。

4. 法律性

保险关系的确立，以保险合同为基础，受法律的保护和规范。从这个意义上说，保险是一种合同行为，是双方订立、履行保险合同的过程。另外，保险是一个特殊的产业，国家有专门的立法，建立专门的机构，对保险人、保险中介人的行为进行监督。

5. 科学性

保险经营以概率论和数理统计等学科的理论和方法为基础，从产品设计到保险费率厘定，从准备金计提到再保险安排，都以精算科学为基础。

保险的职能与作用

保险的职能

保险的职能分为基本职能和派生职能。保险的基本职能是分散风险、提供保障，这是保险与生俱来的、固有的职能，体现在两方面：一是分摊损失，二是补偿损失和保险金给付。保险的派生职能，顾名思义就是在保险基本职能的基础上，由保险基本职能所派生出来的职能，主要有资金融通职能和社会管理两方面。

1. 分摊损失

保险的基本原理是根据大数法则，求得一定时间内某种风险事故发生的概率从而开展经营的。这就意味着，在一定时期内，面对同一风险只有部分投保人可能遭受损失，保险公司对这些投保人的赔付额远远超过其保费，在这一过程中该期间没有遭受损失的投保人实际上分摊了这部分损失。损失分摊的实现是投保人购买保险时，保险公司假定每个人都会遭受风险事故而将一定时期内可能发生的自然灾害和意外事故所致经济损失的总额，在面临共同风险的投保人之间平均分摊。当一定时间内，部分投保人损失发生时，保险公司的理赔使个人承受的损失，变成多数人共同承担的损失。

2. 补偿损失和保险金给付

如前所述，保险的基本职能是分摊损失，这一过程的实现就是保险公司对投保人的补偿损失和保险金给付。补偿损失是在发生风险事故、造成损失后保险公司根据保险合同约定对投保人给予赔偿，这是非人寿保险的基本职能；保险金给付是在风险事故发生时，保险公司根据保险合同约定的保险金额进行给付，这是人寿保险的职能。由于人的身体和生命的价值很难用货币来衡量，也就是说，人寿险金额并非真正意义上对身体和生命的补偿，所以一般被称为"给付"。

3. 资金融通

保险具有"事前收费、事后补偿"的特点，因而使保费收入和保险金额赔付、给付通常在时间上不一致，从而使保险这种经济活动具有显著聚集社会资金的能力。作为金融体系中的重要组成部分，保险活动承载和发挥了资金融通的功能：一方面，通过销售保单、承揽保险业务的活动实现社会资金的聚集并分流部分资金;另一方面,通过各种形式的投资将保险经营过程中积累的保险资金加以运用。由于保险资金具有来源稳定、期限长(特别是寿险)、规模大的优势,因而保险资产管理公司(部门)成为资本市场上重要的机构投资者,保险资金也成为资本市场上稳定的资金来源。

4. 社会管理

广义的社会管理是指对一切社会活动领域的管理,包括政治管理、经济管理、社会文化生活管理。狭义的社会管理主要指对社会秩序、人口、环境、社会保障、社会福利以及社会服务等方面的管理。从西方发达国家的经验来看,狭义的社会管理职能主要是由政府和第三部门(主要是中介组织)来完成的,企业在一定的条件下也承担了一部分社会管理的职能,如商业保险公司。实践表明,保险的社会管理职能是商业保险发展到一定阶段的产物,是商业保险职能的升华。从经济学的角度看,商业保险的社会管理职能是商业保险发展到一定阶段所产生的一种外部性,而这样的外部性正是在保险人追求利润的过程中通过向社会提供有效的产品和服务来实现的,是其经营成果向社会的"外溢"。

保险的社会管理功能具有十分丰富的内涵:一是社会风险管理。保险公司不仅具有能识别、衡量和分析风险的专业人才,而且保险行业收集积累了大量有关风险的信息资料,这就决定了保险公司可以在国家应对公共突发事件的应急处理机制中发挥重要作用，保险行业可以为全社会风险管理提供有力的数据支持。此外，保险公司能够发挥专业优势，积极主动地参与、配合其他防灾防损主管部门扩展防灾防损工作，实现对风险的控制和管理。二是社会关系管理。通过发展各种责任保险，可以有效调节消费者与企业、雇主与雇员、医生与病人、学生与学校等社会关系，可以改变社会主体的行为模式，减少社会摩擦。三是社会信用管理。保险公司经营的产品实际上是一种以信用为基础、以法律为保障的承诺，在培养和增强社会的诚信意识方面具有潜移默化的作用。四是社会保障管理。商业保险是社会保障体系的重要组成部分，在完善社会保障体系方面发挥着重要的作用。

保险的作用

保险的作用是其功能在特定历史时期和社会条件下的反映，是保险制度所表现出来的社会和经济发展的影响。根据影响对象的不同，可以从宏观和微观两个方面来考察保险的作用。

1. 保险的宏观作用

保险的宏观作用是保险对全社会和国民经济总体产生的经济效应，具体表现为以下几方面。

（1）保障社会再生产的正常运行

社会再生产过程由生产、分配、交换和消费四个环节组成，它们在时间上应当是连续的,在空间上是均衡的。但是,再生产过程的这种连续性和均衡性会因各种灾害事故而被迫中断或失衡,而自然灾害和风险事故是不可避免的。保险的经济补偿能够及时地对这种中断和失衡发挥补偿作用,从而保证社会再生产的连续性和稳定性。

(2)稳定居民未来预期、推动商品流通和消费

保险所具有的对未来风险、事故的补偿和给付功能可以减轻人们对未来经济、社会保障不足的忧虑。对未来保障的信心增强,在一定程度上使人们当前的经济消费能力得到保障,从而刺激当期消费。商品必须通过流通过程的交换才能进入生产消费和生活消费,在交换行为中不可避免地存在着交易双方的资信风险和产品质量风险的障碍,保险为克服这些障碍提供了有效途径。

(3)有利于科学技术的推广应用

"科学技术是第一生产力",采用新技术显然比采用落后的技术更能提高劳动生产率,当代的商品竞争越来越趋向于高新技术的竞争,在商品的价值方面,技术附加值比重越来越大。但是,在科学技术向现实生产力转化的过程中,对于熟悉了原有技术工艺的经济主体来说,采用新技术,就意味着新的风险。通过保险则可以为采用新技术可能带来的风险提供保障,为企业开发新技术、新产品以及使用专利保驾护航,从而促进先进技术的推广运用。

(4)有利于财政和信贷收支平衡的顺利实现和国民经济持续稳定的发展

财政和信贷是国民经济宏观调控的两大支柱。相对于资金运动来说,物质资料的生产、流通与消费是第一性的,所以,财政和信贷所支配的资金运动的规模与结构首先取决于生产、流通和消费的规模与结构。毫无疑问,自然灾害和意外事故导致的破坏,都可能在一定程度上造成财政收入的减少和银行贷款归流的中断,此外还可能增加财政支出和信贷支出,从而影响国家宏观调控手段的发挥。如果生产单位或个人参加了保险,财产损失得到了保险补偿,恢复生产和经营就有了资金保证,银行信贷也能得到及时的清偿或重新获得物质保证,从而就保证了财政收入的基本稳定,最终促进国民经济持续稳定的发展。

(5)有利于资本的有效配置,促进金融繁荣和稳定

首先,现代意义上的保险不仅是对国民收入的再分配,还是对经济资本的再配置。在资本市场上,保险公司作为拥有大量资金和具备更高风险管理水平的机构投资者,通过其投资行为,实现保险资金更有效的配置,能促进金融繁荣。其次,保险作为风险管理的主要手段,企业购买保险的行为就是企业实施风险管理的过程和主要环节。企业有效的风险管理行为可以提高企业在资本市场上的信用形象,降低企业的融资成本,从而提高企业的融资能力。最后,作为金融体系的重要组成部分,保险可以改变金融资产的期限结构。人们购买保险,实际上是

将现在的一部分财富积累起来,以满足未来的经济需要。保险大规模的中长期资金沉淀可用于满足中长期投资需求,同时降低金融体系中资产与负债期限结构不匹配的风险,这对于一国的金融稳定而言至关重要。

(6)有利于社会安定

保险是政府履行社会安全保障职能的重要手段,保险为被保险的企业、家庭和个人提供了经济补偿和支持,被誉为经济上的"保护伞"、财务上的"稳定器";商业保险参与诸如老年风险、失业风险、工伤风险等社会风险管理,为政府分担着来自社会保障方面越来越大的压力。保险活动在辅助政府实施社会风险管理、建立和谐社会方面,发挥着重要的作用。

(7)有利于推动社会经济交往和对外贸易

现代社会的经济交往主要表现为商品的买卖和资金的借贷,这均涉及一个关键问题——信用。显然,信用越好,实现经济交易的可能性就越大。保险作为对意外事故的经济补偿,在一定程度上消除了经济主体对信用的顾虑。现代社会经济发展的经验表明,企业之间的贸易和商务活动越来越离不开保险的推动作用。并且,一些保险合同本身就是企业进行正常贸易活动的前提,如出口信用保险,大大促进了对外贸易活动的繁荣。

2. 保险的微观作用

商业保险在微观经济中的作用是指保险作为经济单位或个人风险管理的财务处理手段所产生的经济效应。从一般意义上说，保险的微观作用主要表现在以下几方面。

（1）有利于受灾企业及时恢复生产

在物质资料生产过程中，自然灾害和意外事故是不可避免的。保险赔偿具有合理、及时、有效的特点，投保企业一旦遭遇灾害事故，发生损失，就能够按照保险合同约定的条件及时从保险公司得到赔偿，获得资金，恢复生产经营。

（2）有利于企业加强经营核算

保险作为企业风险管理的财务手段之一，能够把企业不确定的灾害损失化为固定的少量的保险费支出，并摊入企业的生产成本或流通费用，这符合企业经营核算制度。企业通过缴付保险费，把风险损失转嫁给保险公司，保证了企业财务成果的稳定。

（3）有利于企业加强风险管理

尽管保险补偿可以在短时间内消除或减轻灾害事故的影响，但防范风险于未然是企业和保险公司利益一致的行为。保险公司不仅聚集了保险领域的专业人才，而且其经常参与处理各种灾害事故，积累了丰富的风险管理经验。保险公司不仅可以与企业开展各种风险管理的经验交流，而且保险公司在承保时对投保企业所进行的风险调查与分析、承保期间对承保企业的危险检查与监督等活动，在一定程度上消除了危险的潜在因素，具有防灾防损的作用。

（4）有利于保障人民生活的安定

家庭生活的安定是人们从事生产劳动、学习和其他各项社会活动的基本前提。但是,自然灾害和意外事故对于家庭来说是不可避免的。通过参加保险,可以对家庭风险进行有效的管理。例如,人身保险作为对社会保险和社会福利的补充,能够起到保障家庭正常经济活动的作用。

(5)有利于民事赔偿责任的履行

作为一个社会人,人们在日常生产活动和社会活动中不可能安全排除由于民事侵权行为而承担民事赔偿责任的可能性。为了避免或减少因承担民事赔偿责任而导致的个人或单位的经济损失,单位或个人可以通过购买保险的办法将可能承担的民事赔偿责任风险转移给保险公司,这样不仅能将自身的损失降到最低,而且可以使被侵权人获得保险金额内的民事赔偿,从而保障其合法权益。

保险的要素与原则

保险的要素

保险的要素是指进行保险经济活动所应具备的基本条件。一般来说,现代商业保险的要素包括:可保风险的存在、面临相同风险的众多经济单位、保险机构的存在、保险费率的合理计算、保险基金的建立、保险合同的订立等。

1. 可保风险

风险的存在与发展是保险产生的前提，没有风险，就没有保险。保险作为风险管理的重要手段具有补偿风险事故所造成损失的特点。但是，并不是所有风险都具有可保性，保险只承保特定的风险事故，也就是可保风险。可保风险会随着社会经济的发展和科技的进步发生变化，正是风险的变化推动了保险产品的创新发展。

2. 众多面临相同风险的经济单位

保险是通过集合同质风险实现其分摊损失、补偿损失职能的。根据大数法则只有将众多面临同样风险的经济单位集合起来，才能比较准确地预测风险事故，实现风险在同质风险经济单位间的转移，从而降低风险处理的成本。

3. 保险机构的存在

保险机构即专业从事风险保障服务的机构，如保险公司、保险互助组织等。

4. 保险费率的合理计算

现代保险业是以精算为基础的，保险作为社会经济生活中的商品，合理定价是保险得以发展的重要基础。保险费率的厘定是保险定价的第一步，合理的保险费率不但要与所转移的风险相一致，而且保险费率还与保险人所承担的保险责任限额有关。

5. 建立保险基金

保险基金是通过保险公司利用"蓄水池"原理建立起来的后备基金,是实现保险职能的物质基础。保险基金来源主要有保险费、保险机构的开业资金以及投资收益等。

6. 订立保险合同

上述要素的存在仅仅使保险作为商品的供应成为现实,但是要真正实现保险的职能,保险公司与投保人之间必须就保险商品的买卖达成协议。通过保险合同的订立,合同双方的权利和义务加以明确,并且保险合同受法律保护,意味着保险活动受到法律的保护。

保险的基本原则

在规范和维护保险当事人之间的关系时,保险合同坚持和贯彻四条重要原则:保险利益原则、最大诚信原则、损失补偿原则和近因原则。合法保险利益的存在是保险关系产生、保险合同成立的前提,对保险利益做出定性和定量分析是保险制度分担机制得以实现的基础。由于保险自身的特性,保险活动中对当事人诚信的要求比一般民事活动更为严格,要求当事人遵循"最大诚信"原则。损失补偿原则直接体现了保险的基本职能和作用。能够引起风险事故发生的风险因素是多种多样、错综复杂的,在保险经营实务中,只有在损失结果的形成与风险事故的发生有直接因果关系的情况下,保险人才担负赔偿责任,即近因原则。

1. 保险利益原则

合法保险利益的存在是保险关系产生、保险合同成立的前提,对保险利益做出定性和定量分析是保险制度分担机制得以实现的基础。

(1) 保险利益的含义及成立要件

保险利益也叫可保利益,根据我国《保险法》第十二条的规定,"保险利益是指投保人或者被保险人对保险标的具有的法律上承认的利益",这种利益是由投保人对保险标的所具有的各种利害关系产生的。这些利害关系表现在:如果保险事故发生,投保人在保险标的上的经济利益就会遭受损失。保险利益是保险合同成立的必要条件之一,投保人对保险标的应当具有保险利益,投保人对保险标的不具有保险利益的,保险合同无效;保险金额的确定以及保险赔付及给付的额度应当以投保人对被保险人所具有的保险利益为限,这是保险利益原则的基本含义。

保险利益的确立须具备三个要件:第一,必须是法律认可的利益。保险利益必须是被法律认可并受到法律保护的利益,它必须符合法律规定。第二,必须是客观存在的利益。保险利益通常指现有利益,以及可以确定并可以实现的预期利益。第三,必须是经济上可确定的利益。保险利益必须是经济上已经确定或者能够确定的利益。某些古董、名人字画虽为无价之宝，但也可以通过所约定的货币数额来确定保险利益。人的生命或身体是无价的，难以用货币来衡量，但同样可以约定一个金额来确定保险利益。如果保险利益不能从经济数量上确定，保险人则难以承保。

（2）保险利益的认定

所谓保险利益的认定，就是指确定哪些人对保险标的具有保险利益，也就是确定保险利益的来源。一般来说，投保人或被保险人对保险标的所具有的保险利益因保险种类的不同可以做出如下认定。

①人身保险中保险利益的认定

当投保人以他人的寿命和身体投保时，对保险利益的确定，各国有不同的规定。英美法系国家基本上采取"利益主义"原则，即以投保人与被保险人之间是否存在经济上的利益关系为判断依据，如果有经济利益关系，那么他们就存在保险利益。大陆法系的国家通常采用"同意主义"原则，即无论投保人与被保险人之间有无利益关系，只要被保险人同意，就具有保险利益。另外还有一些国家采取"利益和同意相结合"原则，即投保人与被保险人具有经济上的利益关系或其他的利益关系，或投保人与被保险人之间虽没有利益关系，但只要被保险人同意，也被视为具有保险利益。

根据我国《保险法》第三十一条的规定，人身保险的保险利益主要有以下来源：投保人对自己的寿命和身体具有保险利益；投保人对与自己有亲属、血缘关系的人具有保险利益；投保人对承担赡养、收养等法定义务的人也具有保险利益；此外，不论投保人与被保险人之间是否存在血缘关系，但只要相互间存在经济利益关系或被保险人书面同意为其订立保险合同的，投保人同样对被保险人具有保险利益，如雇佣关系人、合伙关系人、债权债务关系人等。由此可见，在人身保险利益的确定上，我国采用的是"利益和同意相结合"原则。

②非人身保险中保险利益的认定

投保人对其受到法律承认和保护的，拥有所有权、占有权、使用权和债权等权利的财产及有关利益具有保险利益。该保险利益是由于投保人或被保险人对保险标的具有某种经济上或法律上的利益关系而产生的，包括现有利益、预期利益、责任利益和合同利益。

现有利益随物权的存在而产生，是投保人或被保险人对财产已享有且可继续享有的利益；预期利益是因财产的现有利益而存在确实可得的、依法律或合同产生的未来一定时期的利益；责任利益是被保险人因其对第三者的民事损害行为依法应承担的赔偿责任，如对第三者的责任、职业责任、产品责任、公众责任、雇主责任等；合同利益是基于以财产为其履约对象的有效合同而产生的保险利益。

（3）保险利益的变动与适用时限

保险利益的变动是指保险利益的转移和灭失。保险利益转移是指在保险合同有效期间，投保人将保险利益转移给受让人，而保险合同依然有效。由于人身关系的不可转让性决定了保险利益的转移多指非人身保险。例如，所有权人对自己所有的财产有保险利益，在其投保后的保险合同有效期内，所有人如果将财产所有权转让给他人，则原财产所有权人由于丧失了对保险标的的物权而失去了保险利益；如果新的财产所有权人在法律上被认为是自动取代原投保人的地位，则保险合同继续有效，无须重新投保，在此情况下，我们称为保险利益转移。保险利益的灭失是指投保人或被保险人对保险标的的保险利益由于保险标的灭失而灭失。

保险标的的保险利益会由于各种原因而发生转移和灭失，但在人身保险和非人身保险中，情况又各有不同。在人身保险中，除因债权债务关系而订立的合同可随债权一同转让外，其他人身保险的保险利益不得因让与而转让。在非人身保险中，保险利益存在因继承、出售、让与、破产等而发生转移，因保险标的的灭失而灭失的情况。通常情况下，保险利益随保险标的所有权的转移而同时转移，保险利益的转移会影响到保险合同的效力。

保险利益原则是保险实践中必须坚持的，但在人身保险和非人身保险中，保险利益的适用时限却有所不同。根据我国《保险法》第十二条的规定，人身保险的保险利益强调在保险合同订立时必须具有，而当保险事故发生进行索赔时是否具有保险利益则不要求；在非人身保险中要求在保险事故发生时，被保险人对保险标的应当具有保险利益。

（4）保险利益原则的含义与意义

保险利益原则是保险活动的基本原则，其含义是投保人对不具有保险利益的标的投保，保险人可单方面宣布合同无效；保险标的发生保险责任事故，投保方不得因保险而获得超过保险利益限度的额外利益。保险利益是保险合同成立的要素，所有保险合同必须以保险利益的存在为生效前提。

在保险活动中坚持保险利益原则具有重要的意义。

第一，防止赌博行为的发生。保险利益原则要求投保人对保险标的具有保险利益是为了防止投保人通过保险的形式以他人人身或财产进行赌博，从而将保险与赌博在本质上加以区别。

第二，防止道德风险的发生。规定保险利益原则一方面将投保人利益与保险标的的安全紧密相连，保险事故发生后，对投保人的保险赔偿仅仅限制在保险利益限度内，投保人不能获得额外利益，这可以最大限度地控制道德风险，防止投保人通过保险牟利。

第三，保险利益原则界定了保险人承担赔偿或给付责任的最高限额。保险的宗旨是救济和帮助，通过补偿被保险人在保险标的发生保险事故时遭受的经济损失或保险约定时间内给付一定金钱，但不允许有额外的利益获得。以保险利益作为保险保障的最高限度既能保证被保险人获得足够的、充分的补偿，又能满足不会因保险而获得额外利益的要求。因此，保险利益原则为投保人确定了保险保障的最高限度，同时为保险人进行保险赔付提供了科学依据。

2. 最大诚信原则

在保险活动中，最大诚信原则以法律形式确定下来最早是在英国的《1906年海上保险法》中，其规定："海上保险是建立在最大诚信原则基础上的保险合同，如果任何一方不遵守这一原则，他方可以宣告合同无效。"我国《保险法》第五条规定："保险活动当事人行使权利、履行义务应当遵循诚实信用原则。"

（1）最大诚信原则的含义及其产生原因

最大诚信原则的含义是指，在保险活动中，当事人双方要向对方充分而准确地告知有关保险的所有重要事实，不允许存在任何虚假、欺骗和隐瞒行为。根据我国《保险法》的规定，重要事实一般是指对保险人决定是否承保或提高保险费率起影响作用的事实。例如：有关投保人或被保险人的详细情况，有关保险标的的详细情况，风险因素及风险增加的情况，以往损失赔付情况，以往遭到其他保险人拒绝承保的事实，等等。

最大诚信原则可表述为：保险合同当事人订立保险合同及在合同的有效期内，应依法向对方提供影响对方做出是否缔约及缔约条件的全部实质性重要事实；同时绝对信守合同订立的约定与承诺。否则，受到损害的一方，可以以此为理由宣布合同无效或不履行合同的约定义务或责任，还可以对因此而受到的损害要求对方予以赔偿。

在保险活动中规定最大诚信原则，是因为如下几点。

第一，保险经营的特殊性要求投保人或被保险人的最大诚信。如前文所述，最大诚信原则最早起源于海上保险，在保险双方签订保险合同时，往往远离船舶和货物所在地，保险人对保险标的一般不能做实地勘查，仅仅根据投保人或被保险人叙述的情况来决定是否承保和如何承保。因此，这就要求投保人或被保险人诚信可靠，并且要基于最大诚信原则履行告知与保证义务。对于现代保险而言，保险的经营以风险的存在为前提，保险人对可保风险提供保险保障，因此，对保险人而言，风险的性质和大小直接决定着保险人是否承保及保险费率的高低。而与风险性质和大小直接相关的保险标的则具有广泛性和复杂性的特点，投保人或被保险人对保险标的的风险情况最为了解，因此，保险人只能根据投保人或被保险人的介绍和叙述来确定是否承保并确定保险费率，这要求投保人或被保险人必须遵循最大诚信原则来如实告知保险标的的状况。

第二，保险合同的附和性要求保险人的最大诚信。保险合同属于附和合同或格式合同，合同条款通常是由保险人单方拟定，由于保险的专业性较强，一般的投保人或被保险人没有能力判断条款的公平合理性，如保险费率是否合理、承保条件及赔偿方式是否苛刻等，所以要求保险人基于最大诚信来履行其应尽的义务与责任。

第三，规定最大诚信原则也是由保险本身所具有的不确定性决定的。保险人所承保的保险标的，其风险事故的发生是不确定的。对有些险种来说，投保人购买保险仅仅支付了较少的保费，当保险标的发生保险事故时，被保险人所能获得的赔偿或给付金额将是保费的数十倍甚至数百倍。因此，如果投保人不能按照最大诚信原则来进行投保活动，保险人可能将无法长久地进行保险经营，最终也给其他的投保人或被保险人的保险赔偿或给付造成困难，最终使保险补偿损失、实施救济的目的难以实现。

（2）最大诚信原则的基本内容

最大诚信原则不仅是保险活动中最具有原则性的要求和规定，而且在具体的保险活动中也有具体的要求。最大诚信原则的基本内容包括：告知、保证、弃权与禁止反言。

①告知

最大诚信原则的基本要求是告知，又称如实告知，是保险合同当事人一方在合同缔结前和缔结时以及合同有效期内就重要事实向对方所做的口头或书面陈述，这意味着投保人和保险人双方都有如实告知的义务。

第一，投保人的如实告知义务。根据实践及法律要求，作为投保人，应告知的内容主要有四个方面：其一，在保险合同订立时，根据保险人的询问，对已知或应知的与保险标的及危险程度有关的重要事实进行如实回答；其二，保险合同订立后，在保险合同的有效期内，保险标的的危险程度增加时，应及时告知保险人；其三，保险标的发生转移或保险合同有关事项变动时，应及时通知保险人，经保险人确认后方可变更合同相关内容以保证合同的效力；其四，保险事故发生后，投保人应及时通知保险人，并如实告知保险标的的受损情况，提供各项有关损失的真实资料和证明。

投保人告知的形式有客观告知和主观告知两种。客观告知又称为无限告知，即法律或保险合同对告知的内容没有做具体规定，只要是事实上与保险标的的风险状况有关的任何重要事实，投保人都有义务告知保险人。主观告知又称为询问回答告知，即投保人对保险人询问的问题必须如实告知，而对询问以外的问题，投保人无须告知。无限告知对投保人的要求比较高，法国、比利时以及英美法系国家在这一问题上均采用无限告知的形式。世界上大多数国家对这一问题是采用询问告知的形式，我国也是采用这一形式。

第二，保险人的告知义务。保险人告知的内容主要有两个方面：其一，保险合同订立时，保险人应主动向投保人解释保险合同条款的内容，特别是免责条款的内容须明确说明；其二，在保险事故发生时或保险合同约定的条件满足后，保险人应按合同约定如实履行赔偿或给付义务，若拒赔条件存在，应发送拒赔通知书。

保险人告知的形式有明确列示和明确说明两种。明确列示是指保险人只需将保险的主要内容明确列明在保险合同之中，即视为已告知投保人。明确说明是指保险人不仅应将保险的主要内容明确列在保险合同之中，还必须对投保人进行正确的解释。我国的保险业务实践要求保险人采用明确说明的告知方式。

②保证

保证是指保险人要求投保人或被保险人对某一事项的作为或不作为，某种事态的存在或不存在做出许诺。保证是保险人签发保险单或承担保险责任要求投保人或被保险人履行某种义务的前提条件，其目的在于控制风险，确保保险标的及其周围环境处于良好的状态中。保证的内容属于保险合同的重要条款之一。

根据保证事项是否已经存在，保证可分为确认保证和承诺保证。确认保证是投保人或被保险人对过去或现在某一特定事实的存在或不存在的保证。例如，投保人身保险时，投保人保证被保险人在过去和投保当时健康状况良好，但不保证今后也一定如此。承诺保证是投保人对将来某一事项的作为或不作为的保证，即对该事项今后的发展情况做保证。例如，投保家庭财产保险，投保人或被保险人保证不在家中放置危险物品；投保家庭财产盗窃险，保证家中无人时，门窗一定要关好、上锁。这些都属于承诺保证。

根据保证存在的形式，保证可分为明示保证和默示保证。明示保证是以文字或书面的形式载明于保险合同中，成为保险合同的条款。例如，我国机动车辆保险合同条款规定"被保险人必须对保险车辆妥善保管、使用、保养，使之处于正常技术状态"。这即为明示保证。明示保证是保证的重要表现形式。默示保证一般是国际惯例通行的准则，习惯上或社会公认的应在保险实践中遵循的规则，而不载明于保险合同中。默示保证的内容通常是以往法庭判决的结果，是保险经验的结果。默示保证在海上保险中运用比较多。例如，海上保险的默示保证有三项：保险的船舶必须有适航能力；要按预定的或习惯的航线航行；必须从事合法的运输业务。默示保证与明示保证具有同等的法律效力，投保人或被保险人都必须严格遵守。

③弃权与禁止反言

弃权是指保险合同的一方当事人以明示或暗示的形式表示放弃其在保险合同中享有的、可以主张的权利。例如，在保险合同履行的过程中，由于投保人或被保险人不履行或不适当履行如实告知和保证等保险合同所规定的基本义务，此时，保险人有权解除保险合同或宣布保险合同无效，但是保险人并没有解除合同，也没有宣布保险合同无效，那么我们可以认为保险人放弃了合同解除权，即弃权。所谓禁止反言，又称为禁止抗辩，是指保险合同的一方如果已经放弃其在合同中可以主张的某项权利，以后便不得再向他方主张该项权利。在上面所举的例子中，既然保险人没有解除保险合同，也没有宣布保险合同无效，那么当保险事故发生后，保险人就不得再以投保人告知不详为由主张保险合同无效而拒绝赔偿，这就是禁止反言。理论上，保险合同双方都存在弃权与禁止反言的问题，但在保险实践中，弃权与禁止反言主要是约束保险人的。实践中，大多数国家都对保险人的弃权与禁止反言做了规定，我国也在2009年修改的《保险法》第十六条，第一次规定了保险人的禁止抗辩权。

保险人或保险代理人发生弃权的现象主要基于两种原因：一是疏忽；二是基于扩大业务或保险代理人为取得更多的代理手续费的需要。一般来说，保险代理人的弃权行为可视为保险人的弃权行为，并且保险人不得解除保险代理人已承保的不符合保险条件的保单；日后发生损失，保险人不得以被保险人未遵守保险单的规定为由而拒绝赔偿。例如，投保人投保火灾保险，告知保险代理人屋内储存危险品，而保险代理人明知这一行为是不能承保或应该收取高额保费的，但为招揽生意赚取手续费而放弃权利，签发保单。这应当视为弃权行为，日后如发生火灾损失，无论是否由此危险品所致，保险人均不得以投保人未遵守保单的规定为由而拒绝赔偿。

弃权与禁止反言在人寿保险中有特殊的时间规定，保险人只能在合同订立之后一定期限内（国际上通常规定为两年）可以以被保险人不如实告知或隐瞒为由解除合同。如果超过规定期限没有解除合同，则视为保险人已经放弃该合同解除权，不得再以此为由解除合同。

弃权与禁止反言的限定可以约束保险人的行为，要求保险人对自己的行为及代理人的行为负责。同时，这一规定也维护了被保险人的利益，有利于保险合同双方权利义务关系的平衡。在保险实践中，为了避免不应承担的赔偿责任，保险人通常在保险单上载明弃权条款，规定弃权行为均须以文字加以说明，否则无效，有些保险条款还规定代理人无权弃权。

3. 损失补偿原则

损失补偿原则对于补偿性合同来说是理赔的首要原则，主要适用于具有补偿特点的保险合同，如财产保险合同、具有补偿性质的健康保险和意外伤害保险。

（1）损失补偿原则的含义和意义

①损失补偿原则的含义

损失补偿原则是指当保险标的发生保险责任范围内的损失时，被保险人有权按照合同的约定，获得保险赔偿，用于弥补被保险人的损失，但被保险人不能因补偿而获得额外的利益。该原则有两重含义：第一，损失补偿以保险责任范围内发生的损失为前提；第二，损失补偿的额度以被保险人的实际损失为限，不能使其通过损失补偿获得额外的利益。

②坚持损失补偿原则的意义

第一，坚持损失补偿原则能维护保险合同双方的正当权益，真正发挥保险的经济补偿职能。损失补偿原则对保险当事人双方均有约束力，对保险人而言，是对其赔付行为的约束；对被保险人来说，则是对其获得赔偿权利及额度的限定。由此而使保险的赔付行为客观化、合理化。

第二，坚持损失补偿原则能防止被保险人通过保险赔偿获得额外利益，能防止道德风险的发生，在客观上可以起到防止被保险人通过故意制造损失而获得额外赔偿的不良企图和行为的作用，促进良好社会秩序和道德风尚的形成及维持。

（2）损失补偿的补偿限制

损失补偿原则要求，被保险人获得的保险赔偿金的数额受到保险标的实际损失、保险合同中的保险金额和保险利益的共同限制。

一般来说，损失补偿以被保险人的实际损失为限。在补偿性的合同中，保险标的遭受损失后，保险赔偿以该标的实际损失为限：全部损失时全部赔偿，部分损失时部分赔偿。如果保险标的的实际损失高于保险合同所确定的保险金额时，损失补偿应以投保人投保的保险金额为限。也就是说，损失补偿此时是依据保险合同的约定，损失赔偿的最高额以合同中约定的保险金额为限。赔偿金额只应低于或等于保险金额。如果保险标的的损失与投保人或者被保险人对该保险标的的利益不一致时，即保险标的的损失小于投保人或被保险人对该保险标的的保险利益时，损失补偿应当以投保人或被保险人所具有的保险利益为限。因为保险投保人和被保险人对保险标的所具有的保险利益是其对保险标的所具有的全部权益，如果对保险标的损失的实际补偿超过了该保险利益额度，就会使投保人或被保险人获得额外收益。

综上，在具体的实务操作中，损失补偿的补偿过程中，保险标的实际损失、保险合同约定的保险金额及投保人、被保险人对保险标的所具有的保险利益同时起作用，也就是说，保险赔偿的最终数额为三者中的最小数额。

（3）损失补偿原则的派生原则

损失补偿原则作为保险经营与实务的基本原则之一，在实践过程中，还派生出若干原则，其中包括重复保险的损失分摊原则和代位原则。

①重复保险的损失分摊原则

损失分摊原则强调，在重复保险的情况下，当保险事故发生时，通过采取适当的分摊方式，在各保险人之间分配赔偿责任，使被保险人既能得到充分补偿，又不会超过其实际的损失而获得额外的利益。

重复保险的损失分摊方式主要有比例责任分摊、限额责任分摊和顺序责任分摊三种。

比例责任分摊方式。这是由各保险人按其所承保的保险金额占所有保险人承保的保险金额总和的比例来分摊保险赔偿责任的方式。

限额责任分摊方式。该分摊方式是在假设没有重复保险的情况下，各保险人按其承保的保险金额独自应负的赔偿限额与所有保险人应负的赔偿限额总和的比例承担损失赔偿责任。

顺序责任分摊方式。在此方式下，由先出单的保险人首先承担损失赔偿责任，后出单的保险人只有在承保标的损失超过前一保险人承保的保险金额时，才顺次承担超出部分的损失赔偿。在该种方式下，被保险人的损失赔偿可能由一家保险人承担，也可能由多家保险人承担，这取决于被保险人的损失大小和顺次承保的各保险公司承保金额的大小。

②代位原则

代位是指在保险赔偿过程中保险人取代投保人或被保险人获得对造成其损失的第三人的追偿权或对所遭受损失保险标的的所有权的一种法律行为。代位原则是指保险人依照法律或保险合同约定,对被保险人所遭受的损失进行赔偿后,依法取得对保险标的损失负有责任的第三者进行追偿的权利或取得被保险人对保险标的的所有权。通过代位行为,可以防止投保人或被保险人在保险损失补偿的过程中因法律而获得额外收益,避免故意串通损毁保险标的、恶意索赔等道德风险的发生。根据代位的定义,代位原则包括两个部分:代位追偿和物上代位。

代位追偿是指在保险标的遭受保险责任事故产生损失,该损失依法应当由第三者承担赔偿责任时,保险人自支付保险赔偿金后,在赔偿金额的限度内,相应取得对第三者请求赔偿的权利。代位追偿是一种权利代位,是保险人取得代替投保人或被保险人向责任人请求赔偿的权利。我国《保险法》第六十条规定:"因第三者对保险标的的损害而造成保险事故的,保险人自向被保险人赔偿保险金之日起,在赔偿金额范围内代位行使被保险人对第三者请求赔偿的权利……"

由代位追偿的含义及法律规定,我们可以得出,在实施代位追偿行为时需要具备以下前提条件。

第一,被保险人对保险人和第三者必须同时存在损失赔偿请求权。

第二，被保险人要求第三者赔偿，此时保险人的代位追偿才能行使。保险人赔偿保险金之前，当被保险人不要求第三者赔偿时，保险人也无须对被保险人进行保险赔偿；保险人向被保险人赔偿保险金后，被保险人放弃对第三人的赔偿请求须经保险人认可才有效。

第三，保险人履行了赔偿责任。保险人按合同规定，对被保险人履行赔偿义务之后，才有权取得代位追偿权。

物上代位是指保险标的遭受保险责任事故，发生全损或推定全损时，保险人在全额给付保险赔偿金之后，即拥有对保险标的物的所有权，代位取得对受损保险标的的权利与义务。所谓推定全损，是指保险标的遭受保险事故尚未达到完全损毁或完全灭失的状态，但实际全损已不可避免，或修复和施救费用将超过保险价值，或失踪达一定时间，保险人按照全损处理的一种推定性损失。物上代位的取得一般通过委付实现。

委付是被保险人在发生保险事故造成保险标的的推定全损时，将保险标的的一切权益转移给保险人，而请求保险人按保险金额全数予以赔付的行为。委付是被保险人放弃物权的行为，在海上保险中经常采用。

委付的成立需要具备以下条件：第一，保险标的的推定全损。第二，必须由被保险人向保险人提出。第三，委付需经保险人同意，因为委付不仅是将保险标的的一切权益进行了转移，同时也将被保险人对保险标的的一切义务进行了转移。第四，委付不得有附加条件。

通过对比，我们可以发现，委付与代位追偿具有以下区别。

第一，代位追偿保险人取得的只是一种纯粹的追偿权，保险人无须承担其他义务；而保险人在同意委付时，则是将与保险标的相关的权利和义务全部接受。

第二，在代位追偿中，保险人只能获得保险赔偿金额内的追偿权；而在委付中，保险人则可享有该保险标的的一切权利，包括保险标的的所有权和对保险标的的处分权，这就意味着在委付后，保险人因保险标的的处置而取得的额外利益也由保险人获得，而不必返还给被保险人。

4. 近因原则

风险事故的发生与损失结果的形成应有直接的因果关系，但是造成损失并非单一原因所致，可能是由于共同的或连续的多种原因所致，而且其因果关系也存在连续和中断等情况，这就使得保险人所承保的风险和除外风险二者往往相互交错。保险人的赔偿或给付责任是与保险事故直接联系的，因此确定保险事故或约定事件的发生是否属于保险责任范围显得尤为重要。为了确定保险事故与发生原因之间的关系，从而明确保险责任，近代保险业界及学界确定了保险近因原则。这一原则最早在英国海上保险中确立起来。

（1）近因原则的含义

所谓近因原则，是指若引起保险事故发生，造成保险标的损失的近因属于保险责任范围之内，则保险人承担损失赔偿责任。如近因属于除外责任，则保险人不负赔偿责任。

对于近因的确定，则是指引起保险标的损失的直接、最有效、起决定作用的因素。需要指出的是，在时间和空间上，近因不一定是最接近损失结果的原因。例如，打雷击倒了大树，大树压倒了旁边的一间房屋，房屋倒塌导致屋内的财物受损这样的一个风险事故，屋内财物受损的近因不是房屋倒塌而是雷击。

（2）认定近因的基本方法

如何确定近因，其关键在于确定风险因素与损失之间的因果关系。从理论上讲，近因的认定有两种基本方法。

第一种方法是从原因推断结果，即从最初的事件出发，按逻辑推理直至最终损失的发生，最初事件就是最后事件的近因。例如，前述例子的打雷击倒树致屋内财物受损，其近因是雷击，而不是房屋倒塌。

第二种方法是从结果推断原因，即从损失开始，从后往前推，追溯到最初事件，没有中断，则最初事件就是近因；如有额外因素的介入，则需要具体分析。

（3）近因的分析和保险责任的确定

在具体业务实践、保险理赔中，对于引起保险标的损失的原因，可以按照不同的情况，从以下几方面来认定近因，进而确定保险责任。

①单一原因造成的损失

如果造成损失的原因只有一个，则该原因即为近因。此时进行判断比较简单，即如果此原因是保险合同中所规定的保险责任，则保险人应予以赔偿；如果此原因在保险合同所规定的保险责任范围之外，则保险人无须赔偿。例如，在海上货物运输保险中，假设货物在运输途中遭受雨淋而受损，此时如果投保人在投保水渍险的基础上加保了淡水雨淋险（淡水雨淋险是海上保险中的一个附加险），则保险人需要予以赔偿；而如果投保人没有加保淡水雨淋险，则保险人无须赔偿。

②多个原因造成的损失

如果保险标的的损失是由多个原因造成的，就必须结合实际情况具体分析。

第一，当这些原因同时发生，不分先后，导致保险事故的发生，则均为近因。如果这些原因在保险合同所规定的保险责任范围之内，则保险人就必须担负赔偿或给付责任；如果这些原因不在保险合同所规定的保险责任范围之内，则保险人就无须赔偿或给付；如果这些原因中部分在保险责任范围之内，部分在保险责任范围之外，则保险人只承担保险责任范围内的原因所导致的损失，不负责保险责任范围之外的原因所导致的损失，如果损失无法分别估算，则保险人应与被保险人协商解决。

第二，多个原因连续发生。多个原因连续发生导致保险事故的发生，如果后面的原因是前面原因的直接后果，或合理的连续，或属于前面原因自然延长的结果时，则以前面的原因为近因，即最先发生并造成了一连串后续事故的原因就是近因。保险人是否需要赔偿或给付取决于此近因是否在保险合同所规定的保险责任范围之内,若在此范围之内则应予以赔偿或给付；反之，则无须承担赔偿或给付责任。

第三，多个原因间断发生。当发生并导致保险事故发生的原因有多个，并且该一连串发生的原因有间断情形，即有新的独立的原因介入，使原有的因果关系断裂，并导致损失时，则新介入的独立原因是近因。如该近因属于保险责任范围内的事故，则保险人应负赔偿或给付责任；如果新介入的原因属于保险合同所规定的除外责任，在新原因介入之前发生的承保风险损失，保险人应予以赔偿或给付。例如，某人投保了人身意外伤害险，发生交通事故并致下肢伤残，在康复过程中，突发心脏病，导致死亡。其中，心脏病突发为独立的新介入的原因，也是导致死亡的近因，在人身意外伤害险中，该原因不属于保险责任范围，因此保险人对被保险人死亡不承担赔偿责任，但对其因交通事故造成的伤残,保险人应承担保险金的给付责任。

保险合同与效力

保险合同又称保险契约，是投保人与保险人约定保险权利义务关系的协议。保险合同是非要式合同、射幸合同、附和性合同、补偿性合同、有偿合同、双务合同。保险合同的要素有合同的主体、合同的客体和合同的内容三部分。保险单是保险合同的正式法定形式，除保险单外，在特定情形下，亦可采用暂保单、保险凭证和批单等形式。保险合同的订立程序包括要约与承诺，经过要约人的要约和被要约人的承诺，投保人与保险人就保险合同条款达成协议，保险合同即告成立。保险合同的履行是指双方当事人依法全面完成合同约定义务的行为。在履行过程中，由于某些情况的变化而需对其依法进行补充或修改，这就是保险合同的变更。

保险合同的概念与特点

1. 保险合同的概念

保险合同又称保险契约，我国《保险法》第十条规定："保险合同是投保人与保险人约定保险权利义务关系的协议。"可以从三方面对该定义进行理解：一是说明了保险合同的本质是双方的一种合意，它属于协议；二是指明了保险合同的当事人为投保人和保险人；三是说明保险合同所确定的内容是保险合同双方的权利义务关系。保险合同作为投保人与保险人约定保险权利义务关系的协议，不仅适用《合同法》关于合同的一般规定，而且适用《保险法》关于保险合同的特殊规定。

2. 保险合同的特点

保险合同作为经济合同的一种，首先具有一般经济合同共有的一些法律特征，如当事人双方的法律地位平等，订立合同应当遵循公平互利、协商一致、自愿订立的原则，履行合同应诚实信用，遵守法律、法规和社会公德，不得损害社会公共利益等，只有这样所签订的合同才能受到法律的保护。但是，保险合同毕竟是一种不同于其他经济合同的特殊经济合同，它具有以下特点：

（1）保险合同是非要式合同

所谓要式合同，是指采用特定形式订立的合同。我国有学者认为保险合同的成立以书面形式为要件，所以认为保险合同也是要式合同，其依据的是我国2002年《保险法》第十二条的规定。但是，在新修正的《保险法》中，并没有规定保险合同的成立以书面形式为要件。并且，随着现代电子交易手段在保险活动中的使用，在书面文件签署之前，只要合同双方就合同内容达成合意，那么该合同就对双方产生约束力。基于上述原因，保险合同为非要式合同。

（2）保险合同是射幸合同

在这里，射幸就是碰运气、赶机会的意思。在民法中，与射幸合同相对应的是交换合同，交换合同有一个基本特点，就是当事人因合同所产生的利益或损失具有等价关系，即交换合同是等价交换合同。而射幸合同则不同，在射幸合同中，当事人的付出与所得报酬不具备等价交换的特点，保险合同即属此类合同。保险合同的射幸性是由风险事故发生的不确定性所决定的。

（3）保险合同是附和性与协商性相统一的合同

从传统意义上讲，保险合同属于附和性合同，即合同的条款事先由当事人的一方拟定，报经主管部门批准或备案，另一方只有接受或不接受该条款的选择，但不能就该条款进行修改或变更。但是，随着保险市场竞争的激烈化，保险需求的多样化，基于合同意思自治的原则，在不违背法律强制或禁止规定的条件下，应当允许和鼓励保险客户以平等协商的方式对相关条款进行约定，从而保障投保人或被保险人的权益。故从保险合同的发展来看，保险合同兼具附和性与协商性。

（4）保险合同是有偿合同

所谓有偿合同，是指合同当事人双方因合同的成立而负有互相给付之义务，并取得相应利益的合同。保险合同是有偿合同，是因为投保人必须缴纳保费，保险人必须承担相应的风险，于保险事故发生后履行给付责任，这就是二者之间的对价关系。需要注意的是，对价不是等价，不要求双方所承担的义务没有差别。

（5）保险合同是非典型双务合同

合同因当事人是否负对价给付义务可分为双务合同与单务合同。双务合同指的是合同双方当事人都要向对方承担义务的合同，如买卖合同等。如果当事人仅一方负给付义务，对方不承担相应义务的，则为单务合同，如赠予合同。保险合同是有偿合同，投保人给付保险费，保险人在保险合同成立生效后承担一定风险，在保险事故发生后，需要承担一定的给付义务，从这个意义上讲，两者构成对价关系，是双务合同。但是，需要指出的是，保险合同不是典型的双务合同，因为一方面保险人给付保险金的义务是不确定的，即在约定时间内保险事故或约定事件的发生与否不确定，保险人承担的给付义务也不确定；另一方面保险金的给付对象可能是投保人，也可能是被保险人，也就是说投保人履行的给付义务，将来可能得不到保险金，例如，投保人与被保险人非同一人时。从以上意义上来说，我们只能说保险合同是非典型的双务合同。

（6）保险合同是最大诚信合同

任何合同的签订和履行都要求当事人双方能够"重合同、守信用"。但是，由于保险合同是射幸合同，其前提是必须建立在最大的诚信基础上，否则，保险合同就可能存在欺诈。在上一节中，保险的基本原则之一即为最大诚信原则，这一原则的首要体现就是保险合同。保险经营的特殊性，要求保险双方当事人在签订和履行保险合同时要坚持最大诚信原则，保持最大限度的诚意和信用。我国《保险法》明确规定了从事保险活动必须遵守最大诚信的原则。对保险合同双方当事人违反最大诚信原则的行为，《保险法》还规定了严厉的处罚措施。

保险合同的要素与形式

1. 保险合同的要素

保险合同的要素是指保险合同成立的基本条件，一般来说，保险合同由合同主体、合同客体和合同内容三部分组成。

（1）保险合同的主体

按照民法规定，民事法律关系的主体是民事法律关系中享有权利和承担义务的人。在保险合同中，狭义保险合同的主体是指享受保险合同权利、承担保险合同义务的人。由于保险经营的特殊性，广义的保险合同的主体不仅包括与合同权利义务直接相关的当事人——保险人与投保人，还包括与保险合同的签订和履行有间接关系的人——保险合同关系人和保险合同辅助人。

①保险合同的当事人

保险合同的当事人是直接参与保险合同签订的人，保险合同经当事人协商一致、签字同意后成立。保险合同的当事人包括投保人和保险人。

投保人亦称要保人，是与保险人订立保险合同并负有缴付保险费义务的保险合同的一方当事人。投保人作为保险合同的当事人，必须具备以下条件：第一，有完全的民事行为能力。保险合同法适用于民法，无民事行为能力人，保险合同可以由其法定代理人签订，而限制民事行为能力人经法定代理人事先允许或事后承认，也可以自行订立保险合同。我国《保险法》规定父母可以为未成年子女投保人身险，投保人也可以为无民事行为能力人订立除死亡为给付条件以外的其他保险，这就意味着，只要有民事权利能力就可以作为投保人订立保险合同。第二，投保人需对保险标的具有保险利益。为了防止道德风险，投保人要对保险标的之财产、责任或被保险人具有保险利益。

保险人，亦称承保人，是与投保人订立保险合同，并根据保险合同收取保险费，在保险事故发生时承担赔偿或者给付保险金责任的人。保险人是合同的一方当事人，也是经营保险业务的人。保险人应具备下列条件：第一，要具备法定资格。我国的要求是，保险人必须是依法成立的保险公司，有国有独资公司和股份有限公司两种形式。根据我国《保险法》的规定，保险人需取得监管机关的许可才能从事保险活动。第二，必须以自己的名义订立保险合同。作为一方当事人，保险人只有以自己的名义与投保人签订保险合同后，才能成为保险合同的当事人。

②保险合同的关系人

保险合同的关系人是指与保险合同有经济利益关系的人，保险合同关系人不一定直接参与保险合同订立。保险合同的关系人包括被保险人、受益人。

被保险人，对人身保险来说，是指以其生命或身体为保险标的的人；在财产保险中，则是指以其财产、利益或以约定之事故发生而应承担的责任为保险弊端，在保险事故发生时要求保险给付的人。保险合同的被保险人可以是一个，也可以为多个。被保险人和投保人可以是同一人，也可以不是同一人。虽然我国《保险法》对被保险人的年龄和精神状态都没有明确限制，但是，根据相关条文规定，对于人身保险，除父母可以对无民事行为能力的子女投保外，其他人不得为无民事行为能力的人投保，这就意味着除特殊情况外，人身保险合同中的被保险人须为正常民事行为能力人；对财产保险合同，投保人只要对被保险人或相关标的有保险利益即可，是否经被保险人同意则无明确要求，因此，在财产保险合同中，对被保险人的年龄及精神状态均无限制。

受益人，又叫保险金受领人，即保险合同中约定的，在保险事故发生后享有保险赔偿与保险金请求权的人。受益人的受益权具有以下特点：受益人由被保险人或投保人指定，但投保人指定受益人必须征得被保险人同意；受益人本身具有不确定性；受益人享受的受益权是一种期得利益，又称等待权；受益权不能继承，受益人可以放弃受益权但不能行使出售、转让等任何处分的权利，这是由受益权的不确定性决定的；被保险人或投保人可变更受益人，但投保人变更受益人须征得被保险人同意而无须征得保险人同意，只要通知保险人即可；受益权只能由受益人独享，具有排他性，其他人都无权剥夺或分享受益人的受益权，受益人领取的保险金不是遗产，无须交纳遗产税，不用抵偿被保险人生前的债务；当受益人先于被保险人死亡、受益人放弃受益权或丧失受益权时，由被保险人的法定继承人领取保险金，并作为遗产处理。

受益人可以是一人，也可以是数人，投保人、被保险人都可以是受益人。如果受益人是一人，则保险金请求权由该人行使，并获得全部保险金。如果受益人是多个人，则保险金请求权由多个人共同行使，其受益顺序和受益份额由被保险人或投保人在合同中事先确定，未确定顺序或份额的，受益人按照相等份额享有受益权。作为受益人，在合同中有两种类型：一种是不可撤销的受益人，在保险合同签订时确定且不得随意撤销，只允许在受益人同意的情况下才能更换受益人；另一种是可撤销的受益人，在保险合同的有效期内，投保人或被保险人可中途变更受益人和撤销受益人的受益权。

③保险合同的辅助人

保险合同的订立和履行是一个非常复杂的过程，在这一过程中涉及方方面面的知识和问题。与此同时，大多数的投保人或被保险人又缺乏这方面的知识和经验，因此在保险合同的签订和履行过程中，就需要一些介于保险人和投保人或被保险人之间的中介向投保人或被保险人提供这方面的帮助。他们就是保险合同的辅助人，协助保险合同的当事人签署保险合同或履行保险合同，并办理有关保险事项。保险合同的辅助人包括保险代理人、保险经纪人和保险公估人等。保险辅助人不享有保险合同中的权利，也不承担保险合同中的义务。但是，他们因自己的行为而有相应的权利和义务。

保险代理人，是根据保险代理合同或授权书，向保险人收取保险代理手续费，并以保险人的名义代为办理保险业务的人。可以从5个方面理解保险代理人：保险代理人既可以是法人，也可以是自然人；保险代理人介入保险业务要有保险人的委托授权，其授权形式一般采用书面授权即委托授权书的形式；保险代理人开展保险业务是以保险人的名义，而不是以自己的名义进行的；保险代理人的盈利是通过向保险人收取代理手续费实现的，不是通过保险交易本身产生的；保险代理行为所产生的权利和义务的后果直接由保险人承担。

保险经纪人，是基于投保人或被保险人的利益，为投保人或被保险人与保险人订立保险合同提供中介服务，并依法收取佣金的人。保险经纪人在中介服务中仅代为洽商，而并非代为订立保险合同。

保险公估人，又称为保险公证人，是指依照法律规定设立，受被保险人或保险人客户委托，向委托人收取酬金，办理保险标的的查勘、鉴定、估损以及赔款的理算并予以证明的人。保险公估人依其工作内容的不同分为：海事公估人、海损公估人和损失公估人。海事公估人又称海事鉴定人，是仅就海上标的物查勘、鉴定、估价及证明的人；海损公估人又称海损理算人，是向保险人或被保险人收取费用，办理海上标的损失的洽商与理算的人；损失公估人又称损失理算人，是就海上保险以外其他保险标的办理查勘、鉴定、估算、赔款理算、洽商等事务的证明人。

（2）保险合同的客体

所谓合同的客体，是指权利和义务所指向的对象。保险合同的客体不是保险标的本身，而是投保人或被保险人对保险标的所具有的保险利益。

保险标的是保险利益的载体，没有保险标的，保险利益就无从谈起。保险标的是投保人申请投保的财产及其有关利益或者人的寿命和身体，是保险人进行保险估价和确定保险金额的依据。保险标的的名称、质地、价值、使用性质、所在地点、与投保人的关系，都是保单中必须明确载明的重要内容。

保险合同的客体不是保险标的，而是投保人或被保险人对保险标的所具有的保险利益。这是由保险的性质所决定的，投保人或被保险人订立保险合同的目的不是保障保险标的本身的安全，而是弥补保险标的受损后投保人或被保险人、受益人的经济利益。风险是客观存在的，保险合同的订立并不能保证保险标的不发生风险事故，而是为了在保险事故发生后，保险人依据保险合同，对保险标的所遭受的损失进行赔偿，不是恢复原有的保险标的。因此，保险合同中规定的权利义务所指的对象是投保人或被保险人对保险标的所具有的保险利益，即保险合同的客体。

（3）保险合同的内容

保险合同的内容，一般是指保险合同本身所记载的全部事项，其中主要内容是关于保险合同双方当事人在保险合同履行过程中所具有的权利和义务。我国《保险法》第十八条规定："保险合同应当包括下列事项：（一）保险人的名称和住所；（二）投保人、被保险人的姓名或者名称、住所，以及人身保险的受益人的姓名或者名称、住所；（三）保险标的；（四）保险责任和责任免除；（五）保险期间和保险责任开始时间；（六）保险金额；（七）保险费以及支付办法；（八）保险金赔偿或者给付办法；（九）违约责任和争议处理；（十）订立合同的年、月、日。投保人和保险人可以约定与保险有关的其他事项……"在这里，所说的与保险合同有关的其他事项，是指为使保险合同中与保险标的有关的事项得到更充分的保障，避免因保险而产生消极作用，在保险合同中规定的当事人双方必须遵守的义务。这些事项，一般包括：关于加强防灾的规定；关于积极施救、抢救，以及减少物资损失的规定；事故发生后，被保险人应尽快通知保险人的规定；关于第三者责任追偿的规定。

保险合同的内容通常由保险人与投保人依法约定，以条文形式表现，这就是我们常说的保险合同的条款。保险合同条款是保险合同双方享受权利与承担义务的主要依据。保险合同条款具有以下特征：第一，保险合同的条款由保险人事先拟定。第二，保险合同条款通常规定各险种的基本事项。由于保险合同条款大多由保险人事先拟定，故保险合同条款通常只是有关险种的基本条款。对某一保险合同，若投保人有特殊要求，须与保险人协商，在原合同的基础上订立特殊条款，或在基本条款的基础上通过附加条款来增加保障范围。

保险合同条款包括基本条款、保证条款、附加条款、协会条款。

第一，基本条款。保险合同的基本条款又称法定条款，是根据法律规定由保险人制定的保险合同必须具备的条款，即保险合同的法定记载事项，主要明示保险人和被保险人的基本权利、义务，以及有关法律、法规规定保险行为成立所必需的各种事项和要求。基本条款一般直接印在保险单证上，投保人不能随意变更。

第二，保证条款。保证条款是指投保人、被保险人就特定事项担保某种行为或事实的真实性，作为或不作为而约定的条款。该类条款由于其内容具有保证性质而得名。保证条款一般由法律规定，是投保人、被保险人必须遵守的条款，否则保险人有权解除合同。

第三，附加条款。附加条款是保险合同双方当事人在合同基本条款的基础上约定的补充条款。它增加或限制双方的权利义务，是对基本条款的补充或变更，其效力优于基本条款。通常采取在原保险单上加批注或批单的方式使之成为合同的一部分。

第四，协会条款。协会条款是由保险同业之间根据需要协商约定的条款。比如，由伦敦保险人协会根据实际需要而拟定发布的有关船舶和货运保险的条款，它是对原合同的修改、补充或变更。

在某些保险合同中还有对保障程度或范围进行限制的条款，如免赔条款、共保条款、保单限额、比例分担和超额分担条款等。

第一，免赔条款。一种限制保险范围的常见方法是通过约定免赔条款实现的，它可以免除保险人对一些损失金额相对较少的保险事故的赔偿责任。例如，消费者买了一份6个月的汽车保险，对车辆损坏进行保障，保险条款中规定了每次事故500元的免赔额。这样，消费者的汽车每次发生损坏时自己将支付最高500元的费用。如果汽车的损失小于500元，消费者将自己支付全部损失；如果损失是1000元，则消费者支付500元，保险公司赔付500元。

保单中约定免赔条款的一个原因是减少发生频率较高的小额索赔的处理成本，有些索赔处理成本与索赔金额并无关系。例如，不管索赔的严重程度如何，保险人都必须雇用一名索赔调解员处理索赔案。这些固定的索赔处理成本使承保发生频率较高的小额赔偿的成本变得非常昂贵。此外，通过免赔额的约定，还可以降低投保人、被保险人的道德风险。

第二，共保条款。共保条款在财产保险和健康保险领域是一个使用频率很高的名词，然而，虽然中文都使用"共保"这一词汇表达，但是在财产保险和健康保险领域，"共保条款"却有着不同的含义，如果我们使用英文，就很容易辨别。通常，在财产保险领域的共保条款，英文称为 Property Insurance $\alpha\%$ Coinsurance Clause（根据不同的险种，α 常取的值为85、80和75），用于在出险时判断是否足额投保的问题。例如，财产保险80%共保条款可表述如下：经双方同意，发生保险责任范围内的损失，如果保险金额达到保险价值的80%，保险人在保险金额以内按实际损失计算赔偿，即此时视为足额投保；如果保险金额不足保险价值的80%，保险人按保险金额与保险价值的比例计算赔偿。在健康保险领域，国际上有两种共保条款的内容，一种英文叫作 Co-Insurance，另一种英文叫作 Co-Participation，这两种条款对理赔的影响完全不同，举例如下：保险金额 10 万元，含有 20% 的 Co-Insurance 条款，假设实际损失为 15 万元，此时保险公司的赔偿金额为 Min（100000×80%，150000×80%）=8 万元。也就是说，保险公司在该赔案中的最大赔偿金额是 8 万元；如果含有 20% 的 Co-Participation 条款，同样的假设下，保险公司的赔偿金额为 Min（100000，150000×80%）=10 万元，也就是说，在 Co-Participation 条款下保险公司的最大赔偿金额是 10 万元。和免赔条款类似，由于共保条款要求保险客户负担损失的一部分，保险客户也就具有更多的减损动机。

第三，保单限额。保险实务中，经常通过规定保单上限来限定保险的总额，称作保单限额，即保险人对任何损失所支付的总额。保单限额经常用在责任保险保单中。例如，一份汽车责任保险保单规定保险人对给其他车辆造成的物理损坏的最高赔付额为 2 万元，对给其他车辆的司机或乘客的身体造成伤害的最高赔付额为 10 万元，那么此处所规定的 2 万元和 10 万元就是保单的限额。

第四，比例分担和超额分担条款。在实践中，投保人有时会购买多份保单来为同一个保险标的进行保障。那么同一标的遭受保险事故后，在购买多份保单的情况下，保险客户可能得到多于损失的赔付而获得额外利益，这有违保险的初衷和原则。因此，保险人常通过比例分摊条款来避免损失超额部分的重复计算，它特别规定了每一保单将赔付损失的份额，或者，保单会包括一个超额分担条款，特别规定了保险人只赔付超出其他保单保障范围的损失。需要指出，由于人身价值具有不可估量性，因此，比例分担和超额分担条款不适用于给付性质的人身保险合同。

2. 保险合同的形式

保险合同属非即时结清合同，其有效期往往比较长，而且保险合同的内容又比较细致复杂，因此，保险合同应当采用书面形式。世界上大多数国家都要求以书面形式订立保险合同。结合保险实践，实务中保险合同主要包括以下几种形式的文件。

（1）保单

投保单又称"要保书"或"投保申请书"，它是投保人申请投保时填写的书面文件。实务中，为准确迅速地处理保险业务，投保单的格式和项目都是由保险人设计，并以规范的形式提出。投保单主要包含以下内容：被保险人的姓名、地址，保险标的名称，投保险别，保险金额和保险责任起讫日期，等等。在人身保险的投保单中，还必须列入被保险人的年龄、职业、健康状况、受益人等。作为投保单的附件，这些详细具体的情况是保险人了解投保人的保险要求，决定是否承保以及保险险别、保险条件和保险费率等的重要依据。投保单是保险合同中必不可少的法律文件，是保险人决定是否承保以及证明被保险人是否遵循最大诚信原则的首要依据，在保险人出立正式保险单后，投保单便成为保险合同的组成部分。

（2）暂保单

暂保单又称"临时保险书"，是保险单或保险凭证签发之前，保险人发出的临时单证。暂保单的内容较为简单，仅表明投保人已经办理了保险手续，并等待保险人出立正式保险单。暂保单不是订立保险合同的必经程序，使用暂保单一般有以下三种情况：

保险代理人在争取到业务时，还未向保险人办妥保险单手续之前，给被保险人的一种证明；

保险公司的分支机构，在接受投保后，还未获得总公司的批准之前，先出立的保障证明；

在签订或续订保险合同时，订约双方还有一些条件需商讨，在没有完全谈妥之前，先由保险人给被保险人出具的一种保障证明。

暂保单具有和正式保险单同等的法律效力，但一般暂保单的有效期不长，通常不超过 30 天。当正式保险单出立后，暂保单就自动失效。如果保险人最后考虑不出立保险单时，也可以终止暂保单的效力，但必须提前通知投保人。

（3）保险单

保险单是由保险人向投保人签发的书面凭证，是最基本的保险合同形式。保险单应力求完整、明确。保险单的记载内容必须符合前述《保险法》的基本要求内容，除此之外，还应当包含保险合同的所有条款。

（4）保险凭证

保险凭证是保险单以外的一种保险合同书面凭证，是简化的保险单。其内容仅包括保险金额、保险费率、险别、投保人、被保险人、保险期限等。保险凭证中未列入的内容，以同类正式保险单为准，如果正式保险单与保险凭证的内容有抵触或者保险凭证另有特定条款，则应以保险凭证为准。保险凭证通常在货物运输保险、机动车辆保险等业务中采用。

（5）其他书面协议形式

除上述四种形式外，保险合同还包括其他的书面协议形式，如附加保险条款和批单，它们也构成了保险合同的一部分。在保险合同生效后，如因保险标的、风险程度有变动，就需要在保险合同中增加新的内容或对部分合同内容进行修改。因此，保险人在保险合同之外出具批单，以注明保险单的变动事项，或者在保险合同上记载附加条款，以增加原保险合同的内容。批单和附加保险条款的法律效力都先于原保险单的同类款目。

保险合同的成立与效力

1. 保险合同的成立和生效

《保险法》第十三条规定："投保人提出保险要求，经保险人同意承保，保险合同成立……"但是，需要注意的是，保险合同的成立不一定意味保险合同的生效。在保险合同尚未生效时，如果发生保险事故，保险人不承担保险责任。因此，保合同的生效对于保险责任的承担和保险义务的履行至关重要。根据前述规定，保险合同的成立很简单，只要投保人与保险人就保险合同主要内容达成一致，保险合同就宣告成立。相比较而言，保险合同的生效则比较复杂。

保险合同的生效是指依法成立的保险合同对合同主体产生法律约束力。一般情况下，合同一经成立就产生法律效力，即合同生效，对合同双方权利义务的履行具有法律约束力。但是，有些合同是附条件、附期限生效的。对于这类合同，要符合所附条件或到达所附期限时合同才能生效。实践中，保险合同往往属于此类合同。通常，保险合同的生效还需要一个对价的过程。合同双方当事人的价值交换称为对价。在保险合同中，保险人给予投保人或被保险人的对价是保险责任内的事故发生时支付赔偿或给付保险金的承诺；作为对保险人承诺的回报，投保人或被保险人的对价通常是缴纳保险费等在合同所附条件里规定的义务。一般情况下，投保人缴付保险费后，订立的保险合同即开始生效。在我国的保险实务中，保险合同的生效起始时间采用"零时起保"方式确定，即保险合同的生效时间通常在合同成立日的次日零时或约定的未来某一日的零时。当然，投保人与保险人也可在保险合同中约定，保险合同一经成立就发生法律效力，此时，保险合同成立即生效。

保险合同生效后，双方当事人、关系人按照合同开始享有权利、承担义务，并且不得随意更改合同的有关内容。

2. 保险合同的有效和无效

根据我国合同法的规定，有些合同因为违犯法律或损害社会公共利益，无论其何时成立，成立多长时间，自始就不产生法律效力，不受国家法律的保护。虽然保险合同的成立是建立在双方当事人意思自治、平等协商的基础上，但是保险合同的生效则是建立在合同有效的前提下。任何保险合同要产生当事人所预期的法律后果，使保险合同产生相应的法律效力，都要符合一定条件。

（1）保险合同有效应具备的条件

第一，保险合同的主体必须具有民事法律主体资格。在保险合同中，保险人、投保人、被保险人、受益人都必须具备法律所规定的主体资格，具有民事权利能力和民事行为能力，否则会导致保险合同全部无效或部分无效。

第二，当事人的意思表示真实。订立保险合同是当事人为了达到保险保障的目的，为自己设定权利、义务的法律行为。这种行为是有目的、有意识的活动，当事人对这种行为的后果应当能够有所预见，因此要求其意思表示真实，能够明确自己行为的后果，自愿承担相应的法律后果。如果合同的订立不是出于当事人的自愿，而是由于当事人受到胁迫或欺骗，那么这样的保险合同就属无效合同。

第三，合同内容合法。保险合同内容合法有两方面含义：一方面是不违法。所谓不违法，是指保险合同的内容不得与法律、行政法规的强制性或禁止性规定相抵触，也不能滥用法律的授权性或任意性规定达到规避法律规范的目的。另一方面是不违反社会公共利益，即保险合同所约定的内容不能侵害社会、他人的合法权益，造成社会公共利益和他人权益的损失。

（2）无效合同的概念和合同无效的原因

无效合同是指虽然已经订立，由于其不具备上述合同生效的要件，国家不予承认和保护，没有法律效力的保险合同。在保险实务活动中，有时保险合同双方当事人对合同内容已经达成合意，保险合同已经成立，但因其在主体、内容或订立程序等某方面不符合法律、法规的要求，致使其不受国家法律承认与保护，保险合同的全部内容或部分内容自始对合同双方当事人不产生法律约束力。

合同无效可分为全部无效和部分无效。保险合同的全部无效，是指保险合同的内容全部不产生法律效力。如投保人对保险标的不具有保险利益，保险合同即使订立，也全部无效。保险合同的部分无效，是指保险合同中的部分内容不具有法律效力，其余部分仍然有效，如无意超额保险中的超额部分等。

与保险合同的生效要件相对应，保险合同的无效，多是由于不符合前述要件，主要有以下几种情况。

第一，保险合同的当事人不具有行为能力，即投保人、保险人不符合法定资格，如保险人超越经营范围经营保险业务，投保人为无行为能力人。

第二，保险合同当事人意思表示不真实，即保险合同不能反映当事人的真实意思，如采取欺诈及胁迫手段订立的合同、重大误解的合同、无效代理的合同等。

第三，保险合同的内容不合法，即保险合同的内容违犯国家法律、行政法规，如投保人对保险标的无保险利益、为违禁品提供保险、为违法行为提供保险等。

无效保险合同和保险合同中无效的部分，自保险合同成立时就不产生效力，其产生的法律后果有三种：返还、赔偿、追缴。返还是指保险合同被确认无效后，应当使之恢复到合同订立前的状态，取得财产的，应当返还，即保险人返还给投保人已收取的保险费；如保险人已支付赔款，被保险人应如数返还给保险人。赔偿是指保险合同被确认无效后，因此造成损失的，应由责任方承担赔偿责任。如系双方都有过错，则视双方过错大小，各自承担相应的赔偿责任。追缴是指保险合同因违反国家和社会公共利益而被确认无效的，合同双方均系故意行为，应将双方已经取得的财产进行追缴并收归国库。如系一方故意，该方应将依无效合同从对方取得的财产返还对方，非故意的一方依无效合同从故意方取得的财产也应被追缴，收归国库。

保险合同的订立与履行

1. 保险合同的订立程序

保险合同的订立是投保人与保险人之间基于意思表示一致而发生的法律行为。与一般合同的订立相比，它的订立也需要经过一定的程序：要约与承诺。

（1）保险合同要约

要约亦称"订约提议"，是一方当事人向另一方当事人提出订立合同的建议。发出要约的人称为要约人，接收要约的人称为受要约人，在此阶段，受要约人也可以改变原要约人的订约内容而提出新的要约，此时受要约人成为新要约的要约人。构成要约，需要具备以下条件：第一，要约人有订立合同的明确意思表示；第二，要约必须向特定的对象发出；第三，要约应当是要约人对于合同主要内容的完整意思表示；第四，要约应当有要求另一方做出答复的期限。

在订立保险合同的过程中，一般由投保人向保险人提出投保的要求即向保险人发出要约，投保人是要约人，保险人是受要约人。投保人在投保时，首先，应考虑自己需要何种保障，可能面临的风险有哪些，进而通过咨询等方式，明确所要投保的保险险种；其次，选择经营稳健、有良好信誉的保险人，询问其是否可提供所需的保险险种，并尽量索取有关条款或资料进行认真研究；最后，提出投保要求，并按照保险人的要求如实告知保险标的的主要危险情况及所需的风险保障。同时可要求保险人提供有关保险条款，并对其主要内容进行详细明确的说明。

保险合同的要约又称要保，由于保险合同要约的专业性强，因此，在保险实务中多由保险公司以投保单的形式印制完成，向投保人提供，由投保人填写。投保人有特殊要求的，也可与保险公司协商，投保人必须在投保单上签字，要约完成。

（2）保险合同承诺

承诺即接受订约提议，是指受要约人在收到要约后，对要约的全部内容表示同意并做出愿意订立合同的意思表示。做出承诺者即为承诺人，承诺人一定是受要约人。承诺成就，要满足以下条件：

承诺必须由受要约人本人或其合法的代理人向要约人做出；

承诺的内容应当与要约的内容完全一致；

承诺必须在要约规定的期限内做出；

承诺必须以要约要求的形式予以承诺，不能附带任何条件。

在投保人提出投保要约后，首先，保险人应审查保险标的是否符合投保要求及风险情况，并向投保人提出询问，投保人应如实回答；其次，保险人应审核要约是否符合该险种保险条款的内容，是否有特别约定内容；再次，应约定缴纳保险费的具体时间、地点、数额等；最后，做出承保承诺，保险人签发保险单，保险合同成立。保险单是保险人保险的承诺，保险合同的承诺也叫承保，不需要投保人的签字。

合同的订立一般不是要约与承诺一个来回便可完成的，往往要经过要约人和受要约人之间多次互换角色。需注意的是，要约可以反复多次地进行，只要有新的意见提出，就可视为新要约。但承诺只有一次，一经承诺，合同便告成立。也就是说，要约是可以变的，它是合同双方协商过程的体现，而承诺是结果，是双方达成的协议。对保险合同来说，保险人也会提出新的承保条件，成为要约人，投保人则成为受要约人。但无论要约人与受要约人如何变化，投保人应是最先提出要约的人，而决定是否承保的人或承诺人只能是保险人。

2. 保险合同的履行

保险合同的履行是指双方当事人依法全面完成合同约定义务的行为。当事人权利的实现，是以对方履行相应的义务为前提。

（1）保险合同当事人权利义务的履行

投保人对保险合同的履行。根据保险合同的约定，一般来说，投保人享有了解保险条款真实情况的权利，在发生保险损失时有向保险人索赔的权利。无论是财产保险还是人身保险，投保人均应承担以下基本义务：如实告知义务、按合同规定缴纳保险费的义务、风险增加的通知义务、出险通知义务、出险施救义务、防灾防损义务、协助追偿义务等。投保人需要具体履行义务的内容会随保险种类的不同而有所差异。

保险人对保险合同的履行。根据保险合同，一般来说，保险人有收取保险费、提供防灾防损建议和代位追偿等权利。而保险人在合同履行过程中的义务主要有：向投保人解释说明合同条款、及时签发保险单证、为投保人等其他保险合同主体的私人资料保密、向投保人或被保险人提供经济保障，并且在风险事故发生后，能按照保险合同的规定，及时对投保人或被保险人的损失给予经济补偿。

保险的索赔和理赔。索赔和理赔是投保人或被保险人行使权利和保险人履行义务的具体体现。保险合同的保障作用，最终是通过保险索赔和理赔表现出来的。保险索赔是投保人、被保险人或受益人在保险标的发生保险事故而遭受损失后，或者在保险合同中所约定的事件出现后，或者达到合同规定的期限和年龄时，按照保险合同有关条款的规定，向保险人请求给予经济补偿或给付保险金的行为。保险理赔是保险人应索赔权利人的请求，根据保险合同的规定，审核保险责任并处理保险赔偿的行为过程。保险理赔是保险人的基本义务。

（2）保险合同的变更

在保险合同订立后，因订立合同所依据的主客观条件发生变化，由当事人依据法律规定的程序和条件，对原合同的有关条款所进行的修改和补充，叫作保险合同的变更。我国《保险法》第二十条第一款规定："投保人和保险人可以协商变更合同内容。"

①保险合同变更的内容

一般来说，保险合同的变更包括以下几方面：其一，保险合同主体的变更主要是指投保人、被保险人和受益人的变更，将投保人或被保险人变更为他人的法律行为也称为保险合同的转让。一般不允许保险人的变更，投保人只能选择退保来变更保险人。其二，保险合同客体的变更主要是指保险标的的种类、数量的变化从而导致保险标的的价值增减变化、引起保险利益的变化，进而需要变更客体以获得足够的保险保障。其三，保险合同内容的变更，即体现双方权利和义务关系的有关条款发生变更。保险合同内容的变更是经常的，如被保险人住所、保险金额、保险期限、缴费方法、保险标的的使用性质、保险责任、风险程度等一系列内容都可能发生变更。

②保险合同变更的程序

依照我国法律规定，保险合同的内容变更需经过下列主要程序：投保人向保险人及时告知保险合同内容变更的情况；保险人进行审核，若需增加保险费，则投保人应按规定补缴，若需减少保险费，则投保人可向保险人提出要求，无论保险费的增减还是不变，均要求当事人取得一致意见；保险人签发批单或附加条款；若拒绝变更，保险人也需通知投保人。我国《保险法》第二十条第二款规定："变更保险合同的，应当由保险人在据保监会官网保险单或者其他保险凭证上批注或者附贴批单，或者由投保人和保险人订立变更的书面协议。"

③保险合同的中止和解除

保险合同的中止是指在保险合同存续期间，由于某种原因而使保险合同的效力暂时归于停止。在合同中止期间发生的保险事故，保险人不承担赔付责任。根据有关规定，被中止的保险合同可以在一定期限内申请复效，复效后的合同与原合同具有同样的效力，可继续履行。被中止的保险合同也可能因投保人不再申请复效，或保险人不能接受已发生变化的标的，或其他原因而被解除，不再有效。因此，被中止的保险合同是可撤销的保险合同，该合同可以继续履行，也可能被解除。

保险合同的解除是指在保险合同的期限未满之前，当事人一方提前终止合同的法律行为，一般分为法定解除和协议解除两种形式。

法定解除是指当法律规定的事项出现时，保险合同当事人一方可依法对保险合同行使解除权。法定解除的事项通常在法律中被直接规定出来，但是，不同的主体有不尽相同的法定解除事项。我国《保险法》第十五条规定："除本法另有规定或者保险合同另有约定外，保险合同成立后，投保人可以解除合同，保险人不得解除合同。"

对于保险人行使保险合同解除权的规定，我国《保险法》均有明确规定，只有在这些情况下，保险人才能在保险合同成立后行使合同解除权。在我国，这些法定解除事项包括但不限于：第一，投保人、被保险人或者受益人违背诚实信用原则。第二，投保人、被保险人未履行合同义务。在财产保险合同中，投保人、被保险人未按照约定履行其对保险标的安全应尽的责任，保险人有权解除合同。第三，在保险合同有效期内，保险标的的风险增加。在保险合同有效期内，投保人或被保险人有义务将保险标的风险程度增加的情况通知保险人，保险人可根据具体情况要求增加保险费，或者在考虑其承保能力的情况下解除合同。第四，在分期缴付保险费的人身保险合同中，当未有另外约定时，投保人超过规定期限 60 日未缴付当期保险费的，导致保险合同中止。保险合同被中止后的两年内，双方当事人未就合同达成协议,保险人有权解除合同。应当注意的是,当可行使解除权的原因发生后,并不自然发生解除的后果,而是必须由解除权人行使后,合同的效力方消灭。

协议解除又称协议终止,是指保险合同双方当事人依合同约定,在不损害国家、公共利益时,当合同有效期内发生约定情况时可随时注销保险合同。协议解除要求保险合同双方当事人应当在合同中约定解除的条件,一旦出现约定的条件,一方或双方当事人都有权行使解除权,终止合同。

④保险合同的终止

保险合同的终止就是保险合同的消灭,或者说是保险合同效力的消灭,也就是因某种法定事由的出现,导致保险合同不复存在,保险合同的效力灭失,当事人的权利义务关系也相应灭失。引起保险合同终止的原因很多,主要有以下三种情况。第一种,保险合同的自然终止,也就是保险合同因期限届满而终止。第二种,保险合同的履约终止,因保险合同得到履行而终止是指在保险合同的有效期内,约定的保险事故已经发生,保险人按照保险合同承担了给付全部保险金的责任,保险合同即告结束。按照赔偿或给付金额是否累加,履约终止可分为以下两种不同的情况:一种情况是在普通的保险合同中,无论一次还是多次赔偿或给付保险金,只要保险人历次赔偿或给付的保险金总数达到保险合同约定的保险金额时,即使保险期限尚未届满,保险合同也终止;另一种情况是在机动车辆保险和船舶保险合同中,保险人在保险有效期间赔付的保险金不进行累加，只有当某一次保险事故的赔偿金额达到保险金额时保险合同才终止。否则，无论一次还是多次赔偿保险金，只要保险人每次赔偿的保险金数目少于保险合同约定的保险金额，并且保险期限尚未届满,保险合同继续有效且保险金额不变。第三种，因解除导致终止。解除使合同的效力归于消灭。

保险合同的解释与争议处理

由于保险人制定的保险合同对投保人、被保险人来说具有很强的专业性和知识性，在保险合同双方当事人对保险合同条款发生争议，有不同意见时，如何理解这些条款就成了解决争议的关键。这就涉及保险合同的解释问题。

1. 保险合同的解释

保险合同是投保人和保险人双方当事人意思表示一致的法律行为，所以一般来说，保险合同的条款、内容是明确具体的，双方当事人不会发生争议。但由于保险合同是一种附和性合同，也就是说，保险合同在订立之前，其条款和基本内容就已经由保险人拟定好了,再加上投保人一般来说都比较缺乏保险知识，对保险合同条款的主要内容和意思也只能凭借保险人的解释和说明来决定是否投保。这样，对保险合同的某些内容就容易产生不一致的理解，理解不一致时就需要有关的机构和部门对保险合同给予公正、合理、合法的解释。因此，保险合同的解释就是在出现上述情况的时候，由法院或仲裁机关根据相关原则，对保险合同有关条款的内容和正确含义做出的公正、合理、合法的阐述和说明，以维护保险合同双方当事人的利益。

在实践中，法院或仲裁机关在对保险合同进行解释的时候，一般坚持如下几项原则：整体解释原则、意图解释原则、公平解释原则、合法解释原则、效力从优原则、文义解释原则、尊重保险惯例的原则、有利于被保险人和受益人的原则。

（1）整体解释原则

整体解释原则的含义是：对合同的解释应充分考虑合同的整体内容，对合同的解释应前后一致，不能孤立地对合同的某一条款做出与合同整体内容相矛盾、相冲突的解释，即对合同的解释不能断章取义，必须通篇考虑，上下一致，更不能自相矛盾。

（2）意图解释原则

意图解释原则的含义是：对合同的解释应根据当事人订立合同的基本目的进行，解释的结果应有助于合同目的的实现。从保险合同来说，投保人订立保险合同的目的就是在保险事故发生、造成各种经济损失后能及时地从保险人那里获得经济补偿，而保险人订立保险合同的目的也在于此。

（3）公平解释原则

公平解释原则的含义是：对合同的解释必须公平合理，不得损害任何一方当事人的合法利益。

（4）合法解释原则

合法解释原则的含义是：对保险合同的解释不得违背国家有关法律和法规的规定，不得损害社会公共秩序和良好的社会风俗，不得损害国家、集体和他人的利益。

（5）效力从优原则

效力从优原则的含义是：保险合同的当事人在合同中所约定的事项出现相互冲突的情况时，为了尊重保险合同当事人的真实意图，法律规定其中某些约定的效力优于其他一些约定。在保险实务中，这一原则主要表现在以下四个方面。

第一，当口头约定与书面约定不一致时，由于书面约定更能体现当事人的意图，所以书面约定优于口头约定。

第二，当保险单上的约定与投保单等保险合同的其他文件上的约定不一致时，由于保险单是保险合同的正式文件，而且相对于其他文件而言，保险单是最后完成的，更能体现当事人的真实意图，所以保险单的效力优于其他文件。

第三，当保险合同的特约条款与一般条款出现不一致时，由于特约条款是当事人对一般条款的补充，更能体现当事人的真实意图，所以特约条款优于一般条款。

第四，当保险合同的内容以不同形式记载时（除了印就的保险单外，还有加贴印就的条款、出立的批单、以手写或打印的方式在保险单上做的批注等），如果不同形式的条文在内容上出现相互冲突时，根据其具有真实性程度的大小，后加的条款优于原有的条款，手写的条款优于打字的条款，打字的条款优于贴上的附加条款，贴上的附加条款优于保险单原有的条款。

（6）文义解释原则

文义解释原则是对保险合同中所使用的关键词语进行解释时所坚持的原则，根据规定，对保险合同中的用词，应当按照该词的通常含义并结合上下文和合同整体的意思来解释。在合同中出现的同一个用词，只要没有特别说明的话，对它的解释应该是一致的。在合同中使用的专门术语，应按照该术语所属行业的通用含义进行解释。

（7）尊重保险惯例的原则

在国民经济领域，保险业是一种特殊的行业，也是一种专业性极强的行业。在长期的发展过程和经营活动中，保险业产生了许多专业用语和行业习惯用语。这些用语已经为世界保险业所接受，但却往往与人们在日常生活中的用法有一定的区别，所以在对保险合同进行解释时就要充分考虑到保险惯例。

（8）有利于被保险人和受益人的原则

这一原则也被称为"有利于非起草人的原则"。前文我们已多次提到过保险合同的附和性，其条款和内容都是由保险人事先拟定好的，保险人在拟定条款时，通常已经对自身的利益予以非常充分的考虑，而同时投保人由于受到保险专业知识不足和时间的限制，对保险合同的条款和内容往往不能进行仔细的研究。这样就比较容易发生保险合同的内容对投保人不太有利的情况。所以，根据我国《保险法》第三十条的规定，法院或仲裁机关在对保险合同进行解释时，要做有利于非起草人即被保险人和受益人的解释。

2. 保险合同的争议处理

由于保险合同双方当事人对合同有关条款和有关内容的理解往往会出现一些分歧，所以保险合同在履行的过程中，常常会发生一些争议。对这些争议若处理不当，则会有损于当事人的利益。根据有关的法律规定，保险合同的争议处理方法有：协商、调解、仲裁和诉讼。

（1）协商

协商是保险合同双方当事人在互谅互让基础上，按照法律、政策的规定和保险合同的要求，通过摆事实、讲道理来解决纠纷和争议，在此过程中双方都应该以实事求是的精神来解决问题。这种方法具有较大的灵活性，且双方关系友好，有利于合同的继续履行。

（2）调解

调解是由保险合同当事人双方都接受的第三方出面进行的，通常是合同管理机关或法院，通过说服教育使双方自愿达成协议平息争端。利用这种方法解决争议必须查清事实、分清是非责任，而且调解人应耐心地听取双方当事人的意见，指出当事人的过错，以使双方能在自觉自愿、互谅互让的基础上达成解决纠纷的调解协议。调解必须遵循法律、政策与平等自愿的原则，只有依法调解才能保证调解工作的顺利进行，只要有一方不愿意调解，就不能调解。如果调解不成，或调解后又反悔，可以申请仲裁或直接向法院起诉。

（3）仲裁

仲裁是指国家行政机关专门设立的组织或民间设立的组织以第三方的身份对合同当事人双方的民事争议进行裁处并做出公断。当事人请求仲裁应在法律规定的时间内进行，并依据有关的仲裁法律进行，具有一裁终局、与法院裁决等同效力的特点。

（4）诉讼

诉讼是指保险合同的一方当事人按有关法律程序，通过法院对另一方提出权益主张，并要求法院予以解决和保护的争议处理方法。当事人提起诉讼应该在法律规定的时间内进行，在我国《保险法》的第二十六条里有关于被保险人和受益人对保险金请求权的时效规定。该方法实行二审终审制度，法院有权强制执行判决。

保险的价值和意义

保险的价值是建立在保险的功能和作用的基础上、对社会意识形态的发展和进步所产生的影响。深入理解保险在其发展进程中逐渐形成的伦理基础和文化理念，有利于进一步理解保险对社会生活的重要意义。

保险的伦理基础

1. 崇尚最大诚信的社会伦理

诚信不仅是市场经济的基础，也是体现社会文明进步的准绳。保险业在其发展的历史长河中，始终如一地强调最大诚信原则，并将该原则视为保险经营的基本原则和生存基础。这一原则不仅规范和促进了保险业自身的发展，同时也极大地促进了整个社会的诚信建设。例如，我国《保险代理从业人员行为守则》第十四条规定："保险代理从业人员在向客户提供保险建议之前，应深入了解和分析客户需求，不得强迫或诱骗客户购买保险产品……"第十六条规定："保险代理从业人员应当客观、全面、准确地向客户提供有关保险产品与服务的信息，不得夸大保障范围和保障功能；对于有关保险人责任免除、投保人和被保险人应履行的义务以及退保的法律法规规定和保险条款，应当向客户作出详细说明……"正是保险人这种对"诚"的坚持，才能保证保险双方"信"的关系的实现。

保险客户涉及社会的各个领域，保险交易中诚信环境的改善，有助于诚信成为扩大社会成员参与经济活动的标准，意味着诚信关系从保险行业向其他领域的扩散。

2. 利己与利他和谐统一的经济伦理

传统经济学的一个基本假设是所谓的"经济人"假设，即人是利己的，是为自身利益或效用的最大化而进行决策的。换言之，在经济生活中，"利己"是一种普遍存在的激励机制。亚当·斯密曾经提出过"看不见的手"的观点，他认为，当经济个体以追求自身利益最大化为目标来参与经济活动时，客观上会为整个社会带来正面的效果，即所谓"主观为自己，客观为人人"。可以说，亚当·斯密这种富含哲理的论断，已经被现代市场经济的运行效果所证明。"利己"动机能够导向"利他"效果，这正是市场经济生存和发展的逻辑和伦理基础。

保险发轫于早期的商品经济社会，成熟于市场经济时期。可以说，从诞生之日起，保险制度就天然地继承了西方社会的经济伦理，并且以更为显著、更为直接的方式表现出来。从保险消费者的角度出发，支付保费的目的是合理转移风险，保障自身的财产安全或为亲属的生活提供安全的经济保障，这无疑是出于一种"利己"动机。从保险提供者的角度出发，接受并汇集消费者转移的风险，同时收取相应的保费，其目的也是获取合理的商业利润（对商业保险而言）。因此，无论是保险的消费者还是提供者，他们参与风险交易，都是出于"利己"的动机。但这种交易最后为全体社会带来了非常积极的客观效果：经济个体的风险得以转移，损失得以分摊，为整体经济和社会的平稳运行提供了有效的制度保障。可以说，保险是一种基于市场规律的社会慈善机制,是经济运行的内在稳定机制。这里,"看不见的手"的力量得到极大彰显,经济个体和全社会之间呈现"双赢"或"多赢"的局面,"利己"和"利他"达到了和谐的统一。

3. 爱岗敬业的职业伦理

保险体现着投保人对保险人的高度信任,投保人将平时收入的一部分交给保险人,以获得出险的保险赔付。这就决定了保险人肩负着重要的责任。保险人的工作效果影响着投保人未来的生产和生活,保险人从事的是高尚的爱心事业,必须超出一般的商业利益来看待自己的工作,必须用和谐友爱的理想信念激发干事创业的强大动力,并进一步陶冶自身的高尚情操,体现保险企业的社会责任和保险行业的社会价值。

保险的文化底蕴

1. 保险文化的含义

文化一般是指人类所创造的精神财富,或者说是财富中的精神部分。随着历史的变迁和空间的转移,文化呈现出不同的精神内涵。具体来说,文化就是在特定领域、特定历史阶段中,人们对周围事物认识的总和。"保险文化"是人们在保险业发展进程中所表现出的对保险理念、制度、行为等相关事物的认知。

2. 保险文化的核心是"以人为本"

保险文化的精神内涵是非常丰富的，这也正是保险行业繁荣和发展的重要基础。而其最核心的精神思想是以人为本的人本主义思想。

人从最初意识到自身的存在，就开始了对自身环境的思考，这种生存本能的反应，导致了人对周边环境各种变化的探究。这个历程的不断深入，使人类逐渐认识到风险存在的客观性，以及管理风险的必要性。后来人们意识到，运用集体的力量，会更容易规避个人风险。于是他们把积蓄汇集到一起，用于帮助陷于危难的他人，保险就这样产生了。而每一次人类对自身需要认识的发展，都会推动保险业做出相应的反应和创新。这种与时俱进的发展特征并非偶然，而是以人为本的文化内涵的体现。所以，保险文化是具有现代人文情怀的服务文化，是对生命和健康核心价值的推崇，是对稳定和谐生产生活的追求。保险文化的核心是人类自我认识、自我关怀的人文精神，是人与人之间和谐友爱，人与自然和谐相处的和谐理念。

3. 保险文化的历史变迁

人类社会的发展从不同侧面影响着当时人们对风险和风险管理的认识，从而影响着保险文化。保险的产生正是"划分现代和过去时代的分水岭"。原始社会中，群居部落中的人们对风险的认识极为有限，同时也缺乏保险存在的社会基础，因为那时是由所有社会成员共同承担风险，无所谓个人损失，因而不会有保险的产生。随着私有制的出现和发展，保险存在和发展的经济及社会基础得以形成，于是出现了原始的保险形态，这个时代的人们开始注重和探索用各种保险模式来保障自身生活以及工作的安全。进入现代社会以后，人类的生产生活方式发生了巨大变化，开始面临许多新的过去不曾遇到的风险，从而迫使人们开始思考和建立起能够抵御这些风险的有效机制，并逐渐形成了对现代保险业的认知。

今天，我们眼中的保险正是人类在与风险进行长期抗争中形成的精神财富。和现代社会发展的早期相比，当代人越发意识到，在共同面对风险时，人与人之间的相互依赖、相互友爱、相互帮助的重要性。保险正是这样一种精神的反映。

4. 保险文化对保险发展的反作用

美国历史学家戴维·兰德斯在《国家的穷与富》一书中断言："如果经济发展给了我们什么启示，那就是文化乃举足轻重的因素。"同样，保险业的发展，也需要保险文化的支撑。保险文化对保险发展的反作用，主要体现为对本国或本地区保险发展过程的促进作用。保险人如果能够顺应市场环境，了解投保人对保险的认知，就能够提供更合适的保险产品和服务，促进保险业的发展；反之，则会影响保险业的发展。

现代社会中保险文化的反作用还体现在，在全球化进程中，一国保险公司进入另一国市场，如果缺乏对当地人口状况、经济状况和宗教状况的分析，缺乏与当地人的交流，不能获得当地人的认同，就很难推动自身业务的发展；反之，如果对该国独特的情况给予重视，加强与当地人的沟通，就可以大大加快保险业务本地化的进程。

保险的重要意义

1. 保险是社会经济发展的稳定器

首先，商业保险是一种市场化的风险转移和社会互助制度。商业保险通过经济损失补偿与到期给付，帮助被保险人尽快恢复生产和生活秩序，保障了社会再生产的顺利进行，有利于社会的稳定。保险不仅在微观上为企业和家庭提供了经济保障，从宏观上来看，也起到了稳定经济发展的作用。例如，在经济发展相对繁荣时，保险可以吸纳较多的"储蓄"，减少即期消费，为经济适当降温；在经济发展相对萧条时，保险可以通过支付养老保险金、失业保险金等方式，维持一定的消费水平，为经济适当增温。

其次，社会保险承担了政府的部分社会保障职能。从国外的经验来看，建立多层次的社会保障体系是政府所追求的目标。政府、企业和个人共同构筑了一个社会的安全保障网。此外，如前所述，企业和个人所购买的商业保险也是对社会保险的有益补充，客观上实现了社会保障的目的。

2. 保险是社会经济增长的助推器

如前文所述，保险能够有效激活储蓄，从而促进经济增长。保险公司通过销售保险产品，吸引、积聚社会资金，特别是寿险资金具有规模大、期限长的特点，是政府和企业所需长期资金的重要来源之一。同时，保险可以促进商品的流通和消费。保险可以通过提供诸如信用保险、履约保证保险等方式，促进商品的流通和契约的建立。在消费领域，保险通过为产品提供质量责任保险，消除消费者的顾虑，加快消费者对新产品的认同过程，一方面促进了新产品的开发，另一方面促进了消费。

在我国现阶段，保险特别有助于科学技术向生产力的转化。高新技术在研究、开发和使用的各个环节上都充满了不确定性，使当事人承担了很大的风险。保险可以对高新技术的研究、开发和使用等各个环节提供风险保障，为实现高新技术向现实生产力的转化保驾护航。

3. 保险是社会经济运行的润滑剂

保险能够协调社会矛盾，减少社会摩擦。社会运转中经常存在各种各样的矛盾，因此需要一种能消除各主体之间矛盾与摩擦、减少冲突的机制，以保障社会正常运转。保险通过提供诸如各种商业责任保险、信用保险和保证保险等参与到具体社会关系当中。一旦被保险人需要承担赔偿责任时，通过保险就可能得到妥善解决，这就会减少对政府和法律诉讼等公共资源的依赖，从而降低了社会运行成本。此外，保险也逐步改变了社会主体的行为模式,为维护政府、企业和个人之间正常、有序的社会关系创造了有利条件,起到了社会润滑剂的作用,提高了社会运行效率。

保险能够在社会动力机制和稳定机制之间发挥协调作用。作为一种对损失的补偿制度,它可以使竞争中的弱者获得保护,使因意外原因在竞争中遭遇困难的企业和个人获得喘息和调整的机会,从而减少了因企业陷入困境和社会成员心理失衡而导致的社会动荡的可能性。作为一项社会互助制度,保险互助行为转变为一种义务规范,能增强社会成员之间、组织之间、地区之间的互助意识和社会责任感,从而促进社会系统的协调。

第2章
保险经营基础

保险市场

保险市场是指保险商品交换关系的总和或保险商品供给与需求关系的总和。它既可以是有形、固定的交易场所，也可以是无形、非固定的交易方式（如网络保险）。保险市场的交易对象是各类保险商品和相关服务。随着保险业务的不断发展，承保技术日趋复杂，市场竞争日趋激烈，保险市场呈现区域化、一体化和全球化的趋势，仅由买卖双方直接参与交易的方式已经不能适应这种变化，保险市场的中介力量应运而生，并取得飞速发展。当今的保险交换关系更加复杂，同时也使得保险市场更加多样化，市场运行的效率也大为提高。伴随着信息技术的高速发展，借助于网络电子信息技术，许多保险活动都可以高效便捷地完成。

保险市场的构成要素

1. 保险市场的主体

保险市场的主体是指保险市场交易活动的参与者，包括保险商品和相关服务的供给方、需求方以及充当供需双方媒介的中介。

供给方。保险商品的供给方是指在保险市场上，提供各类保险商品，承担、分散和转移他人风险的各类保险人。其中包括经过保险监管部门审查认可，获准经营保险业务的各类保险组织。

需求方。保险商品的需求方是保险市场上所有保险商品的购买者，即各类投保人。

保险市场中介。保险市场中介既包括处于保险人与投保人之间，充当保险供需双方媒介、把保险人和投保人联系起来并建立保险合同关系的人，即保险代理人和保险经纪人，也包括独立于保险人与投保人之外，以第三者身份处理保险合同当事人委托办理的有关保险业务的公证、鉴定、理算和精算等事项的人，如保险公估人、保险律师、保险理算师、保险精算师和保险验船师等。

2. 保险市场的客体

保险市场的客体是指保险市场上供求双方具体交易的对象，即保险商品和相关服务。从经济学的角度看，保险市场的客体是一种无形的服务。保险公司经营的是看不见、摸不着的风险转移服务，提供的产品仅仅是对保险消费者的一纸承诺，而且这种承诺的履行只能在约定的事件发生或约定的期限届满时兑现，与可以实际感受其价值或使用价值的一般有形商品不同。这也决定了保险市场的特殊性。

保险市场的特征

保险市场的特征是由保险市场交易对象的特殊性决定的。如前所述，保险市场的交易对象是一种特殊的商品，因此，保险市场表现出其独有的特征。

1. 保险市场是直接的风险市场

直接的风险市场是就交易对象与风险关系而言的。任何市场都存在风险，交易双方都可能因市场风险的存在而遭受经济上的损失。但是，普通商品市场的交易对象本身不与风险联系。保险市场所交易的对象是保险商品，其使用价值是对投保人转嫁给保险人的各类风险提供保险保障，本身直接与各类风险相关联。保险商品的交易过程，在本质上就是保险人聚集与分散风险的过程。风险的客观存在与发展是保险市场形成和发展的基础和前提。"无风险，无保险"，所以，保险市场是一个直接的风险市场。

2. 保险市场是非及时结清市场

一般的市场在交易活动结束后，买卖双方立刻就能够知道交易结束，交易活动即时结清。而在保险市场里，因风险的不确定性和保险合同的射幸性，交易双方不可能确切知道交易结果，不能立即结清。保险单的签发，看似保险交易完成，实则是保险保障的开始，最终的交易结果则要视保险合同双方约定的保险事故是否发生而定。所以,保险市场是非及时结清市场。

3. 保险市场是特殊的"期货市场"

由于保险合同的射幸性,保险市场所成交的任何一笔交易,都是保险人对未来风险事故发生所致经济损失进行赔付的承诺或者对一定期限内约定事故的发生承担给付责任的承诺。而保险人是否对某一特定的对象进行赔付或给付,取决于保险合同约定时间内是否发生约定的风险事故,或者该约定风险事故造成的损失是否达到保险合同约定的赔付条件。因此,保险市场上交易的是一种特殊期货,即"灾难期货"。因此,可以说,保险市场是一种特殊的"期货市场"。

保险市场国际化

自 20 世纪以来,发达国家的大型保险公司不断开拓海外市场,国际再保险业务快速发展。另外,随着电子信息和互联网技术的发展,网上保险业务也使得跨境保险合作日益普遍,保险市场呈现出国际化的趋势。

1. 保险市场国际化的动因

保险作为一种风险补偿机制,并不是孤立于实体经济的,而是和其他经济活动相辅相成、共同发展的。全球化是当代世界经济的重要特征,在推动生产要素在全球范围内自由流动的同时，经济全球化也促使市场竞争在更广阔的领域和更深的层次展开。反映在保险市场中，经济全球化也迫使保险经营主体极力拓展业务领域，在全球范围内更加有效地配置资源，以提升自身应对外部环境变化的能力。可以说，随着经济全球化的日益加深，保险市场国际化也将不断深化发展。具体来说，保险市场国际化具有如下促成因素。

保险市场国际化是保险业分散承保风险的客观需要。根据大数法则，风险单位的数量越大，分布越广，风险就越能被有效地分散和控制。在相对封闭的经济环境中，保险公司在一国甚至一个地区内分散风险就可以实现维系经营并保持长期的财务稳定。但随着经济全球化的逐步深入，地区之间的风险相关性愈加明显，风险要素愈加复杂，风险损失也愈加高昂。保险公司传统的承保方式已经难以适应这些新的变化，因此必须在更大的范围内分散承保风险。例如，"9·11"事件对美国经济造成了巨大的损失，如果没有国际性的再保险分摊机制，其巨额的赔付足以导致众多的保险公司破产。然而，由于大部分美国保险公司都通过国际再保险的方式将部分损失转移到了国外，因此并没有出现众多保险公司倒闭的情况。保险市场国际化是实现保险承保风险分散的一个重要途径。

保险市场国际化是保险公司分散投资风险的有效手段。在经济全球化的背景下，金融自由化和一体化也取得了显著进步。金融管制的放松和新兴金融工具不断涌现，为保险资金运用提供了更加广阔的投资渠道和多元化的投资模式。保险公司通过实施区域投资战略，构建最优投资组合，不仅可以有效稀释和冲抵投资风险，还可以获得较高的投资收益。事实上，即使在发达国家，受经济政策、经济周期等多种因素影响，其国内金融市场依然蕴含着较大的系统风险，例如，美国股市在20世纪80年代和90年代中期曾出现过"大崩盘"的现象。因此，需要通过全球化投资的方式来降低本国金融系统风险对保险投资资金安全的潜在威胁。

保险市场国际化是保险公司追求规模经济的必然结果。和其他金融机构一样，保险公司也经历了收购与兼并的浪潮，例如，德国保险业巨人安联集团收购德国第三大银行德累斯顿银行，瑞士再保险公司收购GE保险集团，等等。从理论上讲，保险公司可以通过兼并与收购来扩大业务经营规模，从而降低平均成本。同时，兼并与收购也有助于保险公司更加充分地利用既有设施和资源，提供多元化的保险产品和服务。

保险市场国际化是推动保险业发展和创新的重要途径。保险市场的国际化可以拓宽保险公司高层管理人员的视野，为其战略决策提供更多的帮助，而且可以学习到先进的管理经验和营销体系，从总体上推动本地保险业的跨越式发展。

2. 保险市场国际化的表现形式

（1）跨国保险公司及相关经营机构的设立

通过在国外设立分支机构，保险公司可以有效利用国际资源达到分散风险、提高自身竞争力的目的。

（2）国际化的再保险市场

再保险市场的国际化对保险业的发展有着举足轻重的作用。许多本国的保险项目若失去了国际再保险公司的支持就无法开展。

（3）保险公司境外投资

随着金融一体化的不断演进，发达国家中各保险公司的投资早已超越了国界，成为纽约、伦敦等全球金融中心的重要投资力量。

（4）保险公司的境外融资

境外融资正在成为保险公司重要的、不可或缺的筹资渠道。例如，中国人寿保险股份有限公司在美国纽约和中国香港同步上市，募集资金34.75亿美元，创造了当年全球资本市场首次公开发行融资额的最高纪录。

保险分类与产品

随着保险业的迅速发展，保险领域不断扩大，保险的分类尚没有形成一个固定的原则和统一的标准。在不同的场合，根据不同的要求，从不同的角度，可以有不同的分类方法，并根据保险市场的需要设计出相应的产品。

保险分类

1. 按照保险标的区分

按照保险标的的不同，国际上将保险区分为人寿保险和非人寿保险两大类。按照我国《保险法》针对保险标的的分类，保险分为人身保险和财产保险。其中，人身保险是以人的寿命和身体为保险标的的一类保险，它又可分为人寿保险、健康保险、人身意外伤害保险三类；财产保险是以财产及其有关的利益、损害赔偿责任、信用风险等为保险标的的一类保险，它又可分为财产损失保险、责任保险和信用保证保险三类。

（1）人寿保险

人寿保险作为人身保险的一种，以人的寿命为保险标的，当被保险人死亡或达到保险合同约定的年龄或期限时，由保险人承担给付保险金的责任。人寿保险是人身保险中发展得最早的，主要应对两类人身风险：一是被保险人早亡，未能完成其家庭责任，致使依靠其维持生活的人或者与其合作的人陷入困境；二是被保险人由于没有充分的物质准备，致使自己年老时生活失去依靠。

（2）健康保险

健康保险是一种以人的身体为保险标的的人身保险。如果被保险人在保险有效期间因疾病、分娩或遭受意外伤害而发生医疗费用支出致使经济损失，保险人承担保险金给付责任。

（3）人身意外伤害保险

人身意外伤害保险是指在保险有效期间，被保险人因遭受非本意的、外来的、突然的意外事故，而导致受伤、残疾或死亡时，由保险人承担给付保险金责任的一种人身保险。

（4）财产损失保险

财产损失保险是以有形的物质财产为保险标的，对因自然灾害或意外事故所造成投保人或被保险人的财产损失给予经济补偿的一种保险。它又称为普通财产保险，包括企业财产保险、家庭财产保险、工程保险、运输工具保险、货物运输保险、农业保险等。

（5）责任保险

责任保险是一种以投保人或被保险人因民事侵权所可能承担的民事损害赔偿责任为保险标的的财产保险。无论自然人或法人，在日常生活或开展业务活动的过程中，都有可能因疏忽、过失等行为而导致他人遭受损害而需要承担相应的赔偿责任，责任保险就是基于应对这种风险而产生的。

（6）信用保证保险

信用保证保险是一类以信用风险为保险标的的财产保险。对信用关系的一方因对方未履行合同义务或不法行为而遭受的经济损失，保险人承担经济赔偿责任。对信用保证保险而言，信用关系的双方（权利方和义务方）都可以投保。权利人作为投保人要求保险人担保义务方履约，称为信用保险；义务方作为投保人要求保险人为其自己的信用提供担保，称为保证保险。

2. 按照经营目的区分

按照经营目的不同，保险可分为商业保险、社会保险、政策性保险和互助合作保险四类。其中商业保险属于营利性保险，社会保险、政策性保险和互助合作保险则属于非营利性保险。

（1）商业保险

商业保险是一种以营利为目的商业行为，多数采用保险机构经营的形式，但也有以个人形式经营的，例如，劳合社中的承保人。通常情况下，如果没有特殊说明，保险即指商业保险。

（2）社会保险

社会保险是一类依据国家立法强制实施的保险，是社会保障体系的重要组成部分。社会保险是非营利性的，通常包括社会养老保险、社会医疗保险、失业保险、工伤保险、生育保险、长期护理保险等。

（3）政策性保险

政策性保险是一类为国家推行某种政策而配套的保险，其目的是实施国家某一政策或战略决策。例如，国家为鼓励出口贸易而开设出口信用保险，国家为减轻群众地震灾害的损失而开设地震保险，等等。

（4）互助合作保险

互助合作保险是由民间举办的非营利性保险，这是最古老的保险形式，在各种行业组织、民间团体中存在较多。例如，船东互保协会和农产品保险协会等。

3. 按照实施方式区分

按照实施方式，保险可分为强制保险和自愿保险两大类。

（1）强制保险

强制保险又称法定保险，是国家通过法律法规强制国民必须参加的保险。国家实行强制保险通常有两种情况：一是国家为了实行某项社会政策，如社会保险；二是开展某种保险有益于社会公共利益，如对机动车辆第三者责任实行强制保险，有利于保障交通事故受害者的利益。

（2）自愿保险

自愿保险是投保人根据自己的需求自由决定是否参加保险，保险人也可根据情况决定是否承保，双方都有选择的权利。

4. 按照风险转移方式区分

（1）按照纵向风险转移的层次区分

①原保险

原保险是指投保人与保险人之间直接签订保险合同而订立的保险关系，故又称直接保险。它是风险的第一次转移。

②再保险

再保险是指原保险人，为避免因自己所承担的某类风险责任过于集中而导致由于一次或若干次重大灾害事故影响自身的财务稳定性，将其所承保的一部分风险转移给其他保险人的经济行为。

（2）按照横向风险转移的方式区分

①复合保险和重复保险

投保人在同一期限内就同一保险标的、同一保险利益、同一保险事故分别向两个或两个以上保险人投保，如果保险金额之和没有超过保险标的的实际可保价值，称为复合保险；如果保险金额之和超过保险标的的实际可保价值，称为重复保险。

②共同保险

共同保险也称共保，是由两个或两个以上保险人联合起来共同承保同一保险标的、同一保险利益、同一保险事故，保险金额之和没有超过保险标的的实际可保价值，所有这些保险人与投保人共同订立一张保险契约。

（3）相似概念的比较与区别

①共同保险和再保险

共同保险中，每一个保险人直接面对投保人，各保险人的地位是一样的，风险在各保险人之间被横向分摊；而再保险中，投保人直接面对原保险人，原保险人又与再保险人发生业务关系，投保人与再保险人之间没有直接的联系，风险在各保险人之间被纵向分摊。

②共同保险和复合保险

两者在本质上是相同的，都是两个或两个以上保险人共同承保某一风险，但在形式上存在差别：共同保险中，几家保险人事先已经达成协议，决定共同承保，投保人与几家保险人之间签订的是一份保险合同，各保险人是主动采用这种共同分担方式的；而复合保险中，保险人事先并未达成协议，投保人与各保险人之间分别签订保险合同。复合保险中，投保人主动采取风险分散行为，保险人对于这种共同分担方式是被动接受的。

5. 其他分类方式

（1）按保险客户分类

按保险客户分类，保险可分为个人保险和团体保险。

①个人保险

投保人是单个的自然人，是以个人的名义向保险人购买的保险。

②团体保险

投保人为集体，投保的团体与保险人签订一份保险总合同，向集体内的成员提供保险，保险费率要低于个人保险，团体保险多用于人身保险。

（2）按是否在保险合同中列明保险标的的价值分类

按是否在保险合同中列明保险标的的价值，保险可分为不定值保险和定值保险。

①不定值保险

此指在保险合同中不事先列明保险标的的实际价值，仅将列明的保险金额作为赔偿的最高限度。

②定值保险

此指在保险合同中列明由当事人双方事先确定的保险标的的实际价值，即保险价值，如果保险标的发生损失，保险人则按此价值进行赔偿。

（3）按保险金额占保险标的价值的比例分类

按保险金额占保险标的价值的比例，保险可分为足额保险、不足额保险和超额保险。

①足额保险

此指投保人以全部保险价值投保，保险合同中确定的保险金额与保险价值相等。

②不足额保险

也称部分保险，指的是保险合同中约定的保险金额小于保险价值。

③超额保险

此指保险合同中约定的保险金额大于保险价值。

（4）按承保风险的数量分类

按承保风险的数量，保险分为单一风险保险、综合风险保险和一切险。

①单一风险保险

此即保险人仅对被保险人所面临的某一种风险提供保险保障。

②综合风险保险

简称综合险，即保险人对被保险人所面临的两种或两种以上的风险承担经济补偿责任。目前的保险险种，大部分都是综合风险保险。

③一切险

此即保险人除了对合同中列举出来的不保风险外，对被保险人面临的其他一切风险都负有经济赔偿责任。

一切险和综合险的区别是：一切险是将保险合同中没有明示的风险视为保险责任，而综合险是将保险合同中没有明示的风险视为除外责任。

（5）按保险的性质分类

①按保险是否具有补偿性质区分

补偿性保险。各类财产保险多属于补偿性保险，在保险事故发生时，由保险人评估实际损失数额，在保险金额限度内据实支付保险赔偿金额。此外，人身保险中的健康保险、疾病保险、意外伤害保险等以医疗费用、住院费用、疾病津贴等实际费用的支出进行补偿的，也具有补偿的性质。

给付性保险。此指保险双方当事人在订立保险合同之前，事先约定一个保险金额，当发生保险事故时，由保险人按约定的保险金额给付。人身保险多属于这种性质的保险，如人寿保险和年金保险。

②按保险是否具有返还性质区分

储蓄性保险。长期寿险和年金保险等保险产品具有强制储蓄的性质，按照约定的条件具有返还性。

消费性保险。各类财产保险、定期寿险和人身意外伤害保险等保险产品具有消费性质，只有当约定的保险事故在保险期限内发生时，保险公司才负责理赔，否则保险公司无须理赔，并且不退还保险费。

保险产品

按照我国《保险法》第九十五条关于保险公司业务范围的规定，人身保险业务包括人寿保险、健康保险、意外伤害保险等保险业务；财产保险业务包括财产损失保险、责任保险、信用保证保险等保险业务。《保险法》规定保险人不得兼营人身保险业务和财产保险业务，经监管机构批准，经营财产保险业务的保险公司也可经营短期健康保险业务和意外伤害保险业务。而保险产品通常按照保险标的归类，本节逐一介绍人身保险、财产损失保险、责任保险和信用保证保险四个类别的产品特征。

1. 人身保险产品

（1）人寿保险

人寿保险产品根据产品功能又分为传统寿险产品和新型寿险产品。传统寿险产品包括定期寿险、终身寿险、生存保险和两全保险。新型寿险产品主要包括分红寿险、万能寿险和投资连结寿险等投资理财型产品。

①定期寿险

定期寿险是指以死亡为给付保险金条件，且保险期限为固定年限的人寿保险。具体地讲，在定期寿险合同中规定一定期限为保险有效期，若被保险人在约定期限内死亡，保险人给付受益人约定的保险金；如果被保险人在保险期限届满时仍然生存，保险合同即行终止，保险人不承担给付义务，也不退还已收取的保险费。定期寿险的最大优点是可用低廉的保费获得一定期限内较大的保险保障。不过，若被保险人在保险期限届满时仍然生存，则不能得到任何保险金，而且已缴纳的保费也不予退还。

②终身寿险

终身寿险是指以死亡为给付保险金条件，且保险期限为终身的人寿保险。终身寿险是一种不定期的死亡保险，即保险合同中并不规定期限，保险有效期间自合同生效之日起至被保险人死亡止。在终身寿险合同中，无论被保险人何时死亡，保险人都要承担给付保险金的义务。终身寿险的最大特点是受益人可得到确定性保障。另外，如果投保人中途申请退保，可以得到数额可观的退保金（现金价值）。按照缴费方式分类，终身寿险可分为：普通终身寿险，即保费终身分期缴付；限期缴费终身寿险，即保费在规定期限内分期缴付，缴费期满后不再缴付，缴纳期限可以是年限，也可以规定缴费到某一特定年龄；趸缴终身寿险，即保费在投保时一次性全部缴清。

③生存保险

生存保险（简称生存险）是以被保险人在规定期间生存为给付保险金条件的一种人寿保险。生存保险的被保险人只有生存到合同约定的某一时日，保险人才给付保险金；若被保险人在合同约定的保险期内死亡，保险人不承担保险金给付责任，同时已缴保费也不予返还。生存保险一般与死亡保险和意外伤害保险等相结合，形成综合性保险。生存保险主要包括年金保险、子女教育费用保险和子女婚嫁金保险等类型。

④两全保险

两全保险（简称两全险）是指在保险期间以死亡或生存为给付保险金条件的人寿保险，也称为生死合险。两全保险是将定期死亡保险和生存保险结合起来的保险形式。被保险人在保险合同规定的年限内死亡或到合同规定时点仍然生存，保险人按照合同均承担给付保险金的责任。两全保险是储蓄性较强的一类保险产品。

⑤分红寿险

分红寿险（简称分红险）是带有分红性质的寿险产品，具体是指保险公司在每个会计年度结束后，将上一会计年度该类分红保险的可分配盈余，按一定的比例，以现金红利或增值红利的方式，分配给客户的一种人寿保险。分红寿险的红利来自保险公司死差益、利差益和费差益所产生的可分配盈余。保单红利有两种类型：第一，现金红利。现金红利是指直接以现金的形式将盈余分配给保单持有人。保险公司可以提供多种现金红利领取方式，如现金、抵缴保费、累积生息以及购买缴清保额等。第二，增额红利。增额红利是指在整个保险期限内每年以增加保额的方式分配红利，增加的保额作为红利一旦公布，便不得取消。采用增额红利方式的保险合同可在合同终止时以现金方式给付终了红利。由此可见，分红保险在提供保障功能的同时，具有投资理财功能。

⑥万能寿险

万能寿险（简称万能险）是一种缴费灵活、保额可调整、非约束性的人寿保险。保单持有人在缴纳一定的首期保费后，可按自己的意愿选择任何时候缴纳任何数量的保费，有时甚至可以不再缴费，只要保单的现金价值足以支付保单的相关费用。同时，保单持有人也可以在具备可保性的前提下提高保额，或根据自己的需要降低保额。万能寿险需要为客户的资金设立专门的账户，且提供一个基本的最低收益率（即保底收益率），一旦保险公司的实际投资收益率高于保底收益率，公司将会把超额收益率拿出来与客户分享。

⑦投资连结寿险

投资连结寿险（简称投连险）是指包含保险保障功能并至少在一个投资账户拥有一定资产价值的人寿保险。投连险是一种融保险保障和投资理财于一身的新型寿险。具体地说，就是投保人每年所缴纳的保险费中，一小部分用于保险保障，剩余大部分则转入专门设立的投资账户，由保险公司代为管理投资，投资收益扣除少量的管理费用后，全部归投保人所有。所谓"连结"就是将投资与人寿保险结合起来，使保险客户既可以得到风险保障，解决自身家庭的未来收入和资产安排等问题，又可以通过稳定投资为未来的经济需要提供资金。

（2）健康保险

对于健康保险，我们可以从以下三点来理解：一是健康保险的标的是人的身体；二是健康保险中的医疗费用保险具有损失补偿性质；三是健康保险弥补被保险人因疾病或意外事故导致费用支出增加或收入减少而遭受的经济损失。从业务性质看，健康保险中的医疗费用保险具有补偿性质，因此，财产保险公司也可以经营。按保障范围分类，健康保险可分为疾病保险、医疗保险、失能收入损失保险和长期护理保险。

①疾病保险

疾病保险是指以发生保险合同约定的疾病为给付保险金条件的健康保险。疾病保险的给付方式一般是在确诊为承保范围内的疾病后，保险公司立即一次性支付保险金额。在疾病保险实务中，重大疾病保险在国内保险市场比较流行，保障的疾病范围也越来越广泛。

②医疗保险

医疗保险是指以发生保险合同约定的医疗行为为给付保险金条件，为被保险人接受诊疗期间的医疗费用支出提供保障的健康保险。医疗保险可以补偿的医疗费用主要包括门诊费用、药费、住院费用、护理费、医院杂费、手术费用和各种检查治疗费用等。不同的医疗保险所保障的费用项目和补偿内容有所不同。常见的医疗保险有以下几种。

普通医疗保险。普通医疗保险主要补偿被保险人因疾病和意外伤害所导致的直接费用，大多数只对住院期间产生的医疗费用进行补偿，少数团体产品也对门诊医疗费用进行补偿。目前国内健康保险市场上大多数个人或团体住院医疗保险都属于此种类型。

综合医疗保险。综合医疗保险是目前国外最常见的医疗保险产品。它提供的医疗费用补偿不论在项目范围上还是在补偿程度上都远远超过普通医疗保险，能够确保疾病导致的大多数医疗费用得到补偿。

特种医疗保险。特种医疗保险主要包括牙科费用保险、处方药费保险和眼科保健保险等。牙科费用保险，主要为被保险人对牙齿进行的常规检查和治疗费用提供补偿；处方药费保险，指一类为被保险人购买处方药物的花费提供补偿的健康保险业务；眼科保健保险，是指为定期的眼科检查和视力矫正治疗过程中发生的费用提供补偿的一类医疗保险。

③失能收入损失保险

失能收入损失保险是指以保险合同约定疾病或者意外伤害导致工作能力丧失为保险金给付条件，对被保险人在一定时期内收入减少或者中断提供保障的健康保险。失能收入损失保险分为短期失能收入损失保险和长期失能收入损失保险两种。

失能收入损失保险一般按月或按周给付，对被保险人投保时约定的给付金额有一个最高限额，通常为被保险人正常税前收入的 50%～70%。设定最高给付限额的目的是防止被保险人丧失工作能力时所得保险金超过有工作能力时的收入水平，从而导致被保险人有可能不愿返回工作岗位或者故意拖延丧失工作能力的期间。

失能收入损失保险的保险金还有一定的给付期间，短期失能收入损失保险的保险金给付期间一般为 1~5 年；长期失能收入损失保险的给付期间可达 5~10 年。一些失能收入损失保险规定保险金的给付可以持续到被保险人满 60 周岁或 65 周岁时。

④长期护理保险

长期护理保险是指以因保险合同约定的日常生活能力障碍引发护理需要为保险金给付条件，对被保险人的护理支出提供保障的健康保险。长期护理保险保障的护理项目一般包括照顾被保险人的吃饭、穿衣、沐浴、如厕和行动等护理费用。保险合同中一般规定每日给付最高的保险金数额。大多数长期护理保险都有一定的免责期。此外，保险金的给付也有一定的给付期限，保险金给付期从免责期结束开始，到被保险人恢复生活自理能力后的 60 天止。

长期护理保险是一种相对较新的健康保险。在欧美等保险业发达的国家或地区，长期护理保险发展非常迅速。目前我国正尝试将长期护理保险纳入社会保险体系，国内商业健康保险市场上只有少数几家保险公司提供此类保险。但可以预见，随着我国老龄化社会进程的加快，长期护理保险在我国的潜在市场将是非常大的。

（3）意外伤害保险

意外伤害保险是指一种以被保险人遭受意外伤害造成死亡或伤残为保险责任的人身保险。意外伤害是指因意外导致身体受到伤害的事件，意外事故应当具备三个要素：非本意的、外来原因造成的、突然发生的。因此，保险业对意外伤害的定义为：外来的、突发的、非本意的、非疾病的使身体受到伤害的客观事件。

在保险方面，意外伤害包括意外和伤害两层含义：所谓意外，是指就被保险人的主观状态而言，被保险人事先没有预见到伤害的发生或伤害的发生违背被保险人的主观意愿，其特征是非本意的、外来的、突发的；所谓伤害，是指被保险人的身体遭受外来事故的侵害，使人体完整性遭到破坏或器官组织生理机能遭受损害的客观事实。伤害有致害物、侵害对象、侵害事实三个要素。

被保险人事先没有预见到伤害的发生，可以具体分为两种情况：第一，伤害的发生是被保险人事先所不能预见或无法预见的；第二，伤害的发生是被保险人事先可以预见的，但由于被保险人的疏忽而没有预见到。这两种情况下的伤害，应该是偶然或突然发生的事件。伤害的发生违背被保险人的主观意愿，也主要表现为两种情况：第一，当被保险人预见到伤害即将发生时，在技术上已不能采取措施避免；第二，被保险人已经预见到伤害即将发生，在技术上也可以采取措施避免，但由于法律或职责上的规定不能躲避。

2. 财产保险产品

（1）财产损失保险

财产损失保险是以有形的物质财产为保险标的，对因自然灾害或意外事故所造成的财产损失给予经济补偿的一种保险，又称普通财产保险。财产损失保险包括企业财产保险、家庭财产保险、工程保险、运输工具保险、货物运输保险等。本部分将简要介绍针对个人和家庭的机动车辆损失保险、家庭财产保险以及针对企业的火灾保险、工程保险和货物运输保险等保险产品。

①机动车辆损失保险

机动车辆损失保险是指被保险人或其允许的合格驾驶员在使用投保车辆的过程中，遭受保险责任范围内的自然灾害或意外事故，造成本车毁损时，保险人依照保险合同的规定，在保险金额范围内对被保险人进行经济补偿的保险。机动车辆损失保险的保险标的是机动车辆本身，包括汽车、电车等，对于电瓶车、摩托车、拖拉机以及各种专用机械车和特种车可以特约承保成为机动车辆损失保险的保险标的。机动车辆损失保险的保险责任是指保险单承保的风险发生，造成保险车辆本身损坏或毁灭，保险人所负的赔偿责任。机动车辆损失保险的保险责任一般采用列举方式，未列举的不属于保险责任范围。同时，被保险人可以附加盗抢险、玻璃单独破碎险、车辆停驶损失险、自燃损失险、新增加设备损失险、不计免赔特约险等附加险。

②家庭财产保险

家庭财产保险是一种以城乡居民的有形家庭财产为保险标的财产保险。同时，被保险人还可以附加入室盗抢、管道破裂和水渍等特约险。从承保选择的角度看，家庭财产分为一般可保财产、特约可保财产和不可保财产三类。

一般可保财产。普通家庭财产保险的一般可保财产是指被保险人自有的、在保险合同中所载明的地址内的家庭财产，主要包括：房屋及其室内附属设备（如固定装置的水暖、气暖、卫生、供水、管道煤气及供电设备、厨房配套的设备等）；室内装潢；室内财产，包括家用电器和文体娱乐用品、衣物和床上用品、家具及其他生活用具。在投资保障型家庭财产保险中，其一般可保财产范围除上述财产之外，还包括现金、金银、珠宝、玉器、钻石及制品、首饰等贵重物品。

特约可保财产。在家庭财产保险的保险标的范围中，还包括一些可以经被保险人与保险人特别约定的家庭财产，主要包括：被保险人代他人保管，或者与他人共有而由被保险人负责保存的一般可保财产；存放于院内、室内的非机动农机具、农用工具及存放于室内的粮食及农副产品；经保险人同意的其他财产。

不可保财产。保险人通常将下列财产列为不可保财产：损失发生后无法确定具体价值的财产，日常生活所必需的日用消费品，法律规定不允许个人收藏、保管或拥有的财产，处于危险状态下的财产以及保险人声明不予承保的财产。

③企业火灾保险

从承保内容上可分为火灾保险和间接损失保险。前者承保标的的直接物质损失；后者承保火灾事故发生后引起的一些间接损失，通常称为利润损失险。

火灾保险（简称火险），是指以存放于固定场所并处于相对静止状态的财产为保险标的，由保险人按照保险合同约定承担被保险财产因遭受火灾等意外事故及自然灾害所致的经济损失。

利润损失险在国外有不同的名称，在美国保险市场上称为营业中断保险或毛收入保险；在英国则称为利润损失保险或灾后损失险。这种保险承保传统的火灾保险中不予承保的间接损失，即当保险财产遭受火灾、爆炸等灾害事故，致使企业停工、停产、营业中断所致的利润损失和仍需开支的必要费用。

利润损失险是传统火灾保险的一种附加险。它以火灾保险为基础，承保的风险与火灾保险的承保风险相一致。投保人只有在投保了火灾保险的前提下，才能投保利润损失险；同样，只有保险标的遭受了火灾保险责任范围内的灾害事故，并且这一物质损失已经得到保险公司的赔偿或承认的前提下，利润损失才能得到相应赔偿。

一般企业受灾后，要进行修建或重建、重置，使之能在短期内恢复到受灾前的水平，并能进行正常营业，这就需要一段时间，这段恢复时间称为赔偿期，也就是指企业在保险有效期内发生了灾害事故后到恢复正常生产经营的一段时期。赔偿期从受灾后开始计算，可以持续3~12个月或更长时间。利润损失险中必须载明赔偿期，保险人只对赔偿期内的间接损失予以负责，对于超出赔偿期的任何损失均不承担赔偿责任。赔偿期由投保人根据恢复期的长短确定。赔偿期与保险期不同。保险期是指保险单规定的起讫日期，只有在保险单的有效期内发生保险事故，保险人才承担赔偿责任。利润损失险只赔偿被保险人在赔偿期内的利润损失，超出赔偿期的损失不予负责。

企业遭灾后，在恢复期内不仅得不到预期的纯利润，还要支付一些必要的维持费用、管理费用（工资）及审计费用。这些间接损失就是利润损失险承保的主要项目，具体包括：毛利润损失，毛利润是指企业的净利润与固定费用之和。利润损失险承保的主要是赔偿期内的毛利润；工资，工资是指付给雇员的报酬总额，可以在毛利润一项中投保，也可以应投保人的要求，单独作为一项承保；审计师费用，企业遭受灾害事故后，被保险人为了向保险人索赔利润损失，需要委托审计师审查，以证明其账册和其他业务文件的合法性，编制索赔报告，因此而支出的费用，称为审计师费用，此项标的可作为一个单独项目予以投保。

④工程保险

工程保险是为适应现代经济的发展由火灾保险、意外伤害保险及责任保险等演变而来的，是以各种工程项目为保险标的的综合财产保险。它承保一切工程项目在工程建设期间乃至工程完工后一定时期内的一切意外损失和损害。工程保险具有承保风险的复杂性、被保险人的多方性、保险期限的不确定性、保险责任的综合性、保单条款的个性化等特点。

⑤货物运输保险

货物运输保险是指以各种处于运输过程中的货物作为保险标的，保险人依照合同对于货物在运输途中可能遭受的各种自然灾害或意外事故所造成的损失承担赔偿责任的一种保险。货物运输保险所承保的保险标的由于国际贸易的迅猛发展而不断扩展，保险人不仅承保普通商品，还承保现钞、艺术品、生活用品、私人行李和技术资料等。货物运输保险具有承保风险的综合性、保险标的的流动性、被保险人的多变性和险种险别的多样性等特点。

（2）责任保险

责任保险是以被保险人可能承担的民事损害赔偿责任为保险标的的一种保险。无论是自然人还是法人，在日常生活或业务活动中，都有可能因疏忽、过失等行为而导致他人遭受损害，责任保险就承保这种风险，包括个人责任保险、职业责任保险、雇主责任保险、产品责任保险和公众责任保险等保险产品。

（3）信用保证保险

信用保证保险是一类以信用风险为保险标的的保险。保险人对信用关系中的一方因对方未履行义务或实施不法行为而遭受的损失负经济赔偿责任。信用关系的双方（权利方和义务方）都可以投保。权利人作为投保人要求保险人担保义务方履约，称为信用保险；义务方作为投保人要求保险人为其自己的信用提供担保，称为保证保险。例如，应对个人信用风险的房屋贷款保证保险、机动车辆消费贷款保证保险和教育贷款保证保险等保险产品。

保险成本与定价

保险成本

保险成本是指保险公司为了提供相应的保险产品，需要消耗的生产要素的总和，它包括显性成本与隐性成本。保险公司的显性成本包括办公场地费用、设备添置费用、理赔费用、佣金手续费用、办公费用、员工工资及福利、管理费用以及其他在会计账面反映出来的各类生产要素的购买支出；隐性成本包括自有场地和自有办公设备的使用与"自由"准备基金（以应对有可能发生的不可预期的经营风险）。

1. 保险组织运营成本

保险组织运营成本是由于保险公司运营所产生的费用，只包括营业费用，不包括赔偿风险事故损失的费用。因为，赔偿风险事故损失的费用主要由技术方面的因素决定，与经营的方针政策关系较小。无论是否存在保险制度,风险事故一旦发生，损失就已经形成。《金融保险企业财务制度》对保险企业成本的内容做出了详细规定，即保险企业在经营业务过程中发生的与经营业务有关的支出，包括各项利息支出、赔款支出、金融机构往来利息支出、各种准备金以及有关支出都要计入成本。其中赔款支出和准备金中的未决赔款准备金属于赔偿承保风险事故经济损失的费用，将这一部分扣除，就是保险组织的营业费用，也即运营成本。

（1）利息支出

利息支出指企业以负债的形式筹集的各类资金（不包括金融机构往来资金），按国家规定的适用利率提取的应付利息。

（2）固定资产折旧费

固定资产折旧费指保险企业按照国家规定计提的固定资产折旧。

（3）手续费支出

手续费支出指企业在办理保险业务过程中发生的支出。

（4）业务宣传费

业务宣传费指企业开展业务宣传活动所支付的费用。

（5）业务招待费

业务招待费指保险企业为经营业务的合理需要而支付的交际费用。

（6）业务管理费

业务管理费包括电子设备运转费、钞币运送费、诉讼费等。

（7）防灾费

防灾费指保险企业为提高参加保险的企事业单位及有关部门抵御自然灾害和意外事故的能力，减少人身伤害和财产损失所支付的专项费用。

（8）外汇、金银和证券的买卖损失

（9）各种准备金（扣除保险未决赔款准备金）

各种准备金包括呆账准备金、风险投资准备金和坏账准备金。

（10）人员费用

人员费用包括员工工资、奖金、福利及社会保险费等。

2. 解决逆向选择问题的成本

保险中的逆向选择是指在同等保费水平下，具有高期望损失的投保人与低期望损失的投保人相比，前者将表现出更多购买保险的趋势。逆向选择是当保险客户比保险公司对期望索赔成本有更多了解时产生的。对于保险人来说，将投保人按照低风险和高风险进行划分可以减少逆向选择。而保险人如果要根据其对客户期望索赔成本的估计对被保险人进行分类，就需要在收集和处理相关信息上支出一定的费用，这部分费用就是风险分类成本，也是解决逆向选择问题的成本。

逆向选择本是源自信息经济学的一个概念，是指由于交易前的信息不对称导致市场上出现"次品"驱逐"良品"的现象。信息经济学给出了解决逆向选择问题的办法。既然逆向选择源于信息不对称，解决问题的办法自然是消除交易前的信息不对称，使信息劣势方能够获得充分的信息，将"次品"和"良品"区分开来，信息经济学称之为信号传递。根据信号是由信息优势方发出还是由信息劣势方发出，解决办法可以分为"信号传递模型"和"信号筛选模型"两种。

"信号传递模型"中，信号由信息优势方发出。比如，投保人提供信息向保险公司表明自己是低风险投保人，这样保险公司就可以区别对待不同风险程度的投保人，向高风险投保人收取高保费，向低风险投保人收取低保费，防止逆向选择问题的发生。"信号筛选模型"中，信号由处于信息劣势方发出，比如保险公司可以通过对投保人的文化程度、历史背景和保险状况等进行调查来判断是否为高风险投保人，区分不同的投保人，收取不同的保费。无论信号由谁发出，信号的生产和传递都会产生成本，这是我们为了解决逆向选择问题，维持保险制度的运行不得不付出的成本。

3. 解决道德风险问题的成本

与逆向选择发生在交易前相反，道德风险发生在交易之后。它指的是保险保障对投保人防损、减损动机的影响。对于投保人而言，道德风险又分为事前道德风险和事后道德风险。事前道德风险是指被保险人在防损方面的行为产生的背离。例如，小张购买了偷盗险，他实施预防措施降低偷盗可能性的动机就会减少。这是因为投保后，小张要承担所有额外预防行为的成本，但是却从这些额外预防行为中得不到任何收益。事后道德风险是指被保险人在减损方面的行为产生的背离。例如，一个人给家庭财产投了足额保险，当发生火灾时他可能不会采取积极措施来抢救财产，防止损失进一步扩大，甚至他可能完全袖手旁观，任凭全部财产化为灰烬，因为他可以获得足额赔偿。

保险公司知道购买保险会降低投保人防损、减损的动机，保险市场会通过多种方法防止这种道德风险。但是道德风险不可能被完全消除，所以它增加了由于期望索赔成本的增加而导致的保障成本。

解决道德风险问题的一个可能的办法是，根据保险期内投保人的行为制定保费和保险范围。例如，如果一个司机由于开车速度快而增加了期望索赔成本，保费很快会增加或是保险范围缩小。这一解决方法需要承保者对保户的行为进行紧密监控，而这需要支出高昂的费用，而且有时也无法实现。

保险定价

当保险人销售保险时，其保费收入必须满足如下条件：第一，能够为其期望理赔成本和管理成本提供充分的资金；第二，能够产生期望利润，以补偿销售保险所必需的成本。这是保险定价的第一基本原则。

1. 保险公平保费

如果保费收入能够为保险人的期望成本提供充分的资金，并且能够为保险公司所有者所投入的资本带来公平的回报，就称之为"公平保费"。公平保费就是在一个完全竞争的保险市场环境下应该收取的保费，其主要决定因素包括运营成本、期望理赔成本、投资收益和公平利润附加。公平保费取决于未来理赔成本的期望值和运营成本费用附加以及合理的利润附加，而并不取决于过去的一年里保险人所赚的钱与所期望的相比是高还是低。所以，公平保费反映了对未来的期望。如果实际理赔成本超过了期望理赔成本，保险人就要承受经营损失。人们通常认为，保险人如果在前一年经历了损失，那么它在第二年通常会提高价格以补偿损失。事实上，由于竞争的存在，保险人在经历一个损失年度后往往无法通过提高费率的方式来补充资本，因为那样做会导致其他的保险人以较低但仍能弥补自身承保成本的保费抢走它的客户。从更一般的意义上讲，投保人往往更喜欢价格的稳定性，所以，如果保险人在发生随机变动的时候能够保证被保险人不受保费波动的影响，那么它就比其他保险人更具有优势。

（1）期望理赔成本

在这一部分我们将忽略投资收益、运营成本以及所要求的利润，单独讨论期望理赔成本。在保险业务中，其他可表明期望理赔成本的术语还有纯粹保费或纯保费和精算公平保费。对大多数险种来说，期望理赔成本是公平保费的主要组成部分。

对于数目很多的同质投保人（损失分布相同的投保人）来说，保险人向其收取的保费只要等于期望理赔成本，就可以弥补自身的理赔成本。由此可以得出保险费的一个重要决定因素就是期望理赔成本。如果保险人收取的保费低于期望理赔成本，那么平均理赔成本就会高于其平均收入。由于市场竞争的存在，竞争又会使保险人的收费不会高于期望理赔成本。但是，对于异质投保人（损失分布不同的投保人）来说，保险人如果无法根据投保人不同的期望理赔成本来设置不同的保费，那么在逆向选择的作用下它将面临亏损。

由此，我们可以得到保险定价的第二基本原则。在一个竞争的市场环境当中，只要下述三个条件成立，投保人彼此之间不同的期望理赔成本将相应地产生不同水平的保费：第一，保险公司想要赚钱或者至少是不亏损；第二，在承保的量和程度都相同的情况下，投保人通常趋向于购买保费较低的保单；第三，一个或多个保险人能够以足够低的成本了解到投保人之间期望理赔成本的差异。

至此我们可以看出，当期望理赔成本的差异可以被识别时，竞争、利润驱动以及投保人对低保费的追求都将导致基于成本的价格的出现。基于成本的价格是指与每个投保人的期望理赔成本相对应的保费。在实际中，为了估计投保人之间期望理赔成本的差异，保险人往往要在收集和处理相关信息上花费一定的成本。这些花费在信息上的成本，再加上投保人的期望理赔成本具有的内在不确定性，自然使得这种只在理论上可行的运作方式——让每个投保人都根据其客观但却难以量化的期望理赔成本来支付保费的方式——在实际运作中毫无用武之地。而实际运作的方式是：只要获得信息所花费的成本合理，保险人就通过这些信息来预测不同期望理赔成本之间的差异，从而对投保人的期望理赔成本进行估计。保险人对不同投保人的期望理赔成本进行估计，并根据不同的期望理赔成本来收取不同的保费，这个过程我们称为风险分类或者是归类。注意，在风险分类当中，一个"高风险"的投保人具有高期望理赔成本。

（2）投资收益

理赔支付的时间因素，以及保险人能够在理赔支付之前获得投资收益的能力，同样对公平保费构成影响。在一些保险合同中，如企业责任保险，总理赔成本中很大一部分是在保险期结束后的几年内支付的。因为保险人一方面要协商和解决已知的理赔，另一方面还要了解保险期间发生的其他意外，所以理赔支付需要在一段时间内逐步完成。我们把从承保到理赔支付的时间延迟称为理赔延迟。

公平保费反映了保险人将保费用于投资，并在理赔支付之前获得投资收益的能力。当利率上升时，由于保险人可以获得更多的利息收入，所以理赔支付所需的保费数目也就会下降；同理，当理赔延迟延长（既定的理赔在更长的时间段内支付）时，因为投资者可以在理赔支付之前获得投资收益，所以理赔支付所需的资金同样会下降。由此，我们得出保险定价的第三基本原则：公平保费反映出保险人将保费用于投资，并在理赔支付之前获得投资收益的能力。换句话说，就是公平保费体现出了货币的时间价值。公平保费与利率水平和理赔延迟的程度是负相关的。

（3）运营成本和利润附加

①运营成本费用附加

在设计和销售保单时保险人要承担很大的运营成本，这些成本通常被称为承保费用。此外，保险人在处理理赔时还需要承担理赔费用。因此，公平保费必须包括附加费用，以弥补承保和理赔费用。在很多种类的保险中，如果被保险人或投保人是第一次从保险人处购买保险，那么与续签保险合同相比，保险公司往往要收取更高的承保费用。在这种情况下，第一年费用的来源只有一部分来自第一年的保费，其余部分则要在与被保险人/投保人保持保险关系的时间跨度中提取。在其他因素不变的情况下，这意味着被保险人/投保人续期的期望值越大，则公平保费费率就越低。因为在这种情况下，保险人只需要较低的定期费用就可以弥补初始支出。可用于弥补第一年费用的续期保费是许多保险人特许价值的重要来源，这也可以激励保险人保持资本以减少无偿付能力的概率。

②利润附加

当理赔成本具有不确定性时，固定保费保险合同使保险人有必要保持充裕资本——持有超过期望理赔成本的资产——以增强其可支付所有理赔的能力。为了获得充裕资本，保险人必须为投资者提供合理的期望税后收益——投资者在相似风险条件下投资于别处也能够获得的收益。投资于保险公司的一个劣势在于：保险人通过金融资产获得的投资收益要被二次征税。当然，保险人可投资于免税债券以降低成本，虽然这些债券的收益较低，但是仍然有成本存在。除了纳税方面的劣势，投资于共同基金与投资于保险公司相比，在资产投资组合相同的情况下，后者可能会带来更高的代理费用和更高的风险。为了弥补这些不足，保险人必须为投资者找到其他的收入来源，否则他们就不会投资。其他的收入可通过保费来实现，即收取高于期望理赔成本和运营成本贴现值的保费，换句话说，也就是由被保险人来弥补投资人投资于保险公司的损失。被保险人为弥补投资者投资于保险公司的损失而额外支付的部分称为利润附加。利润附加存在的一个根本原因在于理赔成本的不确定性，所以利润附加有时也被称为风险附加。

2. 资本震荡和承保周期

前面的内容是关于公平保费的相关理论，但是以下两个相关现象用公平保费的基本理论来解释就有些困难了。

（1）资本震荡

在实际损失或投资失误导致保险全行业大规模资本减少之后，一些保险市场经历了保费的急剧上升。我们将这种大规模的资本减少称为资本震荡。公平保费可能的变化不能合理地解释保费增长的数量（即通过理赔成本的贴现值、费用和正常利润的变化来解释）。相反，似乎是失误和与之相关的资本递减使实际的保费高于公平保费。

保险价格理论上的扩展和一些实际证据表明：如果一个市场内的大多数保险人在承保或投资方面同时遭受巨大的损失，那么引起某些时候保费增长的因素就不仅限于期望理赔成本的贴现值、费用和正常利润。如果大多数保险人同时受到这种大规模意外损失的冲击，全保险行业的资本将出现下降，于是保险人手中掌握的用于支付理赔的资金也会出现不足。保险人在已发行的保单上遭受损失后，为了在不增加无偿付能力可能性的情况下续保，保险人需要在短期内筹集大量的资本，但是鉴于保险人所承受的大规模损失和其财务状况，筹资成本可能会非常高。如果无法在短期内以适当的成本筹集到资本，保险人可以选择要么增加无偿付能力的概率，要么减少在既定价格下承保的数量。保险人减少承保的数量，保险的供给量将下降，在任何市场当中，当行业的供给下降时，在需求不变的情况下，价格就会上升。

保费高就意味着短期利润将超过资本提供者所获得的长期公平收益。这种高收益并不是因为保险人之间缺乏竞争，相反，大规模的损失使得保险人的资本匮乏，而筹资的成本又非常高，所以保险人现存的资本就成为稀缺要素。而在资本稀缺的情况下，该资本能够产生较高的回报就不足为奇了。但是这种情况不会持续很久，因为价格高于期望理赔成本将有助于保险人重筹资本。另外，随着时间的推移，新股的发行以及保险人的借贷也会起到募集资本的作用。随着资本的积累，保险人将扩大供给，使价格下降。注意，如果价格上升有助于保险人重筹资本，那么投保人要和保险人一起承担全行业范围内大规模损失的风险。

（2）承保周期

大多数财产/责任保险行业的分析人士认为，许多企业的历史数据都表明保险费率和利润具有周期性。价格的周期运动也表明实际的保费依赖于过去的获利能力，我们称之为"承保周期"。承保周期可以通过周期性的疲软市场和繁荣市场来说明。疲软市场的特征是大量的保险人在价格稳定甚至是下降的情况下寻求卖出新的保单；而繁荣市场的特点则为保险供给量下降、价格急剧上升。一些评论者认为，承保周期使得实际保费围绕公平保费进行周期性波动。历史资料显示，承保周期与一般商业周期之间似乎并不存在很强的相关性。

有一种对承保周期的解释和前面所介绍的资本震荡理论有相同之处：大规模的损失使资本匮乏，随后保费升至高于公平保费，保险的供给量降低（繁荣市场）。市场繁荣期的高价格接下来有助于保险人募集资本，于是新的资本得以积累。资本的所有来源都使得保险行业的供给增加，导致保险价格下降、保费降低（疲软市场）。如果保险人之间的竞争使得保费低于公平保费，经营损失和资本减少将再次出现，于是推动价格上升，下一个繁荣市场随之到来。但是这个理论并没有清楚地说明，为什么疲软市场中的竞争总是使保费降到低于公平保费的水平。

一些评论者认为，价格大幅度地重复下降是因为对于一些险种来说准确预测其理赔成本是十分困难的。也有人认为，保险人对于期望理赔成本过于乐观的估计导致了它们定价过低。因为准确预测期望理赔成本并对保险人的定价做出合理判断是十分困难的，这就使得投保人和监管部门无法区分出财务状况并不理想的保险人。财务状况不佳的保险人以过低的价格承保，而后以收到的资金来支付先前保单的理赔，这样监管部门就不会轻易发现它们并将它们踢出局。而一些公司的定价过低也会造成其他公司通过降价的办法来留住客户，因为客户群体是其投资收入的直接来源。总之，对于承保周期的解释是多种多样的，但是在承保周期为什么会出现以及它现在是否仍然存在等问题上，大家仍然未达成共识。

保险核保与理赔

保险核保的含义和基本要求

保险核保是保险人对希望购买保险产品的客户所提出的投保申请进行审核，从而决定是否接受其投保行为的过程。核保是保险经营的一个关键环节，核保质量的好坏直接关系到保险人经营的财务稳定性和企业经济效益的好坏。同时，核保质量的高低也在一定程度上反映了保险人经营管理水平的高低。

综合实践经验，一般来说，保险公司核保应遵循以下基本要求。

1. 扩大承保能力并保证保险人经营的稳定性

保险公司经营是否稳定不仅直接关系到企业自身的生存和发展，而且关系到对被保险人赔偿责任、给付责任的履行，直接影响到整个社会经济生活的运行和发展。这就要求保险公司的具体承保额要与其承保能力相适应，避免超额承保或者承保严重不足。所谓承保能力是指基于保险公司净资产规模基础之上的公司业务容量，它是通过净保费与公司净资产的比率，即业务容量比率来衡量的。承保能力是决定保险公司接受新业务的关键限制因素：一方面，保费从本质上来看是保险人对投保人或被保险人的负债，保险人承保的数量越多，意味着其负债越大；另一方面，发售新保单还意味着保险人要支付新的费用，如保单的制作、代理人的佣金、展业的各项成本等，这在短期内必然会造成保险公司净资产的减少。此外，在一定时期内，如果保险公司承保的新业务太多，而对被保险人的赔偿或给付和运营费用又超过净承保保费，那么公司就必须动用以前的盈余来弥补这些不足。这无疑将增大保险人的经营风险，造成保险人偿付能力的不足或运营困难。因此，保险人必须在其业务容量允许的范围内进行承保。

2. 保证核保质量，获得最大经营收益

核保是保险经营活动的入口审核，核保水平和能力的高低决定了保险公司经营的质量。为了把好这一关口，提高核保质量，要求保险公司对投保标的进行认真选择，区别对待。从理论上来说，对于高出一般风险程度的投保标的可以通过提高费率进行承保，对于一般保险责任以外的风险可以在增加附加条款的前提下给予承保。实际上，对是否给予承保的分析是在保费收入和损失支出之间进行比较和取舍的基础上得出的。与其他经济活动一样，保险经营需要在保险财务稳定的前提下获得最大的盈利。在正常核保、费率一定的情况下，保险费的多少取决于所承保的总金额的大小，承保金额越大，保险费就越多，承保保费收入就越多，盈利也会越多。但是，如前面分析所指出的，如果承保金额超过了保险人承保能力的限度，又会导致其财务不稳定。承保金额与保险公司的最大盈利之间既统一又矛盾。解决这一矛盾的关键是寻找承保金额与最大盈利之间的最佳结合点。

保险核保的环节与程序

1. 制定核保方针，编制核保手册

保险公司一般都有专门负责核保的机构和部门来制定与公

司经营目标相一致的核保方针和编制核保手册。一般来说，核保手册都会具体规定核保的险种、业务开展的地区、所适用的保险单和费率计划，规定可以接受的、难以确定的和拒保的业务类型，规定保险金额，确定需要由上一级核保人员批准的业务等内容。核保手册还往往具体规定了不同等级的核保人员的权限，在实践中会根据每一位核保人员的业务熟悉程度和经验而划分为若干等级，每一个等级享有相应的核保权限。

2. 核保信息的收集和整理

核保信息的来源一般有三个渠道，保险公司通过这三个渠道来收集核保信息并加以整理，为承保决策做好准备：第一，投保单是核保信息来源的最初渠道，也是基本渠道；第二，核保人员直接向保险展业人员和投保人了解情况，收集信息，直接检查保险标的，收集各种与保险标的有关的单据、资料，对被保险人进行调查等，这是核保信息的另一个主要来源；第三，通过社会公共部门的渠道来收集与投保人、被保险人、保险标的等相关的信息并加以整理。例如，可以通过企业上级安全生产管理部门了解企业安全生产记录，可以通过医院了解被保险人的病史，等等。

在保险实践中，就人身保险而言，所需要收集的核保基本信息有两类：一类是纯健康因素，包括被保险人的年龄、性别、身体状况、病史和现症；另一类是非纯健康因素，包括被保险人的职业、生存环境、业余爱好和收入状况等。就财产保险而言,所需要收集的核保基本信息有投保标的的状况、投保标的所处环境、投保标的是否在危险状态中、各类安全管理制度的制定和实施情况等。

3. 信息审核

保险审核是保险人对将要承保的新业务加以全面评价和选择的过程。审核是核保业务的关键环节,通过审核,可以防止承保不具有可保性的风险,排除不合格的被保险人和保险标的。在信息审核、决定是否承保以及以怎样的条件承保时,保险人需要考虑的因素有逆向选择、道德风险、保险人的承保能力、市场占有率大小、监管部门的相关规定以及社会舆论的影响等。

4. 核保决策

在收集整理信息,并对承保的相关影响因素进行审核分析之后,接下来进行的就是核保决策。

(1)对保险客户的控制

要确保保险投保人必须是具有完全行为能力并对保险标的具有保险利益的自然人或法人,除了法律资格,如果有必要还需要审核客户的资信、品格和作风等情况。

(2)对投保标的的控制

除了审核投保标的是否符合相关法律规定外,还要审核投保标的的风险状况,对于风险较大的标的,核保人员应拒绝承保或采用较高的保险费率。

（3）对保险责任的控制

通过对保险标的风险的评估，确定承保责任范围，明确对所承保风险应付的赔偿或给付责任。对于具有特殊风险的投保标的，保险人需采用附加条款和特约条款进行约定，或者增加保费数额。

（4）对保险金额的控制

保险金额的确定依据是标的的价值及投保方对标的所具有的保险利益额度。任何背离这两个依据的保险金额都可能诱发道德风险，因此一定要避免超额承保。

（5）对保险费率的控制

在对前四项控制的基础上，进一步核定保险费率。

核保决策的结果有以下三种情况：一是拒绝承保；二是同意承保；三是在一些条件变动后同意承保。

5. 签发正式保险单

签发正式保险单是与通过核保确认可以承保的投保人签订正式保险合同。签发的保险单的基本内容主要有保险人的名称和住所，投保人、被保险人的名称和住所，保险标的，保险期限，保险金额，保险费率，保险费以及支付方式，保险责任范围，免责事项，双方权利义务的规定等。保险单的签发意味着保险经济关系的正式确立。

6. 单证管理

正式签发保险单后，经过投保人或被保险人交付保险费和签收保险单环节，有关单证应立即归档，并妥善保管。尤其是人寿保险的有关单证，更是需要长期保管。

保险理赔的环节与程序

理赔，即处理投保人或被保险人向保险公司提出的索赔申请，是在保险标的发生保险事故后，保险人对被保险人所发生的保险合同责任范围内的经济损失履行经济补偿义务，对被保险人提出的索赔进行处理的行为。理赔是实现保险补偿或给付职能的环节，是保险经营的最后主要环节。

根据保险法律规定，在保险事故发生后，被保险人或受益人应将事故发生的时间、地点、原因及其他有关事项，以最快的方式通知保险人，并提出索赔请求，理赔的程序因索赔而启动。理赔过程通常包括通知出险、受理赔案、现场查勘、保险审核、赔款计算、履行保险赔偿或给付义务等环节。这些环节中任何一个发生中断，都会使后续步骤终止，导致理赔事项的结束；一项理赔活动不一定要走完以上全部过程，但一定是顺序经过。

1. 通知出险

通知出险是保险标的出险时被保险人向保险人发出的信

息。它一般采用书面通知的形式，在实践活动中，通知可以先以电话或口头形式告知保险人，但随后要补填书面通知。

2. 受理赔案

保险人在接到出险报案以后，应立即受理。在这一环节，主要有如下工作内容：第一，保险理赔部门接到保险索赔或给付保险金申请后，应迅速做好登记工作，如保险客户名称、地址、报单编号、出险时间、地点、自述的原因和自述的损害情况；第二，查抄案底，根据保险客户的申请，查抄留存公司的保险底单；第三，核对保险客户的申请与保险底单；第四，对核对无误的索赔申请立案编号登记。

3. 现场查勘

现场查勘是指保险公司接到出险通知后，派人到出险现场进行调查。现场查勘的内容包括以下三部分：出险情况及出险原因；施救与整理受损财产；核计财产损失情况。

4. 保险审核

保险审核人员要将现场查勘人员所写的查勘报告与保险单对照，根据保险单内容对现场调查报告进行审核。审核人员应复核出险日期是否在保险有效期内，出险地点是否符合保单所列地点要求，受损财物是否符合保险人承保条件等，之后，还要进行责任审核：审定赔付责任，明确赔付范围。

对于疑难案件，要慎重处理，不要操之过急，应当运用有关的知识和原理对案情进行客观周密的分析之后再做决断。

5. 赔款计算

它是计算出已经确定为赔付的投保标的的准确赔付款额。计算赔付额的方法因险种、险别和保险合同规定的不同而各异。保险公司工作人员根据各险种、险别的特点，采用相应的计算方法进行计算。

6. 进行保险赔偿或给付

如果保险双方对保险理赔处理没有争议，那么就按保险公司最后确定的赔款数额进行赔付和结案。如果保险合同双方对保险理赔处理有争议，经协商和调解不能解决的，可以通过法律程序解决。

此外，在财产保险中，保险人对被保险人赔付后，根据实际情况可以行使处理损余或代位追偿的权利。

保险资金运用

保险资金运用也称保险投资，是指保险公司为扩充保险补偿能力，分享社会平均利润而利用所筹集的保险资金在各国资本市场上进行的有偿营运。保险市场竞争的激烈化，使保险人利用保险资金进行投资、创造投资收益显得十分必要，而保险资金从收到付之间存在的时差又为保险公司进行投资活动提供了现实条件。如果说提供风险保障和开展保险业务是保险公司产生和存在的基础，那么，保险投资则是保险公司发展和壮大的重要保证。

保险行业负债经营的特点和保险公司资金流动的规律决定了保险公司拥有相当数量的闲置资金，并且这些资金的有效运用，会有益于保险公司的发展。因此，保险公司的资金运用具有可能性和必要性。保险公司的经营担负着对广大投保人的保障承诺，本着对保险客户负责任的精神，保险资金在投资过程中要始终坚持稳妥性、分散性、择优性、收益性和流动性的原则，以使保险资金在运营过程中实现安全与收益的双重目标，做到资金运用的整体最优化。

保险投资的组织模式

从欧美国家的保险投资实践来看，保险投资的绩效与保险公司的投资组织模式有很大的关系。合理的投资组织模式可以避免重大的投资失误或投资失败，实现稳健投资、稳定收益的目标。分析西方国家的保险投资组织模式，大体上可以分为专业化控股投资模式、集中统一投资模式、内设投资部门投资模式和委托外部机构投资模式四种。

1. 专业化控股投资模式

这种保险投资组织模式是指在一个保险集团或控股公司之下设立专门的投资子公司，由投资子公司分别接受保险集团或控股公司其他子公司的委托进行保险投资活动。在这种模式下可以视投资子公司是代其他保险业务子公司理财，而集团或控股公司则只负责日常资金安全与正常运作的计划、协调和风险控制。

2. 集中统一投资模式

这种保险投资组织模式是指在一个保险集团或控股公司下设产险子公司、寿险子公司和投资子公司等，其中产险子公司和寿险子公司均将保险资金统一上缴到集团或控股公司，再由集团或控股公司将保险资金下拨到专业投资子公司，专业投资子公司将产险、寿险子公司的资金分别设立账户，独立进行投资。

3. 内设投资部门投资模式

这种保险投资组织模式是指在保险公司内部设立专门的投资管理部门，具体负责本公司的保险投资活动。

4. 委托外部机构投资模式

这种保险投资组织模式是指保险公司自己不进行投资和资

产管理，而是将全部的保险资金委托给外部的专业投资公司进行管理，保险公司则按照保险资金的规模向受委托的投资公司支付管理费用等。

从西方保险投资活动的发展进程来看，四种投资组织模式虽然各有其优缺点，但均是保险公司投资活动中较常见的模式，只是在保险公司内部设立投资部门来负责保险投资和委托外部机构进行投资管理属于比较初级的投资组织模式，而专业化控股投资模式和集中统一投资模式则属于较为高级的投资管理模式。保险公司在确定自己的投资组织模式时，需要根据资本市场的情形和公司自身的情况进行选择。从发达国家保险行业的投资组织模式来看，多数保险公司都是通过设置投资子公司即选择专业化控股投资组织来进行保险投资活动的。

保险投资的渠道

保险投资的渠道多种多样，主要的投资渠道可以概括为储蓄存款、有价证券、贷款、不动产投资和项目投资等。

1. 储蓄存款

储蓄存款是指保险公司将保险资金存入银行并获取利息收入。这种投资渠道的特点是安全性高，投资收益低，不可能带来保险资金运用真正意义上的投资利润和扩大保险基金的积累。因此，根据国外保险公司资金运用的实践，储蓄存款往往不是保险资金运用的主要形式,各保险公司的储蓄存款只是留作必要的、临时性的机动资金,一般不会留太多的数量。

2. 有价证券

有价证券是指具有一定券面金额、代表股本所有权或债权的凭证。它作为资本证券,属于金融资产,持有人具有收益的请求权。有价证券投资可以分为股票、债券、证券投资基金三大类。

(1)股票

股票是股份有限公司公开发行的用以证明投资者的股东身份和权益,并据以获得股息和红利的凭证。股票一经发行,持有者即为发行股票的公司的股东,有权参与公司的决策,分享公司的利益,同时也要分担公司的责任和经营风险;股票一经认购,持有者就不能以任何理由要求退还股本,只能通过证券市场将股票转让和出售。实质上,股票只是代表股份资本所有权的证书,它本身并没有任何价值,不是真实的资本,而是一种独立于实际资本之外的虚拟资本。

保险公司进行股票投资的优点在于可转让,方式灵活,能够获得较高的投资收益和资本利润;其缺点在于股票价格的变动往往难以准确预测,风险较高,其安全性亦低于其他有价证券。

(2)债券

债券是保险公司投资有价证券的又一重要途径,依据债券发行主体可以划分为政府债券、金融债券和公司债券。从债券投资的实践来看，它拥有比股票更好的自由流动性和收益安全性，债券投资是国外保险公司有价证券投资的主体项目。

（3）证券投资基金

证券投资基金是指通过发行基金证券集中投资者的资金，交由专家从事股票、债券等金融工具的投资，投资者按投资比例分享其收益并承担风险的一种投资方式，属于有价证券投资范畴。保险公司购买证券投资基金证券实际上是一种委托投资行为，即保险公司通过购买专门的投资管理公司的基金证券完成投资行为，由投资基金管理公司专门负责资金的运营，保险公司凭所购基金证券分享证券投资基金的投资收益，同时承担证券投资基金的投资风险。

3. 贷款

贷款是指保险公司作为信用机构以一定利率和必须归还等为条件，直接将保险资金提供给资金需要者的一种放款或信用活动。按其形式可以分为抵押贷款、流动资金贷款、技术项目改造贷款和寿险保单贷款等。

抵押贷款即财产担保贷款，分为动产或有价证券抵押、不动产抵押、银团担保、银行保付等，是期限较长而又比较稳定的投资业务。谨慎选择的抵押贷款通常有较高的安全性和收益率，特别适用于人寿保险公司保险资金的长期性运用。流动资金贷款是指以需要流动资金的企业为对象而发放的贷款。它属于短期性投资。技术改造项目贷款是指保险公司为支持企业进行技术改造、技术引进并由此而获取收益的固定资产投资性贷款。寿险保单贷款是在寿险保单具有现金价值的基础上，根据保险合同的规定,寿险公司应保单持有人的申请而发放的贷款，其贷款以寿险保单为抵押。

4. 不动产投资

不动产投资是指保险公司投资购买土地、房产，并从中获取收益的投资形式。不动产投资的特点是投资期限一般较长，一旦投资项目选择准确就可能获得长期、稳定且较高的收益回报，但流动性弱，单项投资占用资金亦较大，且因投资期限太长而存在着难以预知的潜在风险。

5. 项目投资

项目投资属于保险公司直接投资，是保险公司利用拥有的保险资金直接投资到生产、经营中去，或建立独资的非保险企业，或与其他公司合伙建立企业，以获取投资收益。

由于保险经营的特殊性，各国保险法往往对保险人的各投资渠道和在各投资渠道的投资比例加以限制，其主要目的是使保险人的资金保持一定的流动性和安全性。

保险展业与分保

保险展业

1. 保险展业的含义及必要性

保险展业是指以销售保险产品为目的而进行的发展保险业务的各项活动及其过程。具体而言，就是保险人利用各种手段和方法，以加强保险意识和普及保险知识为内容，促使人们购买保险的活动。

展业活动对保险公司经营具有重要意义。

首先，根据大数法则，承保大量风险是保险公司经营的客观要求。保险公司只有大量招揽业务，才能实现风险在众多被保险人之间的分散，才能有效发挥大数法则的作用，从而达到集合风险、分散风险，实现保险保障的目的。

其次，保险销售与消费的特殊性决定保险人必须积极展业。一般企业生产的商品是有形的物品，销售者只要介绍商品的性能、价格、用途、质量等事项，消费者就可以感觉到商品的使用价值，以做出购买与否的决定。但是，众所周知，保险商品是无形的，消费者所购买的保险商品只有在相关风险或约定事件发生时才实际体验到保险产品的价值和使用价值。更重要的是，作为普通消费者，大多数人并不了解自身或与其相关的人或物所面临的潜在风险，或者即便了解到这些风险的存在也总存在侥幸心理，认为能够避免。人们对风险及其后果的畏惧和对保险的必要性的认识常常局限于风险事故发生之后。因此，这就要求保险公司保险产品的销售必须以加强保险意识和普及保险知识为必要内容，进行适当的展业活动。

最后，人们对保险的需求不仅受到风险的制约，还受制于经济、社会、文化及心理等因素。另外，通过保险展业活动可以帮助保险公司大量招揽业务，提高保费收入，积累雄厚的保险基金，增强保险公司在保险市场上的竞争力。

因此，展业是保险公司经营的基础和首要活动。

2. 保险展业的环节、方式和要求

（1）保险展业的主要环节

保险展业主要包括宣传、选择保险标的、开价和签发暂保单等几个环节。

①宣传

保险宣传是保险展业过程的第一个环节。保险宣传的目的在于为展业活动的其他环节及承保奠定舆论和思想基础，以使更多的人具有保险意识和保险知识，最终促使展业对象向保险公司投保。保险宣传的主要内容是向客户介绍各种保险商品的内容、功能以及对客户的益处，并使客户明确投保后应享有的权利和应尽的义务。保险宣传要坚持实事求是的原则，不可欺瞒宣传对象。

②选择投保标的

虽然保险宣传的最终目的是使保险公司拥有众多的投保者，但这并不意味着保险经营者对投保者不加任何选择随意承保。由于保险经营者所从事的经济补偿活动是以取得盈利为条件的，因此，保险展业所承揽的保险业务既要保证一定的数量，更要保证质量。为了保证保险业务质量，就需要对投保标的加以选择。

③开价

开价是指承保人对经过选择并决定承保的保险标的确定保险费率，它是在选择保险标的之后的又一个展业环节。在进行保险开价时应注意考虑以下四点：一是等价关系，保险开价要以保险商品的价值为基础。二是供求关系和竞争关系。在等价交换的前提下，可根据保险市场的供求关系、竞争情况适当地调整保险价格。三是差别费率。即使在相同险种或险别的情况下，由于投保者及保险标的的具体情况不同，在开价时应该有所区别。四是其他因素，包括投保者的信用程度、投保标的的安全等级等。

④签发暂保单

经过以上所述的各个环节，保险展业人员向投保人出具暂保单或临时承保通知书。该暂保单是展业人员经过考察和审定，初步决定对基本符合承保条件的投保标的给予非正式的承保。

（2）展业方式

展业方式主要有直接展业和间接展业两种。

①直接展业

直接展业是保险公司的专职展业人员直接向客户推销保单，承揽保险业务。这种展业方式的优点是保险业务的质量较高，由于保险公司的业务人员素质较高，经验较丰富，因此能保证所承揽业务的质量。其不足是由于受保险公司业务人员数量的限制，保险业务开展的范围较窄，业务数量较少。另外，由于保险公司业务人员的工资以及有关费用的支出较大，因此业务成本较高。一般来说，这种展业方式较适合于规模较大、分支机构健全的保险公司。

②间接展业

间接展业是由保险公司利用自身展业人员以外的个人或机构，代为承揽业务的展业形式。实践中，代为承揽业务的主要有保险代理人和保险经纪人。保险代理人又分为专业代理人、综合代理人和兼职代理人等具体形式。专业代理人是专门为某一家保险公司代理保险业务的代理人。综合代理人是同时为多家保险公司代理保险业务的代理人。兼职代理人是指代理人本身有自己的主体业务活动，同时兼办保险代理业务。间接展业方式的优点是：代理范围广，承揽的业务量大，费用少、成本低。其不足是由于代理人员素质参差不齐，往往不能保证其所代理的所有保险业务的质量。

（3）展业要求

如前所述，保险展业对保险公司的发展具有重要意义，因此，良好的保险展业活动应当满足以下要求：保证质量、分散风险、防止道德风险以及明确除外责任和附加条款等。

①保证质量

保险业务的质量直接关系到保险公司经营的稳定性，因此展业人员要严格按照保险条款的要求承揽业务，对投保标的进行认真仔细的检验、调查和审定。

②分散风险

保险的数理基础要求保险公司及其展业人员在展业过程中应合理分散风险。因为同一种风险过度集中，可能会发生集中出险从而导致保险公司的巨额损失事故。分散风险不仅包括险种、险别在空间上的分散，还包括对每一风险单位的分散。

③防止道德风险

道德风险在保险活动中是不可避免的，总有一些投保者想利用保险进行投机获利。因此，保险展业者在展业过程中应对投保者的动机、投保标的情况加以鉴别和判断，避免盲目承揽保险业务。同时，保险公司还应当加强对保险展业人员的培训和教育，避免保险展业人员为了追求自身利益而盲目揽保，形成道德风险。

④明确除外责任和附加条款

保险公司或者保险代理机构应当加强对保险展业人员的培训和教育，要求展业人员在工作过程中严格以保险条款为依据，尤其应注意条款中的除外责任,一定要向客户解释清楚,尽到明确说明的义务。同时,对正式保险条款固定责任范围以外的风险责任加以承保时应增加的附加条款也要认真解释和仔细审核。

保险分保

世界各国的保险公司,无论规模大小,都需要根据自身经营状况,将其所承保的保险责任在国内或国际再保险市场上转移出去。保险分保已成为现代保险公司保险经营中必不可少的重要环节。

1. 保险分保的基本概念

保险分保又称再保险,是对保险人所承担的风险赔偿责任的保险。相对于再保险,发生在投保人和保险人之间的业务活动是原保险,也叫作直接保险业务。当保险人承保的直接保险业务金额较大且风险过于集中时,根据风险分散原则,保险人有必要进行再保险以通过与其他保险人订立再保险合同,支付规定的再保险费(分保费)的方式,将其承保的风险和责任的一部分转嫁给其他保险人,以分散风险,保证自身业务经营的稳定性。再保险就是保险人向另一个保险人投保的行为。

再保险业务中,分出业务的保险人称为原保险人或分出公司，接受业务的保险人称为再保险人、分入公司或分保接受人。分入公司按照再保险合同的规定，对原保险人由于在原保单下的赔偿引起的经济责任损失负补偿责任，所以再保险合同属于补偿合同，以保护原保险公司偿付能力为目的。如果分保接受人又将其接受的再保险业务再分给其他保险人，则称为转分保，双方分别称为转分保分出人和转分保接受人。

再保险是一种特殊性质的责任保险。无论原保险是财产保险、人身保险还是责任保险，原保险人在原保险合同下对被保险人都负有损失补偿或给付责任。以此责任为基础，原保险人和再保险人签订再保险合同，再保险人承保的是原保险人对被保险人所负的保险责任。再保险合同与原保险合同虽然在法律上是相互独立的，但在经济赔偿责任和给付责任方面却是相互依存的。再保险人不直接对原保险合同的标的损失给予补偿，而是对原保险人所承担的责任给予补偿。所以，再保险合同的标的是区分承担的是损失补偿责任或给付责任，再保险合同的标的是非物质性的。再保险合同的保险事故是指原保险人对被保险人损失补偿或给付责任的发生，是原保险合同约定的保险责任范围内的责任事故。

2. 保险分保的原则

原保险是再保险的基础，在原保险中应用的大数法则及保险基本原则同样适用于再保险经营活动。

（1）大数法则原理

大数法则是现代保险赖以建立和发展的数理基础。保险公司可以根据以往大量的统计数据预测出风险事故发生损失的频率及损失程度，确定保险费率，计算出合理的保险费，从而保证保险公司经营的稳定性。但这种经营稳定性是相对的，大数法则以大量相同的风险为基础，而保险公司承保具有相同风险的风险单位是有限的，因此实际发生的损失与预期损失分布会有一定的偏差，为了降低这种偏差给保险经营带来的困难，保险公司通过再保险的形式来分散风险。大数法则原理在再保险中的运用，使保险标的扩大到更大的范围，同时使风险性质不同、数额大小不一的各种风险分散于许多再保险人之间。理论上，保险公司降低经营风险的方法主要有：增加保险标的的数量；提高保险费率；增加保险额的平均程度。在实际运营过程中，增加保费是比较困难的，只能以增加保险标的数量为主，通过接受业务或通过再保险交换使风险得以分散，使保额得以平衡化，达到财务稳定性的目的。根据均衡原理，再保险是增加总承保标的数量，使保险金额平均化的关键，这也是再保险根据大数法则原理赖以生存和发展的条件。

（2）最大诚信原则

最大诚信原则同样适用于再保险活动。在直接保险业务签发保险合同前，保险人要求投保人必须向保险公司说明全部与实质性风险有关的情况，履行告知义务。而在再保险中，则要求分出公司对分保接受人说明每个关系到原保险风险的灾害情况。所不同的是，再保险合同双方都是保险业的经营者，这就使告知义务的履行更为明朗和透彻。另外，由于再保险业务是在世界范围内进行的，再保险业务的接受以及合同的签订，都是根据保险分出人提供的情况、数字来确定的，很难进一步调查了解，分保接受人只是根据过去积累的对分出人的了解和分出人的诚信水平来决定是否接受和接受多少分出业务。这就要求再保险分出人和再保险接受人双方都要从始至终遵守最大诚信原则。

（3）可保利益原则

再保险合同以原保险合同存在为条件，虽然再保险合同是原保险人与再保险人之间签订的合同，是脱离原保险合同而独立的契约，再保险接受人与原保险投保人之间并无合同的关系，原被保险人不能向分保接受人提出索赔，但原保险合同的可保利益原则仍适用于再保险合同。原保险合同的保险标的是指财产、责任或人的生命和身体，而再保险保障的是原保险人对保险标的的保险事故负有补偿与给付责任，因而与保险标的有经济上的利害关系，这种责任和利害关系是再保险合同存在的条件，即原保险合同的保险人对其承保标的具有可保利益，可将其承担的责任进行再保险。

（4）损失补偿原则

保险的基本职能是补偿与给付，保险人对投保人所发生的合同规定责任范围内的经济损失或事故进行补偿或给付，这是保险人必须遵守的基本原则。再保险的目的也是对保险公司承担的上述责任进行补偿，即再保险的损失补偿是在保户向保险公司索赔后，再保险接受人根据再保险合同规定的条件予以赔偿。应该说明的是，再保险接受人对原投保人没有损失补偿义务，因此原保险人不能以再保险接受人没有赔偿为由而拒绝对投保人进行理赔。同理，再保险接受人也不能因原保险人没有履行理赔义务而拒绝承担其对原保险人的赔偿责任。

3. 保险分保的要素

风险单位、自留额和分保额是保险分保的三个要素，自留额和分保额是决定保险分保方式的两个核心因素，它们都是根据风险单位来确定的。

（1）风险单位

风险单位是保险标的发生一次风险事故可能波及的最大损失范围。由于自留额和分保额是按照一个风险单位来确定的，所以风险单位的划分非常重要。风险单位的划分比较复杂，要根据不同的保险标的和风险类别来确定。例如，汽车险以每辆车为一个风险单位。至于火险，考虑因素比较复杂，一般以一栋独立的建筑物为一个风险单位，如果数栋建筑物毗连在一起或是仅承保了一栋楼中的若干楼层，则应综合考虑楼房的使用性质、间距、周围环境和消防设施情况等因素后再做出决定。对于巨灾事故风险单位的划分则更为复杂，要根据不同方式以

163

及再保险合同的具体规定来确定。

划分风险单位的关键是估计一次风险事故可能造成的最大损失范围，并根据该最大损失范围确定一个风险单位。例如，在同一艘船上可能有不同货主的货物，每位货主都为其货物投保了，由于一次风险事故就可能毁掉船上全部货物，所以虽然有数份保单，但该船货物仍属于同一风险单位。根据这一标准，当可能的最大损失范围发生变化之后，风险单位的划分也应该改变。例如，两栋原本没有任何联系的楼房之间建立了某种连接物后，发生火灾就容易相互波及，可能的最大损失范围不再仅限于一栋楼房，而是扩大到了两栋楼房，那么相互独立的两个风险单位就变成了一个风险单位。要想准确地估计出可能的最大损失范围是件复杂的工作，有时需要非常专业的知识。再保险合同一般规定，如何划分风险单位由分出公司决定。

（2）自留额和分保额

自留额又称自负责任，是指对于每一风险单位或一系列风险单位的责任或损失，分出公司根据其本身的财力确定的所能承担的限额。分出公司在对单独或多个保险标的确定自留额时，应综合考虑风险类别、风险程度、标的物使用性质、建筑等级等因素。原保险公司对自留额的管理是业务经营管理中的首要问题，一个公司根据其资金力量确定对每一风险单位可以自留多少责任，超过部分就要办理分保。分保额，又称分保接受额或分保责任额，是指分保接受人所能承担的分保责任的最高限额。需要注意的是，这里所说的自留额是强调自留的保险责任，保险责任的大小可以用保险金额表示，也可以用赔款额表示。所以，在后面章节中提到自留额有时是指保险金额的自留额，有时是指赔款的自留额。

自留额与分保额可以根据保险金额计算，也可以根据赔款金额计算。所依据的基础不同，决定了再保险的方式也不相同。以保险金额为计算基础的分保方式属于比例再保险，以赔款金额为计算基础的分保方式属于非比例再保险。自留额和分保额可以用百分比或绝对数两种方式表示，百分比表示如自留额和分保额各占保险金额的50%，绝对数表示如自留额为200万元，则超过部分为分保额。保险公司确定自留额的大小，主要考虑三个因素：一是保险公司自身的财务状况。资本金越大，保险基金越雄厚，自留额就可以越大；二是承保业务的风险状况。发生损失的风险越大，自留额就应越小；三是保险人经营管理水平。保险人经营技术水平越高，对保险标的物的情况掌握越充分，经验越丰富，就越能合理准确地确定自留额。

4. 保险分保的方式

（1）比例再保险

比例再保险是以保险金额为计算基础，分出公司和接受公司之间的自留额和分保额都是按总保险金额的一定比例确定的，并按照这个比例分配保险费，分摊赔付责任。比例再保又可分为成数再保险和溢额再保险两种。

①成数再保险

成数再保险是比例再保险的基本方式。分出公司的自留额和分入公司的接受额都是按照双方约定的百分比确定的，无论分出公司承保的每一风险单位的保额如何，只要在合同规定的限额内，便都是按双方约定的固定比例来分担责任，且每一风险单位的保险费和发生的赔款，也按双方约定的比例进行分配和分摊。总之，成数再保险的责任、保费和赔款的分配，表现为按照一定的百分比进行。

成数再保险的特点主要表现为：手续简单，管理费用低，节省人力、时间和费用；对于所获得的经营成果，即无论盈亏，保险人和再保险人的利益是一致的；由于无论原保险业务规模和质量好坏，分保人和接受人双方均按约定比例分担，因而分出公司需要支出较多的分保费；按成数决定责任，不能达到分散巨大风险的目的。成数再保险的上述特点决定了这种方式比较适用于小公司、新公司、新业务和某些特种业务，以及那些保额和业务质量比较平均的业务，在国际再保险交往中，成数再保险可用于分保交换。集团分保和转分保业务，一般也采用成数再保险方式。

②溢额再保险

溢额再保险是分出公司按每个风险单位确定自留额，将超过自留额的剩余数额，即溢额，根据再保险合同的约定分给接受公司，并以分出公司的自留额和分出数额，确定每一风险单位的再保险比例。如果某一业务的保险金额在自留额之内就不必办理再保险，这是溢额再保险与成数再保险的最大区别。

风险单位、自留额、合同线数即限额，是溢额再保险的三个要素。风险单位的划分以及自留额的多少都由分出公司来决定，然后确定分保额是多少，即合同最高接受限额，这一限额是以自留额的一定倍数，称为合同线数，来计算和确定的。例如，自留额为50万元，合同最高限额为10线，则最高限额为500万元，分出公司的承保能力为550万元，其中自留额为50万元，分保额为500万元。保险公司根据承保的风险单位的损失率、承保业务量的规模、保费收入的大小及公司准备金的多少等来制定自留额和安排溢额再保险合同的最高限额。如果第一溢额分保的限额不能满足分出公司的业务需要，则可组织第二溢额甚至第三溢额分保来补充，以适应业务的需要，但只有第一溢额分满后，才能进行第二溢额分保；第二溢额分满后，再进行第三溢额分保；依此类推。

溢额再保险是比例再保险中最早和最广泛应用的方式，它可以灵活确定自留额，确保分出公司业务的安全性和营利性，比较适用于分出公司业务质量良莠不齐、保险标的的保险金额不平衡的业务。

（2）非比例再保险

非比例再保险也称超额赔款再保险。这类再保险以赔款为计算基础，首先规定一个由分出公司自己负担的赔款额度，对

167

超过这一额度的赔款由再保险接受人承担赔偿责任。在这一模式下，分出人和分保接受人之间对风险发生的赔款责任、保费的分配没有固定的比例关系。这种再保险方式能够将分出公司赔偿责任限定在固定的数额内，从而保障其在遭受超过约定的赔款限额的较大损失时不致受到冲击。

非比例再保险费率的厘定采取单独的费率制度，它与比例再保险按原保险费率收取保险费的方法不同，是由双方协商另订费率，其费率由赔款成本和附加费用两部分确定。

非比例再保险的方式又可分为超赔付额再保险、超赔付率再保险和巨灾超赔再保险。

①超赔付额再保险

超赔付额再保险是以每一风险单位所发生的赔款来计算分出公司的自负责任额和分保接受人的再保险责任额。若原保险的总赔款金额不超过分出公司的自负责任额，则全部赔付责任由分出公司负担；若原保险的总赔款金额超过分出公司的自负责任额，则超过部分由接受公司赔付。

②超赔付率再保险

超赔付率再保险是以赔付率为分保基础，分保接受人负责支付分出公司1年中累计总赔偿额超过保费总收入一定比例的部分，它是一种对分出公司总体损失的保障，而不对个别风险负责。具体而言，这种方式是按赔款与保费的比例即赔付率来计算自负责任额和分保责任额的，它是按年度赔付的。当赔款责任在自留赔付率之内时，由分出公司负责赔付；当赔款责任超过自留赔付率时,超过的部分由分入公司负责赔付。实践中,超赔付率再保险一般有赔付率的限制,也有一定金额的责任限制。和超赔付额再保险相比,超赔付率分保方式更有利于保险公司经营的稳定性。

③巨灾超赔再保险

巨灾超赔再保险是以一次巨灾事故所发生赔款的总和来计算自负责任额和分保责任额的,再保险接受人支付当任何一次事故累计的损失超过规定自负责任以后的赔款。巨灾事故超赔责任的计算,有时间限制和事故次数的划分,是十分复杂的。

5. 保险分保的安排

再保险的安排方法主要有临时再保险、合同再保险和预约再保险三种基本形式。

(1)临时再保险

临时再保险是再保险早期的分保方法。对于某一风险,分出人决定需要安排分保后,就要选择向谁分保,用最迅速有效的方式把分保条件、全部保险细则提供给再保险接受人,接受公司是否接受或接受多少完全可以自由选择,无强制性。

(2)合同再保险

合同再保险是由保险人与再保险人签订合同明确双方的再保险关系,双方通过契约将业务范围、地区范围、除外责任、分保手续费、自留额、合同最高限额等分保条件用文字写明,明确双方的义务和权利。一经双方签订合同，再保险合同即具法律效力，双方都应共同遵守。

（3）预约再保险

预约再保险是介于合同再保险和临时再保险之间的一种分保形式，往往用于对合同再保险的一种补充。在这种方式中，对分出公司没有强制性，业务是否要办理再保险或分出多少完全可以自由决定；但其对于接受公司则有一定的强制性，一经接受，凡属预约再保险范围内的每笔业务均不能加以挑剔选择，即使分入公司有拒绝的权利，也需要在一定期限内通知分出保险公司。所以，预约再保险对于分出公司是有利的，而对于接受公司来说这种方法并不受欢迎。

第 3 章
保险科技

根据金融稳定理事会（Financial Stability Board）定义，金融科技是指技术带来的金融创新，它能带来新的业务模式、应用、流程或产品，从而对金融市场、金融机构和金融服务方式产生重大影响。金融科技在保险领域的应用即为保险科技。根据上述定义，保险科技既包括大数据、云计算、物联网、人工智能、区块链等普遍适用于金融服务诸多领域的基础技术，也包括和保险行业应用场景结合相对更加紧密的车联网、无人驾驶、基因诊疗、可穿戴设备等应用技术。

大数据技术是保险科技的核心和统领；云计算是大数据技术实施的硬件基础。保险科技诸多技术分支都是围绕数据来源的拓展、数据存储、使用规则的创新以及数据分析方法的丰富展开的。人工智能技术可以在需要大量人力进行处理且极易产生委托代理问题和信息不对称问题的领域发挥较大的作用，现阶段，语音处理、图像识别和智能机器人在与客户的智能交互、欺诈检测、索赔处理等环节已经开始应用，下一步在厘定保险费率，个性化评估风险，提高精算和实际风险水平的契合度方面还有更大的应用空间。物联网是以互联网为基础，通过传感设备搭建的一个物品识别和管理的自动化系统，现阶段，物联网技术在保险行业的应用主要体现在车联网技术和可穿戴设备领域。车联网应用在车险的费率厘定，能够更精准地进行保险定价和风险管控，同时更加细分了车险市场；在人身险的应用中，可穿戴设备应用到医疗设备上，通过收集被保险人身体状况的数据，对被保险人的健康进行管理，降低发病率和死亡率，实现主动风险管理的目的。财产险方面，保险公司可以通过智能家居和移动设备的组合运用，对家庭财产进行事前风险防范，事中监督，打通保险的全流程服务。区块链技术的主要特点是通过改变数据的存储和使用方式提升数据的使用价值。但是，在目前的技术条件下，区块链对于交易响应的速度距离金融行业高频的交易需求还有很大的差距；基于区块链产生的全新的业务模式和社会已经存在的基本规则如法律、监管等内容还未建立必要的相互关联，所以，基于区块链的应用目前还仅限于低频、低价的业务。目前，通过和物联网、生物识别等技术的结合应用，区块链技术在确认风险事件发生的时间、空间以及保险标的的唯一性方面的探索已经开始，下一步，基于区块链建立的投保人可信信息系统将对保险行业风险定价发挥更为重要的作用。

金融科技带来了金融服务范围和业务模式的改变，同时也造成了金融活动、组织、业态的持续多变，其内在的风险分布也处于不稳定状态。对于金融科技的监管也需要跳出围绕机构对象开展监管的传统思路，实现向功能监管和业务监管的转变。基于以上背景，强调采用技术手段履行监管功能，在监管活动中充分运用数据技术，对金融服务的交易过程、交易影响进行全流程控制的监管科技为各国政府所重视，监管科技成为各国金融科技生态中不可或缺的重要组成部分。

保险+人工智能

人工智能技术概述

从 Alpha Go（阿尔法围棋）打败世界围棋冠军李世石，阿里巴巴和京东等电商平台使用人工智能客服进行售后服务，到可穿戴设备、智能制造、智慧教育、智慧医疗及智慧家居等创新概念，人工智能的迅速发展，已经给我们的工作、生活、娱乐、教育带来了深远的影响。

1. 人工智能的定义及其核心技术

人类的智能是指人的记忆、思考判断的能力，目前提到的人工智能指的是研究、开发用于模拟、延伸和扩展人的智能的理论、方法、技术及应用系统的一门技术科学。人工智能研究的一个主要目标是使机器能够胜任一些通常需要人类智能才能完成的复杂工作。

人工智能涉及四大核心技术：计算机视觉、机器学习、自然语言处理、人机交互；其背后的核心是大数据和云计算能力。数据是人工智能的起点，数据代表着信息，随着算法迭代不断进步，足够快的运算速度加上大量数据积累，让机器学习有了可输入的样本并使其可以更好地挖掘出大数据中所隐藏的价值。

2. 人工智能的发展阶段

机器学习在人工智能的智能化阶段发展中起到了至关重要的作用，深入的机器学习决定了计算机的智能水平是否具有感知和认知能力；硬件方面的计算能力和存储能力决定了人工智能的深度，数据是机器学习的资源，决定了人工智能发展的广度。

随着人工智能技术的逐步发展，按照人工智能实力的强弱程度，将其分为三个阶段：第一阶段，弱人工智能，即擅长单个方面的人工智能，在特定领域等同或者超过人类智能或者效率的机器智能，如垃圾邮件过滤器，因为它加载了许多识别垃圾邮件的智能，并且能够通过学习和使用获得经验来判断拦截哪些邮件；在上网时出现的各种产品推荐，就是通过分析消费者的购物信息和收集了数百万用户行为产生信息来推荐产品的弱人工智能。这一阶段的人工智能技术的发展，也更加刺激了不同产业的应用发展，甚至改变了一些产业的结构，例如：应用了机器视觉的人脸、指纹、虹膜识别在身份验证上的重要运用；语音识别、图像识别、自然语言理解等前沿技术在客服以及功能、助理类的场景的应用；综合地图、图像识别、语音识别、深度学习等诸多技术的无人驾驶汽车等。

第二阶段是强人工智能，即人类级别的人工智能，在各方面都能和人类比肩的人工智能，人类能干的脑力活人工智能都能够代替人做。在这个阶段的人工智能，能够像人类一样进行思考、计划、解决问题、抽象思维、理解复杂理念、快速学习和从经验中学习等操作。弱人工智能向强人工智能发展的过程要满足的硬件水平，即计算机的处理速度至少要达到人脑的运算能力。此外，在如何前进到通过深度学习让计算机更加智能，如何利用其超强的运算能力达到人类的智能水平，让计算机模仿人脑语境思考这一步上仍然是十分困难的。目前计算机深度学习技术虽然取得了突破，但是仍然在摸索和实验研究阶段。计算机科学家 Donald Knuth（唐纳德·克努特）说："人工智能已经在几乎所有需要思考的领域超过了人类，但是在那些人类和其他动物不需要思考就能完成的事情上，还差得很远。"像下棋这一技能，人工智能已经能够超越人类，但是人类和其他动物不需要进行思考就能够完成的事情，是经过了几亿年进化的结果，在这一方面人工智能是很难超越的。

第三阶段是超强人工智能，超强人工智能在所有领域内都会比最聪明的人类大脑强一些，或者是强万亿倍。我们对人类智能的理解会随着人工智能技术的提高而改变，这一阶段是总人工智能的爆发，不只局限于人工智能，人类需要面对永生和灭绝的问题了。

3. 人工智能产业链

人工智能产业链分为三块：基础设施领域，由基础技术、通用技术组成的技术领域和应用领域,如图3-1所示,在人工智能整个产业链中,基础设施领域是构建人工智能生态的基础,需要进行长期的战略投入;技术层决定人工智能的深度,需要进行中长期布局;而应用层是技术与产业的结合,会直戳行业的痛点,具有很强的变现能力。随着技术能力的提升,现在以及未来的一段时间内,机器将作为人类的辅助,人工智能将体现为服务智能,人工智能会拓展、整合多个垂直行业应用,应用场景非常丰富。

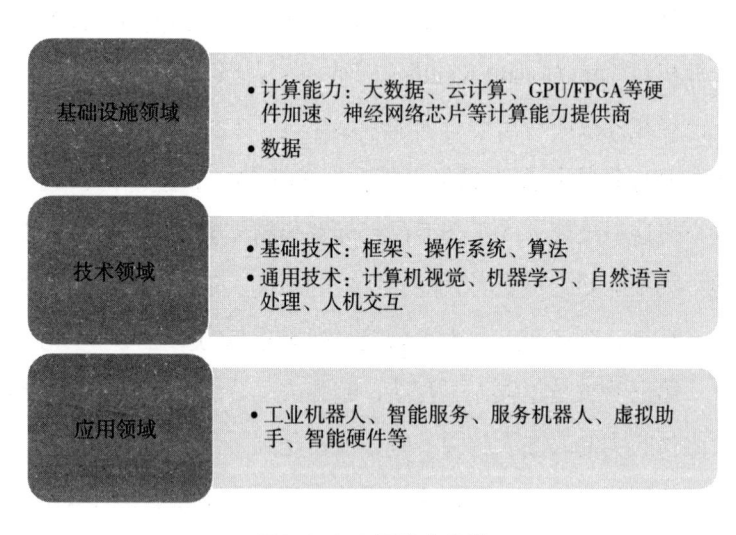

基础设施领域
- 计算能力:大数据、云计算、GPU/FPGA等硬件加速、神经网络芯片等计算能力提供商
- 数据

技术领域
- 基础技术:框架、操作系统、算法
- 通用技术:计算机视觉、机器学习、自然语言处理、人机交互

应用领域
- 工业机器人、智能服务、服务机器人、虚拟助手、智能硬件等

图3-1 人工智能产业链

4. 人工智能最有前景的领域

从行业增速和未来的市场空间来看,许多专家预测,人工智能领域发展速度最快、市场空间最大的是机器学习、图像识

别和智能机器人三个方向。机器学习主要指的是通过多层次的学习而得到对于原始数据的不同抽象层次的表示,进而提高分类和预测等任务的准确性。机器学习可以应用于包括自然语言处理、广告点击率预估等在内的多个产品,并大幅度提升这些产品的性能,谷歌和百度是国内外两家投入了大量的资源进行机器学习相关研究和开发的公司,也是在机器学习领域研究收获最多的公司。图像识别是指计算机从图像中识别出物体、场景和活动的能力。传统的图像识别技术只能简单识别或查找静态图像,对视频分析、动态识别等则是有待于开发的潜力市场,而人工智能技术的应用则有望在上述方面形成突破。根据国际机器人联盟按应用领域的划分,可以将智能机器人分为工业机器人和服务机器人两大类,可以广泛应用于生产组装、维护保养、修理、医疗、清洗、保安、救援、监护等领域。智能机器人能实现的功能越来越多,提供的服务越来越精细化,刺激着其规模的快速增长。

目前人工智能尚处于弱人工智能阶段,这一阶段人工智能的运用,已经能给保险行业各个环节带来许多积极的改变。

人工智能在保险行业的应用

保险服务全过程分为前端销售、中端核保核赔和后端定价三个环节。保险行业的发展涉及对整个保险生产环节的优化:前端销售环节要求产品创新和场景构建,中端核保核赔要求流程的优化和效率的提高，后端定价涉及定价因子的完善和重塑。在互联网背景下，面对保险行业效率提升的需求，人工智能在扩展保险销售的空间、整合保险市场巨大的潜力和创造定价盈利等方面均有重要的应用价值。

1. 智能化客服系统，优化保险服务

客服业务包括相对标准化的业务内容，智能客服的引入，可以用来解答常见的咨询问题，代替人工进行部分信息整理和咨询工作，大大降低人工成本；通过语音交互服务缩短服务接入的等待时间，优化客户体验；在投保环节，提供证件扫描服务，基于人脸识别等技术来为投保用户提供查询保单的服务；在理赔环节分析和理解数据，自动化加快人工处理最终理赔结果的速度；根据用户画像分析用户需求，精准匹配更适合用户的保险方案，为客户提供自主投保服务，通过机器人进行承保和报价，降低成本的同时，大大提高了效率。

在 2012 年，新华保险在其短信－电话互动服务平台方面就已引用了人工智能技术系统，用以解答常见咨询问题。合众人寿与阿里云人工智能"小 Ai"合作，为投保用户提供解答问题的服务，大大缩短了服务等待接入时间。泰康人寿打造的保险机器人"TKer"，可以提供证件扫描服务，便于保户直接投保，还可进行人脸识别以及语音交互，为保户提供查询保单的服务，而且未来"TKer"还将到线下提供服务。美国保险科技公司 Lemonade 通过引入智能机器人解决方案帮助客户进行自助投保，并能根据客户的需求自动给出保险方案。Insurify公司使用人工智能技术模拟保险代理人：客户提供所要投保车辆的照片，然后机器人会与客户进行简单的对话，如验证身份、询问车辆情况、咨询保险计划等，最后机器人会发送适合客户需求的保险方案报价；如果问题太复杂，机器人无法解决，便会联系人工客服与客户取得联系，然后转由人工客服为客户服务。国内的全民小保镖、灵智优诺以及车车车险推出了"阿保保险"，作为人工智能保险顾问为客户提供服务。

2. 智能化核保系统，降低赔偿风险

随着技术的发展，核保的发展趋势是向数字化、自动化、智能化转变。基于人工智能新技术，保险公司可以通过人机交互的方式与客户在线交流，了解客户信息、评估客户风险，并自动出具是否同意承保的决定。智能核保系统可有效改善客户体验，提升承保效率、降低运营成本。人工智能系统可以用来识别保户提供照片的真实性，通过技术来实现快速投保，以及防范保险骗保行为。但是人工智能在差异化和非规则化的场景下能力比较弱，人工智能在核保、核赔方面的应用还处于起步阶段。

农业保险的查勘定损一直是保险行业的一个难题，通过图像的拍摄以及分析，用无人机进行查勘定损，提高了工作效率。蚂蚁金服保险平台的图片识别技术是核赔流程的重要应用之一，其消费保险的理赔环节，有时会出现拿着网上下载的图片企图骗保的顾客，人工智能技术可以在一个庞大的图片库中，对比投保人提供的图片，确认真伪，在短时间内完成评估。

3. 智能化定价模型，优化产品定价

保险产品的定价过程中，很重要的一个因素是保险费率的厘定。对此，大都是根据大数法则的原理，运用统计方法和概率论，对未来的损失和费用进行预测，然后将这些费用在不同的被保险人之间进行分配，分摊风险。传统的大数法则由于数据面比较窄，存在较大的缺陷和不足，但是大数据和人工智能技术的应用能够大大提升对损失和费用预测的准确度。目前的UBI车险（Usage Based Insurance，基于驾驶行为的保险）即一个大数据和人工智能应用的实例，其基于驾驶行为提供精准的风控方案和定价模型，为客户制定个性化保单的有效佐证。UBI车险会记录保户的驾驶习惯，基于用户行为数据及人工智能分析进行下一年的保费定价。例如，意大利规模最大的保险公司Unipol将车联网设备送给车主，车主安装后可以获得保费八五折的折扣。例如，美国前进保险公司（Progressive Insurance）的车险产品，会在保户的车里安装一个可以检测车速和加速的传感器，通过这些数据的收集，来判断保户驾车的风险，以此来确定给保户的车险报价。在人身险方面，可穿戴设备以及智能检测设备的发展，可以随时监控身体变化情况，监控生命特征，一方面可以有效预防疾病，另一方面产品定价的时候参考这些数据，给予不同生命特征的人不同水平的定价。

4. 智能化资产管理，精确捕捉投资机会

资产管理离不开大量数据处理。而人工智能运用到资管行业主要有两个方向，即智能投研和智能投顾。智能投研平台通过强大的数据处理能力，内嵌到整个投研体系过程中，便捷高效地输出到专业投资者，帮助其形成最后的决策。在智能投顾方面，人工智能运用于资产管理行业，第一是在变幻莫测的资本市场，对数据进行深度信号挖掘，用于做短周期的策略开发，同时长周期内用量化模型进行投资选择；第二是通过机器学习，进行资产的策略配置，把不同的风险水平、收益水平与特定的市场情况进行组合，并且预测各种情况下的投资表现，根据不同的市场情况进行动态调整，更准确地把握投资机会，提升投资收益水平。

保险 + 人工智能发展趋势

虽然人工智能本身的研究还处于早期阶段，与保险业的结合也还有十分大的想象空间，但不可否认的是，人工智能给保险业带来的改变正在发生。随着人工智能技术的不断完善，预计将在保险行业诸多领域开展应用。

1. 个人保险智能管家替代保险销售人员

由于目前人工智能技术能解决的交互在售后服务上较容易体现，因此目前人工智能技术多用于保险售后的客服、核保和核赔几个售后领域，但是在销售环节，销售场景比较复杂，要实现对客户需求的挖掘、潜在需求的发现，还是依赖线下人与人充分沟通。但是随着语音识别和人工智能技术的发展，通过机器学习，将客户信息做必要的输入，人工智能就可以代替代理人提出保险方案，满足客户的需求。

2. 推动行业以更加开放的心态进行交流，打通"数据孤岛"

人工智能在保险行业更加深度的应用，要求完整的、更闭环、更持续的数据，但是目前整个保险行业的数据割裂情况很严重，几乎没有公司有特别完整的数据可以产生，有些公司有一些保户身份资料、手机号码等信息，但是数据价值低。行业要寻求更有深度的发展，需要以更加开放的态度进行合作，打通"数据孤岛"，共同推动行业的进步。

保险+区块链

区块链技术概述

2008年，一个神秘人物，直至今日只闻其名未见其人的"中本聪"通过一篇未在任何学术期刊上公开发表的神秘论文，把比特币带到这个世界。诞生于虚拟世界的比特币代表了人类对于数学算法的一种共识，基于这种共识机制即使没有任何政府信用背书，比特币仍然获得了世人的认可。不论是从最初几十个比特币换取一份比萨，还是到 2017 年比特币的单价超越一万美元，比特币都在向世人展示其作为价值尺度的一面。尽管比特币价格的暴涨暴跌使其减弱了在更大范围内作为货币的可能，但比特币向世人展示了一种不需要中介便可以实现价值传递的可能性，这种可能性就是区块链。

正如梅兰妮·斯万在《区块链：新经济蓝图及导读》中指出的那样，比特币和区块链包括三个层次的内容：区块链底层技术、协议和加密数字货币。区块链技术是点对点通信技术和加密技术的结合，基于此生成的区块链本质上是一个去中心化的分布式账本数据库；在这个数据库的基础上可以开发出数目繁多的应用，这些应用通过协议层面建立共识机制实现各种功能；最后在应用层面，客户可以实现无须中间权威仲裁的点对点的交互。有人用"组织形式上的去中心化和逻辑上实现完美一致性的技术"来形容区块链技术，也有人用"下一代全球信用认证和价值互联网的基础协议之一"来阐述区块链的特点。

区块链技术应用特点

区块链作为一种新的技术框架，基于独特的数据处理和数据存储方式，可以衍生出全新的商业模式。众所周知，复式记账法、公司制和产权制度作为现代商品经济制度的主要基础技术，为商品经济的正常运转以及发展壮大发挥了基础性的作用，类似于复式记账法，区块链通过更多维度的数据记录实现了数据价值的提升；而基于区块链建立的 DAO（Distributed Autonomous Organization，分布式自治组织）以是否拥有代币作为股东权益凭证，从技术上实现了股权的设立、流通和参与管理的全新途径，是对公司制的优化和提升；而区块链中的私钥则将仅存在于法律意义上的权益和实施手段结合成一体，为其赋予"刚性"的特点。总体而言，区块链技术的应用主要包括如下内容。

1. 创新金融产品

由于金融产品基础结构的主要内容就是关于参与各方权利义务的约定，货币、债券、股权等各类金融产品都可以通过协议层建立共识机制形成与传统金融产品类别相对应的创新金融产品。由于区块链形成了可以独立存在的共识机制，因此区块链技术具有自动执行协议的功能，人们将此类协议归类为智能合约。智能合约实施的基础是基于去中心化系统建立的共识机制而非中心化的验证，使得智能合约的执行成本降到最低、执行效率大大提升。基于智能合约运行的创新金融产品具有高透明度、高安全性、高效率的显著特征。基于上述优势，区块链技术对金融行业的改变将是颠覆性的，现有金融体系中的一些角色将不再需要，金融中介的职能也将发生深刻变化。

2. 变革金融基础设施

区块链本身就是一个数据库，基于点对点的通信技术和加密技术使得数据库的组织形式更具开放性和可追溯性。在区块链技术的基础上，每个数据节点都可以参与验证账本内容的真实性和完整性，相当于通过提高系统的可追责性降低系统的信任风险。这一特性使得区块链在征信、审计、资产确权等方面具有显著的优势，从而间接提高金融体系的运行效率。

3. 构建智能物联网

由于区块链形成了独立运行的共识机制，区块链技术可以应用于物联网的数据处理和系统维护领域。比如，已经有机构提出要使用区块链技术管理上百亿个物联网设备的身份、支付和维护任务。利用区块链技术，物联网设备生产商能够极大地延长产品的生命周期和降低物联网维护的成本。区块链去中心化的共识机制使得计算服务的应用范围大大延伸。尽管电子支付技术的发展大大降低了支付的成本，但现有支付业务模式下极小金额的支付，如低于0.01元的支付成本仍然非常高。有些公司正在开发一种基于区块链的微支付技术，为每个人的计算机利用闲置计算能力从事挖矿、存储等工作提供计量工具。这种计量服务正是多种共享经济的前提，将大大拓宽共享经济的深度和广度。

保险+区块链发展趋势

综上所述，区块链技术的主要优势在于基于分布式网络形成的共识机制，分布式网络使得基于区块链的应用具有明显的开放性和可拓展性，这样使一些商业模式的门槛可以降得很低，甚至产生全新的商业模式；共识机制的独立存在使得合约的执行成本降到最低，执行效率大大提升，计算服务的范围也大大提升。基于以上特点，区块链在保险行业的产品开发、风险防范、流程优化以及相互保险等领域具有较广的应用价值。

1. 创新产品和服务

区块链可以通过提供个性化定制保险、为新兴市场提供低成本产品以及提高客户参与度推动保险公司产品创新，进而助力保险公司实现业务增长。

（1）提供个性化定制保险

现代保险业的发展已经产生了针对不同风险的多个具体险种，但对于风险发生的环境实际上并没有较为精确的把握，所以保险公司设计产品往往只能运用大数原理，按照综合场景下风险事件发生的概率进行产品设计。区块链和物联网、生物识别等技术的运用可以为保险产品的设计提供较为精确的场景识别，为保险公司基于特定风险场景开发创新产品提供支持，也使更具个性的定制化保险成为现实。保险公司可以约定基于不同场景承担不同的保险责任，风险一旦发生，如果满足保险合约中的相关约定，则可以自动理赔。保险公司也可以针对特定的风险场景为用户提供临时投保的产品，为被保险人提供更多主动风险管理的机会。如被保险人在自驾游期间突然遇到恶劣天气，可以通过临时提高保障程度应对风险，当天气好转之后即可降低保险条件。再如，当被保险人将汽车租赁给他人期间，或者在被保险人接受他人"拼车"期间，也可临时安排相关保险条款，覆盖相应风险。在人身险中，也可利用区块链技术允许被保险人根据自身的风险状况，调整保险方案。如被保险人从事风险较大的体育运动时，可临时扩大保险合同保障范围。

（2）为新兴市场提供低成本产品

在新兴市场中，如果承保和理赔能够基于预定规则和可靠的数据源自动执行，区块链智能合约的功能能够用于小微保险业务中，降低处理成本。比如，当可信赖的气候数据库报告了干旱天气时，对购买保险的农场主的支付就会触发。由此可以看出，区块链应用于保险领域可以助力保险产品开拓新兴小微保险市场。

（3）提高客户参与度

客户数据是保险公司风险管理的重要依据，也是保险公司数字化转型的基础资源，但出于对个人数据安全的担心，客户不愿将数据完全提交给保险公司并失去对数据的控制，而且他们对于每次进入流程都要重复输入数据感到很厌倦，事实上"黑色数据产业链"的发展已经成为上述风险的真实写照。上述问题可以通过建立区块链身份验证系统加以解决。基于区块链技术，个人数据并不需要储存在保险公司，而是仍然在用户的个人设备中，只有在验证过程中，比如，医生或其他相关交易方，才会调用数据。区块链还能够通过提供较高的透明度和理赔处理的公平性提高客户参与水平。比如，创业企业Insure ETH利用智能合约在区块链上开发了一款P2P（点对点）航空保险产品。当可靠信息表明航班取消或延误时，这些智能合约将为购买保险的机票完成支付。

2. 保险反欺诈

区块链技术可以在被保险人身份识别中发挥作用，通过不可更改的身份证明信息降低保险欺诈风险。据报道，各国养老保险中普遍存在不同程度的冒领保险或者骗保的问题。基于区块链的身份识别系统可以使每个人拥有独一无二的密码信息，如果在保险金领取中设定密码信息的输入和验证环节，基本可以避免他人冒领保险金的事件。同时基于区块链智能合约的应用，可以通过建立包括医院、社区、民政部门等机构的个人健康信息管理系统，对被保险人的健康状态和生命状态进行跟踪，并对是否发放保险金或进行理赔提供决策支持。

保险公司还可基于区块链技术建立针对被保险对象是牲畜或物体的身份识别系统。发展养殖业是解决我国"三农"问题，促进农村经济增长的重要方式，但长期以来我国养殖业的养殖规模无法达到规模经济的要求，导致养殖行业技术含量低、附加值低。养殖业无法达到规模效应的主要原因即在于作为其主要资产的存栏牲畜面临较大的疫情风险,无法作为抵质押物帮助养殖企业获得信贷支持,俗话说"家有万贯,带毛不算",即对这一风险的形象说明。针对养殖业面临的疫情风险,保险公司推出养殖保险帮助养殖户管理相关风险,但保险公司同样面临风险控制的问题。在按照牲畜死亡数量理赔的情况下,防止养殖户凭借一头牲畜尸体重复理赔成了保险公司反欺诈面临的主要问题,在养殖险的理赔中曾出现过"割尾巴"理赔的做法。随着技术条件的不断发展,保险公司又提出了运用"耳标"等方法进行"标的唯一性"的管理,但"耳标"也同时存在佩戴率不高、无法实行"耳标"和对象"刚性"绑定等问题,整体效率较低。

中国人保财险利用区块链技术,探索养殖保险"标的唯一性"管理新模式,通过构建基于区块链的养殖业溯源体系,实现风险管理"标的唯一性"。人保财险的区块链养殖溯源系统以生物识别、DNA(脱氧核糖核酸)及耳标等技术作为牲畜数据收集和身份确认的基础数据来源,以区块链作为数据存储和使用的核心机制,通过建立覆盖采购、饲养、防疫、产崽、屠宰以及物流等环节的数据系统,对牲畜的完整生命周期以及相关产品的生产、流通环节进行数据记录,以养殖体系的数字化改造实现保险行业风险管理效率的提升。区块链在整个体系中凭借其独特的数据存储和记录方式,实现系统信息的"唯一性"和"可追溯性",通过系统信息可信度的提升实现系统整体功能。

区块链在保险反欺诈中的应用还有关于风险事件时间和地点的确认。保险合同的射幸合同属性使得保险的承保和理赔存在较为突出的时间管理风险。以承保为例，时间因素和地点因素是评估风险和确定费率的重要依据。从被保险人的角度来看，不论是财产险还是健康险，都可能出现"先出险，后投保"的问题，投保人故意隐瞒出险事实，向保险公司骗保以获得保险赔偿。从保险公司的角度来看，出于业绩考核或者利益输送等原因，也可能存在"保单倒签"的问题，即在出险之后通过保单时间造假扩大保险公司保险责任，使保险公司蒙受损失。从理赔的角度来看，时间和地点也是确定保险责任和损失的关键因素。区块链可以跨行业、分布式记录数据，并且证实数据（包括物品所有权、保单日期和时间、事件发生地点等内容）的真实性。

从上述内容还可以看出，区块链技术的应用以和其他数据生成、收集技术的结合为前提。区块链最大的优势在于提升数据的使用价值，在大多数情况下，往往需要来自多维主体的数据输入并基于区块链共识机制的建立才能实现数据价值的提升。但如果没有数据采集技术的配合使用，区块链技术也无法实现上述目标。

3. 提升运营效率

早在1994年，尼克·萨博就提出智能合约的概念："一个智能合约是一套以数字形式定义的承诺，且包括合约参与方可执行这些承诺的协议"。本质上来说，智能合约类似计算机程序中的条件语句，智能合约根据预先设定好的条件执行不同的合同条款。尽管智能合约的概念很早就出现了，但迄今为止尚未出现实质性的应用，一个重要的原因在于，智能合约的执行需要基于不同来源信息的输入，且输出结果受信息的真实性影响较大。区块链技术出现之前，这个问题成为制约智能合约应用的主要障碍，但区块链的出现为智能合约的应用创造了条件。智能合约相对于传统合约改变了反映合约内容的形式，智能合约由代码进行定义，实现了"代码即法律"；相对于传统合约只是对协议双方的权利和义务进行约定，智能合约还具有强制执行功能。智能合约的强制执行功能使得合约一旦开始实施，合约执行的进程将脱离任何一方的控制，对于整体效率的提升可以发挥重要作用。基于数字货币的应用，比特币的基础架构无法增加太多的程序内容实现智能合约的功能，但以太坊的出现为智能合约发挥作用创造了条件，并提供了巨大的想象空间。

智能合约能够完成理赔处理的自动执行，对于客户来说这是一种可靠且透明的支付机制，而且智能合约能够用来强化具体合约规则。比如，在汽车事故中，如果汽车在规定的修理厂按照保险公司预先设定的流程进行维修，智能合约可以确保理赔支付马上执行。虽然这样的程序没有区块链技术也可以实施，但是基于区块链技术的智能合约平台能够为客户提供较高的透明度和可信性，而且还能够带来广泛的网络效应。

4. 助力相互保险发展

互助是人类社会实现风险管理的重要形式，基于互助的原则产生了相互保险。基于相同的风险管理需求和组织成员之间的信任，特定人群通过订立风险事件发生情况下的补偿规则实现互助组织成员之间的风险分散，组织成员之间的相互信任是互助承诺得以兑现的重要前提，同样，基于组织成员之间的信任，相互保险对于风险识别的成本也相应较低，进而使得互助成员可以通过较低的费用实现风险管理。基于以上分析，相互保险的规模实际上由维持组织成员之间相互信任的成本和基于组织成员之间的相互信任为个人带来的缴费节约共同决定。现代保险面临着各种越来越复杂的内外部风险，相互保险维持组织成员之间信任的成本越来越高，使得相互保险越来越向商业保险转化。与相互保险不同的商业保险通过前置收取保费和保险公司的"刚性兑付"实现风险管理，且同样面临管理成本高、效率低的问题。区块链和相互保险的结合，可以利用区块链重构信任的基本特点，破解相互保险的信任难题，通过区块链和大数据技术的结合，细化不同群体的风险特征和风险分散诉求，提升成员之间的知情权和选择权，从而创造一个更加公平、透明、安全和高效的互助机制。众托帮是中国首家基于区块链专利技术建立的大病互助平台。通过区块链技术，平台对会员加入时间、年龄、病例等相关数据进行备份与验证，基于公有链设置平台总账，从而杜绝由于资金、信息不透明导致的用户信任危机和道德风险问题。

尽管区块链在保险行业中具有广阔的应用前景，但该领域进展仍然缓慢。这主要是因为区块链是一种分布式系统，其价值要想获得实现，在业务上就必须依赖和竞争对手、供应商以及其他主体之间的合作。这种业务模式是对现有模式的一种颠覆。所以，要想实现这种变革，需要突破诸多瓶颈，其中有技术瓶颈，也有市场、法律监管瓶颈，还有对业务模式创新速度的基本判断。

保险+物联网

物联网技术概述

物联网就是物物相连的互联网，是新一代信息技术的重要组成部分，也是"信息化"时代的重要发展阶段。物联网的概念最早可追溯到20世纪90年代，概念提出的初衷是让人与物和物与物之间也能像人与人那样相互沟通，传递信息。通俗地讲，物联网就是把所有物品通过信息传感设备与互联网连接起来，进行信息交换，即物物相息，以实现智能化识别和管理。利用物联网技术在感知、识别方面将传统分离的物理世界与信息世界联系起来,利用网关技术实现异构网络之间的互联互通，为各类"物体"赋予"通信功能"，使其成为网络终端。最终，物联网将大规模的信息终端有效地联系起来，通过海量存储和搜索引擎，为各种上层应用提供可能性与智能化。物联网概念的问世，是对信息概念的一次重大突破。

物联网适用于保险的特点

物联网这种将物理事物与网络整合在一起的特性，真正做到了随时随地的信息交互，这是单纯的互联网所缺少的，也是传统保险行业在精准定价和保险精算方面颠覆传统的技术依托。

1. 精准定价

精算最大的困难是无法获得准确全面的风险数据，特别是某一细分人群的风险数据，因而无法做到精准定价。比如，假定超速行驶出险不赔，在物联网未出现前，无法确切判定车辆出险时是否超速，但有了行车记录仪这就不再是问题。不仅车险将因为大数据、物联网技术而改变，借助新技术，家财险也将发生根本性变革。比如，保险公司可以给客户家里安装监测煤气泄漏的传感器，这样可以早发现早预防，也可大大降低火灾发生的概率，家财险保费也可随之下调。类似应用随着智慧城市、智慧家居的到来，财产险形态也将发生明显变革。

2. 改变保险精算的传统

大数据、物联网对保险的影响不只是精准定价,它还将改变保险精算的传统。大数据、物联网的应用,可以使保险公司实现动态核保,实时定价,而传统保险精算主要依靠过往数据。比如,寿险精算要看生命周期表,保险公司核保通常提供一张表格让客户填写,客户提供的年龄、性别、简单病史等均是过往信息,通常相同性别及年龄保费是一样的。而大数据、物联网引入后情形将变得很不同。比如,保险公司可以获取客户投保前连续 10 天的血压、心跳、作息等信息,并借助上述数据推测客户是否属于同年、同性客户中的最优群体,进而为其提供最精准的保费价格。

物联网在保险行业的应用

1. 车联网

车联网是物联网的一个分支,是通过先进的智能传感技术,实现车与车、车与人、车与路的互通与协同,通过对数据进行采集、分析和决策,实现智能化交通管理、智能动态信息服务和车辆智能化控制,通过对人、车、路、环境信息的采集与分析,可以降低骗保率,提高承保收益,并创造新的收益。基于对车辆及驾乘人员信息的分析和处理,保险公司对风险事故可以由被动应对转变为主动管理,降低事故发生率和理赔成本;通过实时信息交互和综合服务,可以提升服务水平,提高客户续保率。

2015年2月3日，保监会正式发布《关于深化商业车险条款费率管理制度改革的意见》，提出5月要在六省市正式启动车险费率市场化试点，这标志着车险费率化改革正式开始。深化商业车险条款费率管理制度改革（简称商车费改）后，车险定价发生了很大转变，从"车"定价逐渐转向"人"定价，保费计算关键因素也从车辆购置价和上一年度理赔次数转变为车型定价与风险保费的综合考虑。

UBI车险是基于用户行为定价的保险。UBI车险的前身是PAYD（Pay As You Drive）模式，即按里程付费的保险模式。PAYD模式是车主行驶里程的数据，通过车载GPS（Global Positioning System，全球定位系统）设备传输给保险公司，为里程小的保险客户提供折扣。其理论基础是把行驶里程作为车险差异化定价的突破口。而UBI车险的理论基础是驾驶行为表现较安全的人员应该获得保费优惠，保费取决于实际驾驶时间、地点、具体驾驶方式或这些指标的综合考量，并不局限于驾驶里程，因此在差异化定价上可以走得更远。比如，在汽车中安装数据监视器可以更好地计算保险费、提高安全性和处理鲁莽驾驶的情况。传感器可以记录驾驶模式，如驾驶速度、加速情况和刹车使用情况；利用行车记录仪确切判定车辆出险时是否有超速行为，便捷解决了保险公司规定的超速行驶出险不赔条件下的理赔状态判定。据2016年普华永道思略特针对2020年车险市场进行展望的数据显示，

UBI 车险将成为我国车险的重要发展方向，预计到 2020 年，我国 UBI 车险将有望达到 1400 亿元的市场规模。[①]

目前 UBI 车险有两种后装收集数据的模式。一种是 OBD（On-Board Diagnostic，车载诊断系统）模式的车联网系统，在汽车上安装对应的 OBD 设备，为车主提供汽车车况监测和故障诊断服务，保险公司通过 OBD 获取包括行驶时间、行驶里程、加速行为等数据，从而对车主的驾驶行为进行全面的评估；另一种是手机模式的车联网，车主通过登录官网免费下载手机 App，驾驶人的时间、地点、驾驶方式等具体数据通过蓝牙和手机程序传递给保险公司，保险公司据此计算和调整车辆保险费用。根据当前保险公司推出的基于 OBD 的 UBI 车险，受制于车厂协议的不公开，可获取的数据有限，数据的质量也无法保证，且如何让普通车主接受 OBD 仍是个大问题，诸多实践也证明这种 UBI 车险数据收集模式的效果并不理想，而手机模式的车联网仍处于早期阶段。

目前，全球车联网保险市场正处于高速发展时期，UBI 车险用户主要集中在欧洲和美国。2015 年底 UBI 车险用户大约在 1200 万人左右，在 UBI 车险最热的意大利，渗透率达 14%，其他国家均低于 5%，预计 2018 年购买车联网保险的客户数量将达到 8550 万。[②]

---

① 涂好运.国外 UBI 车险怎么玩？[EB/OL].中国汽车报.http://www.cnautonews.com/jxs/hsc/201607/t20160712_478678.htm.

② 同上。

案例：Progressive Insurance 公司

美国 Progressive Insurance 公司是 UBI 车险市场的先行者，是美国最大的汽车保险公司之一，在车险领域注重创新，从 20 世纪 90 年代中期就致力于完善 PAYD 模式和 UBI 车险产品。2009 年，Progressive Insurance 公司推出了 My Rate 项目，布局和推广 UBI 车险业务，在 2010 年更新了 My Rate 定价模型，并将产品更名为 Snapshot。2012 年，Progressive Insurance 的 UBI 保险保费收入规模达 10 亿美元，占 Progressive Insurance 当年个人车险业务收入的 6.8%；2013 年，UBI 车险的保费收入已超过 20 亿美元，占当年个人车险业务的 13%，用户数已超过 200 万。为使用 Snapshot 服务，车主需要将 Progressive Insurance 提供的 OBD 设备安装在车辆上，让保险公司获取 30 天的驾驶数据，以计算出一个 Snapshot 得分，确定车主能否获取保费优惠。如果可以，车主需继续提供 45 天的驾驶数据，以计算出之后的保费水平。具体流程在美国不同的州有所不同，但车主至少需提供连续 75 天的驾驶数据。通过 Snapshot，车主最多可节省 30% 的保费支出。引入 UBI 业务后，Progressive Insurance 的 UBI 项目保费收入及渗透率逐渐提高，而个人业务承保费用率逐步降低，其盈利能力不断增强。

国内车联网保险起步于 2014 年。2016 年 9 月 13 日，长安汽车与中国人寿财产保险、评驾科技三方达成战略合作，打造汽车生态圈，涉足 UBI 保险服务。2016 年 9 月 23 日，中国太平洋保险集团旗下子公司太平洋产险和美国 UBI 车险服务商 Metromile 联合宣布，太平洋产险完成对 Metromile 5000 万美元的投资，并成为 Metromile 战略投资者和战略合作伙伴，宣告太保加速布局 UBI 商业版图。2016 年 10 月 20 日举行的 2016 平安"车主节"上，平安产险方面表示，基于"平安好车主 App"，平安产险未来将建立新定价模型下的 UBI 车险，根据各自风险水平为每位车主制定个性化车险产品和费率，真正实现"一人一车一价"。而这宣告着中国位列前三的综合性财产保险公司都相继加快、加大布局 UBI 车险市场。据相关机构调研预测，未来 3 年，我国车联网产业规模将超过 2000 亿元。随着物联网的深入，有机构预测中国汽车车联网数量将从 2015 年的 1000 万辆上升到 2020 年的 5100 万辆。

2. 可穿戴设备

近年来，物联网连接设备不断推陈出新，其中高级传感技术的应用扮演着至关重要的角色。随着可穿戴设备不断地被人类社会所接受和使用，大量相关的活动数据被收集整理。保险行业基于大量数据的使用，可以对客户行为进行更为精准的分析，从而促进整个行业的发展。

随着传感技术在穿戴医疗设备上的应用，健康保险的发展进入了新阶段。对保险公司来说，通过物联网驱动健康管理，可以准确确定被保险人的健康管理目标，并根据目标制定个性化的健康管理方案。基于定位系统，包括无线室内环境定位、蓝牙、Wi-Fi、ZIGBEE 传感网、红外线定位和超声波定位等技术的应用，保险公司可以为老人、小孩和不健全人士的碰撞、摔倒、走失和各种意外提供解决方案。保险机构还可基于物联网建立核心数据库，实现对投保人健康状况的实时监测，通过数据分析对保费定价以及赔付问题给予支持。此外，穿戴医疗设备能够有效地优化健康保险产品，提升服务质量，推动健康保险由事后补偿向预防补偿发展，进而促进健康保险模式的转变。另外，智能穿戴医疗设备的普及能够为孤寡老人以及残障人士的生活提供极大的保障。具体来讲，智能医疗设备能够对穿戴者的生理和心理状况做出及时、准确的记录，并据此进行有效应对。

此外，智能穿戴医疗设备的兴起将引导新商业模式的出现：通过对健康数据的分析，健康保险公司能够从中开发出更大的客户群体；以财产保险为代表的其他保险公司也将通过对健康数据的深入挖掘开发出新的商机。

案例：蓝牙智能牙刷

2015 年，美国一家名为 Beam Technologies 的公司开启了 Beam Perks 计划，宣称不论公司大小，都可以加入该计划，为员工提供有效的口腔保护。同时，Beam Technologies 每季度会为加入的会员提供光波牙刷、牙膏、牙线以及用于更换的牙刷头。会员需要下载 Beam Technologies 的移动应用程序并订阅相关内容。而该程序也会通过牙刷记录并储存使用者的刷牙时间、姿势等数据，以便日后帮助使用者改进错误的刷牙习惯。

Beam Perks 计划的商业效益在于：Beam Technologies 同时推出了名为 Smart Premiums 的计划，通过对获取的用户数据进行分析，向使用者推出与之契合的口腔保险方案。具体来说，公司会根据使用者在移动应用程序上获得的得分来调整对应的保险金。得分越高者将缴纳的保险费用越低，反之亦然。[1]

案例：奥斯卡医疗与 Misfit

尽管大多数的保险公司都在发展以科技为导向的保险模式，而早在几年前，奥斯卡医疗就已经开始尝试转变健康保险模式，以实际福利作为诱导，推动健康保险由事后补偿向预防补偿发展。通过与智能穿戴医疗设备生产商 Misfit 的合作，奥斯卡医疗开启了健康管理的新计划，该方案客户会免费收到由 Misfit 生产的智能运动手环，而该手环可以自动连接到奥斯卡医疗的手机 App。用户每天都会收到需要达到的运动步数，如果能够达到该目标 20 次，用户将会收到由奥斯卡医疗和 Misfit 联合发放的亚马逊 20 美元礼品卡（全年上限为 240 美元）。

从商业经营角度来看，这种使用智能穿戴医疗设备实时感

---

[1] 下一片蓝海？物联网+保险科技时代来袭，未央网译者：张沛祺，LETS TALK PAYMENT http://www.weiyangx.com/223891.html。

应和检测被保险人的身体状况，并且通过奖励积极引导使用者自我管理和加强锻炼，提高其身体健康状况的模式，能够为保险公司在未来的理赔中节省大量资金。①

3. 智慧家居

随着物联网智慧家居行业的发展，保险公司开始将智慧家居服务纳入房屋保险中。通过互联网智能设备的配置，预防常见灾害，降低损失，而客户能够由此享受到优惠的房屋保险。这样的服务不仅能够加速智能设备的普及，升级保险业务结构，还能改变房屋管理方式。此外，保险公司通过智能家居设备的使用，还可以丰富保险公司的业务处理数据，和客户建立新关系。根据从智能设备中获取的数据，保险公司可以在造成重大损失之前，帮助客户优先考虑维修任务和解决问题，如泄漏的管道等。在未来，你的保险公司可能会在管道破裂前已经帮你打电话给管道工人。

美国各地的保险公司正在采取奖励机制，鼓励客户安装智能家居设备——从湿度传感器到可视门铃。例如，保险公司 State Farm 提供优惠的家庭安全监控系统 Canary；Liberty Mutual 则会免费赠送一个价值 99 美元的烟雾探测器 Nest Protect，同时免除火灾保险费用。②

---

① 下一片蓝海？物联网+保险科技时代来袭. 未央网译者：张沛祺, LETS TALK PAYMENT http://www.weiyangx.com/223891.html.

② 深科技. 为什么保险公司想帮你购买智能家居？http://dy.163.com/v2/article/detail/C3TM4LDH05119734.html, DeepTech

尽管未来智慧家居方案将明显为财险带来变革，但上述业务模式同时受到隐私、安全以及不同公司之间的智能设备不兼容等问题的阻碍。数据安全是一个严峻的挑战，数据需要得到有效的保护，避免泄露、丢失或者滥用。

保险+基因诊疗

基因诊疗技术概述

基因诊疗是基因诊断和基因治疗两个概念的合集：前者是指为了有针对性地预防和解决遗传疾病，通过基因的采集和实验室分析，结合目前人类对基因组的认识和分子遗传学数据，对普通遗传病或家族遗传病做出诊断；后者是指将外源正常基因通过基因转移技术导入靶细胞，通过纠正或补偿因基因缺陷和异常引起的疾病达到治疗目的。

早在1985年，美国科学家就率先提出了人类基因组计划，旨在解开人体内约2.5万个基因的密码并绘制出人类基因图谱。1990年此计划正式启动，在多国科学家的跨学科参与下，已于2005年完成了测序工作，并为包括基因诊疗在内的延伸领域提供了数据基础和跨国合作基础。随后各国也纷纷发起基因组计划，其中以2015年美国投入2.15亿美元启动的"精准医疗计划"最为著名。我国相关部门对待精准医疗和基因检测的态度，也从审慎控制逐渐过渡到积极鼓励。2014年2月，针对技术尚未成熟却被夸大宣传的国内市场，国家食药监总局与国家卫生计生委联合发文叫停部分基因检测服务，对良莠不齐、价格混乱的行业环境进行规范。时隔两年，科技部于2016年3月出台"精准医学研究"重点专项申报指南，对未来5年精准医疗示范体系的建设与推广做出了详细的落地指导和规划，再次刺激基因诊疗这一新兴行业在国内的发展。

表3-1 各国发起基因组计划的时间

时间	国家和计划
2011—2014年	荷兰基因组计划
2011—2014年	冰岛基因组计划
2014年2月	挪威癌症基因组计划
2013年12月	加拿大个人基因组计划
2013—2015年	日本千人基因组计划
2013年12月	沙特10万基因组计划
2006年	英国50万基因组计划
2012年12月	英国10万肿瘤和罕见病基因组计划
2016—2020年	英国sanger10万基因组计划
2014年3月	美国10万健康计划
2014年3月	美国Human Longevutly
2014年1月	美国精准医疗计划

资料来源：http://www.fashangji.com/news/show/9323/

在临床应用方面,基因诊疗借明星效应迅速引起全球关注。2013年5月,好莱坞著名女星安吉丽娜·朱莉通过基因检测,查出BRCA1(乳腺癌1号)基因缺陷,意味着她有87%和50%的概率罹患乳腺癌和卵巢癌,再加上拥有癌症家族史,朱莉当年实施了双侧乳腺切除手术,又于2015年接受了卵巢和输卵管手术,大大降低了患癌概率。在此之前,乔布斯在罹患胰腺癌后花费了约10万美元进行基因检测。短短几年,基因检测的应用项目已经扩展到肿瘤检查(肺癌、乳腺癌、结直肠癌、前列腺癌),遗传检测(无创产前筛查、新生儿),用药指导(复杂慢性病等方面),药品不良反应监测,健康营养,美容塑身,早教等多个维度。在我国,不仅服务机构已超过150家,随着检测价格由过去的"天价"下降到现在的几百元到几万元不等,公众的整体了解和接受程度也越来越高,接受检测的人口数量逐年增长。[1]

根据艾瑞的《2016年全球二代基因测序行业投研报告》,全球基因检测市场规模呈逐年增长的趋势。2007年全球基因检测市场规模为7.9亿美元,到2014年市场规模为54.5亿美元,预计2018年全球基因检测市场规模将超过110亿美元,年复合增长率为21.1%[2]。在我国,近年二胎政策放宽,基于普通唐筛检查的准确率低,高危孕妇增多等原因,未来无创产前基因

---

[1] 2015年底数据,http://www.yiqi.com/news/detail_2260.html。

[2] 艾瑞.2016年全球二代基因测序行业投研报告[EB/OL]. http://mt.sohu.com/20160510/n448577283.shtml.

检测的需求还将增加，市场将继续快速增长。基因诊疗市场前景广阔，技术潜力巨大，不少大型科研公司已在此完成战略布局，一些创业公司也直接瞄准个人消费者切入市场，不断获得融资。从医疗基因到消费基因，目前已经形成了一个"软硬件＋服务"的完整产业链。

基因诊疗在保险行业的应用

2015年6月，众安保险联合华大基因推出国内首款互联网基因检测保险计划"知因保"。客户可以在淘宝保险频道购买该产品，收到取样盒后用刮取口腔黏膜的方式采样寄回，之后在众安保险或华大基因的官网上查阅包含检测结果、饮食建议、生活习惯建议在内的报告书。从购买计划到收到报告整个周期在1个月左右。"知因保"通过基因检测得知患乳腺癌概率，并根据检测结果提供相应的乳腺癌专项体检服务和保障计划。

众安保险的产品开发一向强调"从保险到保险服务"，当年和华大基因的结盟，相比于此前"买保险附赠基因检测"的松散合作方式，更能体现互联网化的产品思路。产品的营销不仅与当年热点"安吉丽娜·朱莉通过基因检测预知风险，手术后患乳腺癌的概率从87%下降到5%"。在国内"保险＋基因"的早期市场中开辟出一条道路。

不仅是众安保险，平安寿险、中国人寿集团、中国人保集团、太平人寿、富德生命人寿、新华保险等一大批保险机构也纷纷与三甲医院、民间医疗公司等基因检测机构展开多项合作。

从个人的角度来看，进行基因检测，可以准确掌握自己存在高风险的疾病种类，进行个性化体检和预防治疗，选择合适的保险产品（甚至选择不购买保险），从而避免盲目的健康消费。从保险公司的角度来看，把基因检测作为健康管理的切入点，可以累积海量客户的健康数据，再依据风险高低进行更精准的定价，提供针对性的后续健康管理服务，将极大地提升盈利空间和自身竞争力。

除了针对个人消费者的基因检测，保险公司和基因诊疗的结合还在向机构间的科研合作延伸。早在2015年5月，富德生命人寿出资的全国首个"三养"基地项目——巴伐利亚庄园与华大基因就高端健康管理合作进行了战略签约，在基地"健康旅游+乐活养老"的基础上又增加了"金融保险"属性，并联手共同打造三大全球领先中心：肿瘤早期预测中心、心脑血管检测中心和女性抗衰老中心。

案例：用基因检测帮助精准减肥的健康险

2016年6月，"海豚保宝"与美佳基因就健康相关的基因检测及"保险+基因"产品达成合作。美佳基因目前已经推出了瘦身、美颜基因检测两种与保险公司合作的产品，并将在下一步推出慢病预防领域（主要是针对糖尿病）的"保险+基因"产品。

产品目前定位是中高端人群。美佳基因会根据基因检测结果，帮助用户预防疾病。"海豚保宝"则推出健康管理线上打卡系统，根据基因检测结果对用户的饮食摄入比例、运动类型、强度、频率等方面提出管理方案，用休闲娱乐的方式督促用户瘦身。同时在线下设专员沟通跟踪，用社群效应提升管理效果。两者的结合突破了很多机构"只检不管"的缺陷，形成了一个"基因检测+健康管理+保险"的闭环产品链。

在合作方式上，既可以由保险公司把基因检测作为单独产品销售，也可以把基因检测作为某项保险的一部分，赠送给用户。美佳基因进行基因检测并出具报告和健康指导方案，如果用户按照基因检测报告中的方案指导注意饮食和运动，则在后续的保费上给予折扣。

在市场渠道方面，美佳基因采取"线上+线下"的方式：线上通过商城针对个人消费者销售，线下则针对保险公司企业客户销售[①]。

放眼世界，我国的基因+保险诊疗合作模式还处于初级阶段，在未来，仍存在肿瘤、心脑血管疾病和出生缺陷等多领域的深度合作机会。根据妈网研究院的数据：美国每年选择基因

---

① Zi 跃.基因也要"+保险"，美佳基因与海豚保宝推出基因"瘦身险"[EB/OL］．http://36kr.com/p/5048147.html?from=related．

检测的人数在 800 万量级，检测后的家庭型结肠癌发病率下降 90%，死亡率下降 70%，美国食品药品监督管理局（FDA）已强制要求在癌症治疗用药前必须进行 EGFR（表皮生长因子受体成员之一）、KRAS（一种鼠类毒瘤病毒癌基因）等基因检测，Bio Theranostics 公司也通过了商业保险公司 Palmetto 的审核评估，在 2016 年 8 月将其乳腺癌基因检测项目正式纳入医保报销覆盖项目；英国政府则是每年投入 10 亿英镑用于国民的基因检测项目，并将基因检测项目纳入全面医保；在日本，90% 以上的新生儿会接受基因筛查[①]。虽然在中国，过高的检测价格仍是阻碍基因诊疗纳入医保的现实门槛，不过用发展的眼光来看，两者的合作基础已经打下，未来的延伸合作存在很多可能性。此外，"保险+基因诊疗模式"除了具有上述优势之外，同时加重了保险公司和客户双向的逆选择：一旦消费者了解自己的基因，根据个人经济情况合理选择相应商业医疗健康保险（甚至选择不购买相应保险），并且在日常的饮食、作息中做好积极预防，那无疑会降低对保险的需求；反过来，如果保险公司手握基因库数据和客户的检测结果，进行差异化定价，也容易对需要通过健康保险覆盖健康风险的人群造成歧视。

---

① 妈妈网. 纵观国内外：基因检测正成为预防癌症的一种新趋势[EB/OL]. http://www.mama.cn/baby/art/20151016/777718.html。

现存问题与解决方案

1. 现存问题

（1）技术与人才难关需时间突破

从技术层面看基因诊疗，基因组数据是底层基础，由于国内普通消费者或患者对基因检测这一新技术的接受程度并不高，加上数据库尚不完整，因此获取大样本基因数据是每一个基因检测服务企业面临的首要问题，也将成为影响基因检测技术应用的重要因素。中层技术主要在于分析能力，据Ebiotrade（生物通）调查，69%的被调查人员认为数据的分析解读是影响基因检测产业发展最大的瓶颈[①]。即使有了基于精确疾病分类的基因组数据，要对数据进行精准挖掘也同样受制于病理学的发展，很多病理方面的工作将直接影响肿瘤的精准诊断和治疗。基因诊疗技术还包括"诊"后的"疗"，但是现在的靶向治疗等临床应用对检测后的干预有限，且价格居高。所以，数据库缺乏、分析能力不足、基因治疗尚不完善三方面因素成为技术上制约基因诊疗进一步发展的直接原因。

同时，基因诊疗技术的运用离不开专业队伍建设，而我国长期面临着巨大的病理医生人才缺口。全国每百张病床配备的病理医师仅0.52人，有12个省份甚至还不及全国最低要求的

---

① 杨煜.基因检测产业格局与发展趋势分析及启示[EB/OL]. http://doc.mbalib.com/view/fe261b4d453e7d05e3bdae9d3c275b0b.html。

一半。全国病理执业医师数只有1.025万，与全国总人数之比为1:136000，相比美国该数据的1:11000，更是导致病理医师工作量长期超负荷的直接原因。

（2）市场鱼龙混杂，价格参差不齐

从目前来看,基因检测行业中的创业公司前期开发成本高，从投入到转化比例较低，烧钱快，淘汰率也很高，缺乏核心知识产权的技术产品，让基因检测的成本高居不下。同时，创业公司既要在产品销售上和医院、体检机构、保险公司等不同机构合作，又要取得个人消费者的信任，科研工作的超前临床化也导致市场局部过热。相比之下，大公司（尤其是掌握大部分利润的设备供应商）在市场中站得更稳。

机构类型不同，缺乏监管标准，也直接造成市场上没有统一的服务技术标准和费用标准，像主流产品，包括健康体质、疾病风险、美容、教育等，同一项目的价格差甚至超过10倍，市场比较混乱。

（3）监管不完善，受医保等政策影响大

目前，我国的基因检测项目是没有特殊证照和监管规范的，只有注册医疗器械（如试剂盒）作为三类医疗器械管理，且各项目的价格区间、服务标准以及核心技术都还没有出台明文规范，导致市场混乱。而基因诊疗的最大瓶颈在于未纳入医保，自费价格多则上万，无法报销，让很多人望而却步。在未来，肿瘤驱动基因检测是否能纳入医保，除了价格问题，还涉及政策方对基因诊疗真正经济学价值的评定，即需要确认接受基因检测、增加治疗针对性的费用，比在患病后支付的治疗费用更能被公众接受。举例来说，日本先是研究调查得出，EGFR 基因检测的获益是 338 万日元检测费/患者生命年，而患者的支付意愿为 500 万~600 万日元，可以覆盖基因检测费用，才批准报销此项目的。而在中国，2015 年人均医疗支出在 1165 元左右，肿瘤靶向治疗费支出是 3045 元，大大高于人均医疗支出，以目前的医保系统和经济实力，如果将医保前置（本来花在治疗上的费用转移到预防上），就很难承受基因检测的费用[①]。因此，综合考虑直接医疗成本、间接成本和延伸出来的隐性成本，中国把基因检测纳入医保还有很长的路要走。

（4）伦理与社会问题亟待解决

医生临床发现，有些患者会根据基因检测盲目放弃现有的明确有效的治疗，而转向未经严格检测的治疗方法。目前接受检测的人群普遍面临很大的心理风险，检测结果乐观固然皆大欢喜，而一旦发现自己有高风险罹患某种疾病，因为涉及父母的基因信息，就会在一定程度上影响生育决定。是否和家庭成员分享，如何在余生面对癌症阴影，都成为检测结果带来的心理问题，基因携带者往往容易产生愤怒或犯罪感等消极情绪。

从社会学的角度来看，基因检测也会带来基因歧视、人类

---

① 贾岩. 基因检测能否进医保[EB/OL]. 医药经济报. http://www.yyjjb.com/html/2016-12/23/content_245777.htm.

遗传资源保护、生物安全等问题。在技术商业化的未来，基因隐私也将成为关键问题。如果基因信息像现在的身份信息一样被打着"大数据"旗号的机构滥用或倒卖，那基因携带者要面临的将不只是歧视。

2. 解决方案

针对以上四大问题，未来的"保险+基因诊疗"可以在环境、技术、商业模式三个维度改进和发展。

首先，社会各相关部门应加大基因检测知识的科普宣传，完善相关法律法规，建立行业统一规范标准和市场监督机制，防止技术在不成熟阶段像抗生素一样被滥用；设立专业委员会将基因诊疗引入健康管理；针对社会问题和伦理问题加强对被保险人知情权和基因隐私权的保护，防止基因歧视。在基因检测登记、结果集中管理的基础上，赋予检测自由，对不同的选择采用不同的保费核算规则。相关法律的逐步健全和渐进引导可以使基因检测技术对保险的负面影响减少到最小，同时维护个人和保险公司的利益。

其次，虽然基因检测技术目前已经开始临床应用，但技术准入条件还很不清晰，所以在未来我国要开展更多的"4P"：预防性（Preventive）、预测性（Predictive）、个体化（Personalized）、参与性（participatory）医学模式的服务。

最后，资本市场也应理性处理概念炒作，防止市场过热带来的后劲不足。当基因检测真正实现大规模应用时，渠道、运营和研发成本会被分摊，对于机构来讲，会更有利于生存发展。保险公司更有能力在前期支持并战略投资基因领域的科研工作，减轻基因诊疗机构的成本压力，建立长效深度的合作机制，使大众真正享受到科技带来的红利。

第4章
互联网保险概述

大数据与互联网保险

大数据的概念

大数据一词首次被提出是在 2011 年麦肯锡全球研究院（MGI）发布的研究报告《大数据：创新、竞争和生产力的下一个新领域》之中。麦肯锡认为大数据是指其大小超出了典型数据库软件的采集、储存、管理和分析等能力的数据集。研究机构 Gartner（高德纳）定义大数据是需要新处理模式才能具有更强的决策力、洞察发现力和流程优化能力的海量、高增长率和多样化的信息资产。国际数据公司（IDC）认为，大数据技术描述了一种新一代技术和架构，用于以经济的方式，以高速的捕获、发现和分析技术，从各种超大规模的数据中提取价值。维克托·迈尔·舍恩伯格和肯尼斯·库克耶在合著的《大数据时代》中指出，大数据方法是指不用随机分析法（如抽样调查）这样的捷径，而采用所有数据进行研究的方法。尽管对大数据的理解各不相同，但一般都认为大数据是无法在可承受的时间范围内用常规软件工具进行捕捉、管理和处理的规模海量且类型复杂的数据集合。

大数据是数据分析的前沿技术，相比于传统的数据仓库应用,具有数据量大、查询分析复杂等特点,具体可以归纳为4个"V":Volume,数据体量大,从TB(Terabyte,万亿字节,太字节)跃升到PB(Petabyte,千万亿字节,拍字节)甚至是EB(Exabyte,百亿亿字节,艾字节);Variety,数据类型繁多,既有结构化数据,也有非结构化数据和半结构化数据;Velocity,处理速度快,对数据实时处理有着极高的要求,通过传统数据库查询方式得到的"当前结果"很可能已经没有价值;Value,数据价值高,海量数据及其分析挖掘带来了巨大的商业价值。

大数据已形成了完整的产业生态(图4-1),其产业链条上主要包含四类主体:首先是数据源相关产业,包括金融大数据、政务大数据、电信大数据、工业大数据等,这些机构或企业在自身经营过程中产生了丰富的行业大数据;其次是基础支撑产业,包括大数据存储管理、大数据硬件、大数据安全产品等;再次是数据服务产业,包括数据采集、数据整合、基于大数据的数据增值服务等;最后是数据的实际应用者,对于保险行业而言,通常是指保险公司、第三方保险平台、中介代理等,在以上三个主体之外还有一个主体是监管层,大数据作为新兴产业,相关监管部门在大数据生态中的重要地位日益凸显。

第4章 互联网保险概述

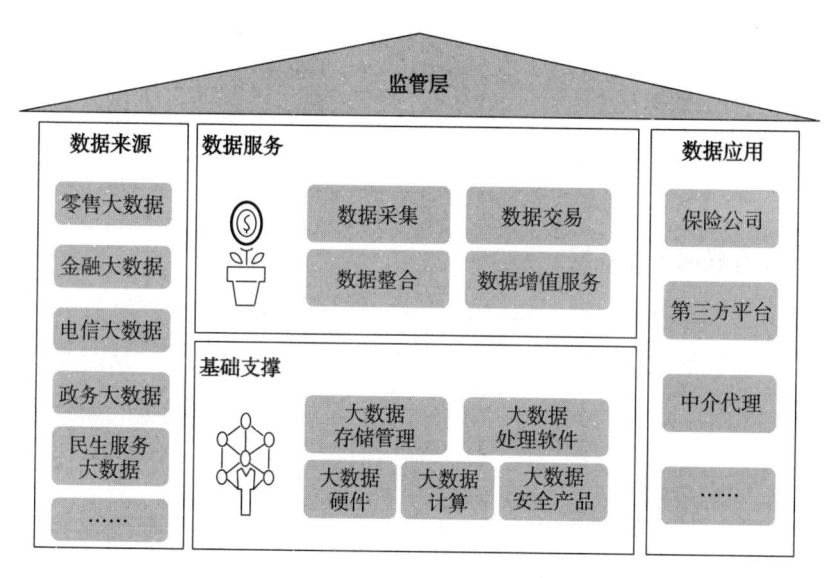

图4-1 大数据产业链条

大数据的应用是在一个产业生态中完成的，其价值是由有机相连的多个环节共同实现的，即在监管环境下，数据从生产、采集、整合，再基于业务场景进行分析挖掘并制定应用策略，最后落地应用的整个过程。

保险行业可以获得的数据来源

1. 保险公司内部业务平台的数据

此部分数据需要重新建立数据仓库进行汇集，并根据一些客户标识串联得到客户的整体行为。由于寿险具有周期长、低频的特性，因此，内部业务数据比较陈旧，甚至有一些错误数

221

据,利用价值相对有限。但内部数据在车险领域中的应用较好,主要是因为车险是相对高频的,购买时间可以预期,而且收集到的信息相对完整。

2. 互联网公开数据

通过各种渠道(如短信、邮件、微信、微博、App、网站等),快速接触海量的客户,并且保持客户的黏性和活跃度,从而通过积累互联网的数据进行客户分析。目前,互联网数据的来源集中于几个互联网巨头,如何确保保险公司的互联网数据的独立性,使互联网客户真正属于保险公司,如何利用互联网中海量的中小网站或者 App,是需要思考的问题。互联网数据并非基于内部业务数据,很多客户的标识是一些网络的 ID,而内部数据的客户标识一般是身份证号或者手机号码,这两部分的串联需要一套客户身份识别体系,能根据某个来源的某个 ID 快速识别其所对应的具体客户。

3. 行业平台数据

2014 年 1 月 15 日,我国成立了保险行业数据公司——中国保险信息技术管理有限公司,为保险公司之间及保险业与其他行业之间的信息交互提供支持,但是客户数据如何共享、如何输出、利益如何分配、如何兼顾数据不泄密又能串联使用,则需要制定若干标准和长期的探索。除此之外,为了对客户进行精准画像,防控风险,保险公司还要依赖征信数据平台。征信数据平台可以过滤一些恶意客户，为反欺诈提供帮助。

4. 政府免费开放数据

政府数据量是非常庞大的，涉及生活的各个方面，依靠这些数据完全可以刻画一个客户。目前政府的开放数据主要集中于犯罪记录、交通事故、工商信息等，而对于保险公司真正感兴趣的社保、医疗、家庭等信息并没有开放，如何制定使用标准规范则是关键。

5. 第三方大数据采购

保险公司通过自身力量获得的数据毕竟有限，当前市场上已有很多第三方大数据服务企业，如，百融金服能够提供专业的数据服务。这些大数据服务企业旨在打破数据孤岛，整合各渠道数据，进行纠错、去重、打通等处理，并挖掘数据对保险业务的价值。

按照数据产生和应用的过程，可以把大数据的处理流程分为以下几个阶段：数据的生产、数据的采集与整合、数据的粗加工、数据的应用（细加工）等。对企业而言，大数据应用较为广泛的方向包括产品设计和定价、客户体验服务、营销服务、风险控制服务、战略预测等。

大数据的战略意义不仅在于掌握庞大的数据信息，而且在于对这些含有意义的数据通过相关技术进行专业化处理，即提高对数据的加工能力，通过加工实现数据的增值。目前随着大数据技术的深入发展，针对数据的收集、存储、使用等领域已经涌现出了诸如移动互联网、物联网、射频识别、区块链、人工智能等新兴技术，多元化的技术生态构成大数据应用的坚实基础。

大数据技术的特点

大数据的迅猛发展是信息时代数字设备计算能力和部署数量指数增长的必然结果，大数据系统的解决方案必将落地于现有的云计算平台。云计算平台的分布式文件系统、分布式运算模式和分布式数据库管理技术都为解决大数据问题提供了思路和现成的平台。大数据处理关键技术一般包括大数据采集、大数据预处理、大数据存储及管理、大数据分析及挖掘、大数据展现和应用（大数据检索、大数据可视化、大数据应用等）以及大数据隐私与安全等几个方面。Hadoop（分布式系统基础架构）作为一种开源的分布式系统基础架构，是目前许多企业大数据建设普遍采用的一种大数据处理平台和大数据分析挖掘平台，可提供对海量数据分布式处理能力，具有良好的可伸缩性、健壮性、低成本等优势。

大数据技术具备可扩展能力强、兼容性优秀、高效实时处理海量数据、可处理各种结构数据、快速发现数据联系等众多优势，其最核心的价值就在于对海量数据进行存储和分析，相比于现有的其他技术而言，具有"廉价、迅速、优化"三方面的综合成本优势。

大数据技术的发展及应用

《大数据时代》一书指出，"未来数据将会像土地、石油和资本一样，成为经济运行中的根本性资源"。大数据时代数据成为核心资产，对促进社会经济发展起到越来越重要的作用，各国政府高度重视大数据的战略价值，积极规划和部署大数据应用。2012年3月，美国政府宣布"大数据研究与发展计划"，将大数据研究提升到了国家战略的高度。中国政府高度重视包括大数据在内的新一代信息技术产业发展，积极融入新一轮信息技术革命，加快发展大数据等新技术，深化新业务、新模式、新应用，大力促进信息消费。

国内外IT（Information Technology，信息技术）及互联网巨头加快制定大数据战略发展规划，积极在公共服务、商业服务、技术研发等领域布局。IBM（国际商业机器公司）发布了智慧分析洞察的大数据战略研究路线，微软公司开发并发布了大数据技术产品，Google（谷歌）、Facebook（脸书）、Amazon（亚马逊）以及阿里巴巴、百度、腾讯等国内外互联网企业都加大大数据应用研究和创新，在搜索引擎、点击广告、用户喜好推荐等领域应用广泛，并在政府决策、公共服务、医疗、能源、军事、零售等行业领域逐渐发挥重要的作用。

总而言之，大数据已经渗透到每一个行业和业务职能领域，特别是像保险业这样对数据依存度很高的行业，数据将作为行业基础设施逐渐成为保险业重要的生产要素，成为驱动保险业创新发展的重要力量。

互联网保险的概念及其参与主体

互联网保险的概念

根据 2015 年 7 月，中国保监会发布《互联网保险业务监管暂行办法》(以下简称《暂行办法》)，互联网保险业务是指保险机构依托互联网和移动通信等技术，通过自营网络平台、第三方网络平台等订立保险合同、提供保险服务的业务。其中保险机构，是指经保险监督管理机构批准设立，并依法登记注册的保险公司和保险专业中介机构；保险专业中介机构是指经营区域不限于注册地所在省、自治区、直辖市的保险专业代理公司、保险经纪公司和保险公估机构；自营网络平台，是指保险机构依法设立的网络平台；第三方网络平台，是指除自营网络平台外，在互联网保险业务活动中，为保险消费者和保险机构提供网络技术支持辅助服务的网络平台。

互联网保险的参与主体

自 2011 年以来，互联网保险在我国得到了快速发展。从 2011 年到 2016 年，我国开展互联网保险业务的保险公司由 28 家增长到 117 家；互联网保险业务的年保费收入由 2011 年的 32 亿元增长到 2016 年的 2348 亿元；互联网保险保费在总保费中所占的比重由不到 1% 增长到 7.6%。互联网保险代表了保险行业创新发展的重要内容。在互联网保险高速发展的同时，行业参与主体的多元化发展也促进了行业经营模式的创新。根据《暂行办法》对开展互联网保险业务的保险机构定义，我们不难将目前的行业参与主体分为三大类。第一类是开展互联网保险业务的传统保险公司，第二类是获得互联网保险牌照的专业互联网保险公司，第三类是互联网保险第三方平台，包括具有保险经济牌照的保险经纪公司以及提供网络技术支持辅助服务的第三方网络平台。互联网保险参与主体的多元化不仅反映为持牌保险公司数量上的增长，也反映为不断涌现出从保险业务客服、销售、购买、理赔等各个环节切入保险产业链条的第三方创业公司，同时也反映在互联网保险公司股东背景的多元化上。

1. 传统保险公司

互联网大潮愈演愈烈，大型保险公司的互联网转型往往集中于自身的渠道建设，牌照争取，服务的线上线下结合或者和第三方渠道合作形成保险新业态；而中小保险公司，则在创新产品上做文章。目前，国有大型保险公司，基本都成立了自己的互联网子公司，定位于打造集团公司"互联网+"战略下的创新型互联网服务平台。其力争主动响应客户使用互联网的习惯快速布局，以数字化界面实现了全覆盖，同时拓展与第三方渠道合作；积极利用互联网手段优化保险产品供给；整合线上线下服务资源，满足互联网客户"一站式""快速响应""自助式服务"的需求；聚焦线上线下客户体验的提升，了解客户需求、发现体验痛点，提升客户全程体验。

与专业互联网保险公司相比，由于传统的保险公司并不具备捕捉互联网场景的优势，因此合适的发展路径是与专业互联网保险公司错位竞争，将自身的定价能力和互联网渠道费用较低的特点相结合，目标客户定位为有保险消费意识的中高端客户。

2. 专业互联网保险公司

BATJ（百度、阿里、腾讯、京东的缩写）布局互联网保险行业，成为互联网保险公司的重要力量。2013年，阿里、腾讯联手中国平安设立国内首家互联网保险公司——众安在线，标志着互联网公司正式进军保险业。众安在线财产保险公司成立两年后，其他三家专业互联网保险公司——泰康在线、安心保险和易安保险相继获得牌照，正式开业。

这些新兴的互联网保险企业一般都有着纯熟的互联网思

维、强大的互联网信息技术、优秀的人才资源，同时依托自身庞大的流量优势实现保费规模迅速放量，将保险打造为重要的流量变现渠道。其产品通常是基于纯在线模式由客户自助购买，如何在短时间内激发客户兴趣是至关重要的。这就要求产品简单、清晰、易懂。因此，各平台陆续推出基于碎片化场景的创新型保险产品以拓展独立于传统保险市场的增量市场。事实上，场景化也是其核心优势之一。

此外，2016年，保监会正式批准筹建众惠财产相互保险社、汇友建工财产相互保险社和信美人寿相互保险社，相互制保险正式在我国开始破冰探索。这对于市场上网络互助平台来说是件好事，但是这一群体由于属性不明确，尚不能界定为保险，所以归属成为难题，想要拿到保险牌照无疑是难上加难。

3. 互联网保险第三方平台

近几年互联网保险发展得如火如荼，互联网保险市场出现了百花齐放、百家争鸣的市场格局。其中，第三方网络平台作为新兴保险渠道，不仅丰富了保险销售渠道，而且对互联网保险业态、商业模式、产品、服务等各方面的创新贡献也日渐显著。目前市场上的互联网保险第三方平台有：第三方互联网保险中介平台（如慧择网、开心保）、针对企业定制的模式（如悟空保、保险极客、海绵保、保掌柜）、针对个人定制的模式（如小雨伞、大特保）、针对代理人的模式（如最惠保、保险师)、科技服务类公司模式(如车车车险、小保科技、OK车险、里程保)、金融服务公司模式(如宜保通金融服务集团、大道金服)。

目前来看,简易的比价、代销等功能的吸引力越来越弱,因为业务很容易高度同质化。相比之下,选择产业链中的一环精耕细作、解决痛点的创业模式,被更多人看好。如一站式保险服务平台慧择网在2016年末首次推出了客户记录公开服务,也就是说,客户的所有购买信息都能在线查询,这也积极践行了监管部门对于保险销售行为的监管要求,此举的实施意味着互联网保险进入"有迹可循"时代;企业保险定制平台保险极客在2016年末发布理赔2.0服务,即享受企业团险的员工和个人,全国范围内医疗费用5个工作日内结案付款,直击保险理赔痛点。

随着2016年互联网金融专项整治的开展,监管部门对网络互助平台进行了整顿,并对第三方互联网保险平台进行了严格的界定,提出无保险牌照的第三方不得变相经营保险业务、收取保费,肃清了互联网保险市场上一些不规范行为,有利于进一步实现市场良性发展。

大数据技术在互联网保险中的应用

大数据在互联网保险行业的产品创新、营销创新及服务创新中发挥着重要作用,具体内容包括产品的创新、定价的优化、服务的提升、营销的改进,甚至可以帮助保险公司预判风险。上述应用的前提是基于大数据的客户画像。

客户画像

保险公司可以依据商业分析将客户的个人属性和金融信息,包括业务订单数据、客户属性数据、客户收入数据、客户查询数据、理财产品交易数据、客户行为数据等,通过客户多账号(身份证号、手机号、邮箱、QQ 号)打通,建立客户标签[1],从而构成覆盖客户衣食住行的丰满画像(图 4-2),从而帮助保险公司更快速、更深入地了解客户真实、具体的需求。

---

[1] 鲍忠铁. 互联网金融时代 保险行业如何利用大数据涅槃重生 [N]. 凤凰财经,2015-06-16.

图4-2 百融金服的保险客户大数据画像示意

例如,百融金服提供的保险客户大数据画像,可通过海量大数据查询并了解客户价值水平、保险产品偏好、投保对象偏好等信息,选择最能打动客户的产品或者资讯,通过打折或者赠送的方式,进行精准投放营销,如针对性的推荐产品、匹配营销话术,甚至是为客户提供其最感兴趣的礼品等,从而促成购买行为。

营销创新

1. 新客户的精准获取

传统保险的营销模式是线上投广告，线下铺网点，或者招募更多代理人进行新客获取。大数据使得面向新客户的精准营销成为可能。2016年，中国保险行业协会对30家保险公司的调查结果显示，65%的保险公司认为大数据对于新客户获取的影响程度比较重要（图4-3）。

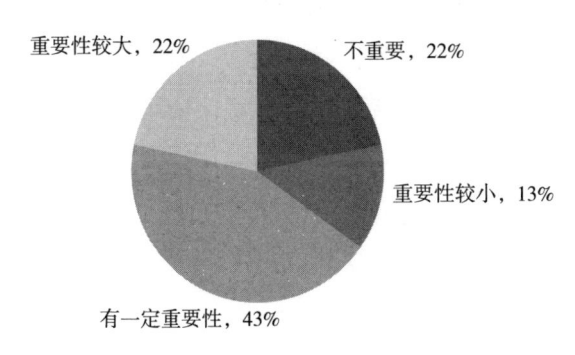

图4-3 大数据对于新客户获取的影响程度

数据来源：2016年中国保险行业协会调研数据。

保险公司可以通过对内部和外部数据的综合利用，收集客户的个人属性、客户线上浏览行为偏好、线下活动轨迹、交易行为等方面的信息，对客户进行多维度、立体化的分析，既能了解客户的消费行为与消费能力，还能预测客户的消费需求及倾向，开展精准营销，从而实现营销方案与新客户的有效对接，实现不同销售渠道的精准投放，实现对包括实体界面、虚拟界面，覆盖城网、农网、电网，以及各大销售渠道的全面管理、统一支持。此外，还可以根据客户的消费习惯及各渠道的特点配置相应的销售渠道，精准地选择营销渠道来触达这些客户。

与互联网等其他渠道相比，银行平台的客户群是理想的保险产品目标人群。太平人寿正在银保渠道进行精准营销的初步尝试，依托大数据技术，通过与工商银行、建设银行、浦发银行等银行的合作，分析银行客户管理系统的数据，更准确地定位目标客户，更精确地定位客户的资产配置和保险需求，将传统寿险粗放式"盆里捞针"精细化到"碗里捞针"。太平人寿在经过将近一年的尝试后，在展开银保精准营销项目合作的银行渠道上，期缴业务一半以上来自精准营销，同时，客户的签单成功率有显著提升，且客户件均保费比非项目件均保费有大幅增长。

2. 准客户的持续转化

许多保险公司虽然拥有庞大的客户群，但实际上其中绝大多数都是"准客户"（如极短险客户、赠险客户）。经验表明，准客户的转化成本远低于获新客的成本。但由于保险公司对于准客户的信息掌握较少，分析的手段也比较有限，因此往往表现出对准客户的转化重视不够。如今，利用大数据技术，可以追踪准客户的行为，可以基于外部数据建立预测模型，并快速验证调整，并由此推出个性化营销手段，把让客户"最可能动心"的产品展现在客户面前。保险公司也可以根据客户健康、财务、信用等状况做出更合理的分析,从而提升营销效率和效益。此外,充分利用大数据还可以有效提升营销时机的精准性。

3. 存量客户的精准营销

大数据能够帮助保险公司细分与洞察现有客户,精确了解其关键需求,可以建立预测模型,开展加保和交叉销售,使客户价值最大化、促进业务协同。借助大数据的精准营销,保险公司能够为客户提供全方位的保险服务,从而有效提升客户对保险公司的忠诚度,因为客户在同一家机构购买的保险产品越多,其更换保险公司的成本就越高。

保险公司与其他平台数据共享的合作方式使得交叉销售更容易达成。借助数据平台的帮助,保险公司可以了解已有客户的互联网行为偏好,并由此提供有针对性的精准营销,例如:如果客户比较关注母婴用品,就可以向客户推销少儿重疾险等针对儿童的保险产品;如果客户资产水平良好,并且经常关注财经、理财等方面的媒体信息,则可以向客户推销理财型保险产品。

大数据公司可以基于海量数据建立预测响应模型,挖掘出一些可以有效识别客户保险需求的变量。经过保险公司真实客户测试发现,利用这些变量对客户进行筛选,可以将客户的响应率提高两倍以上(图4-4)。

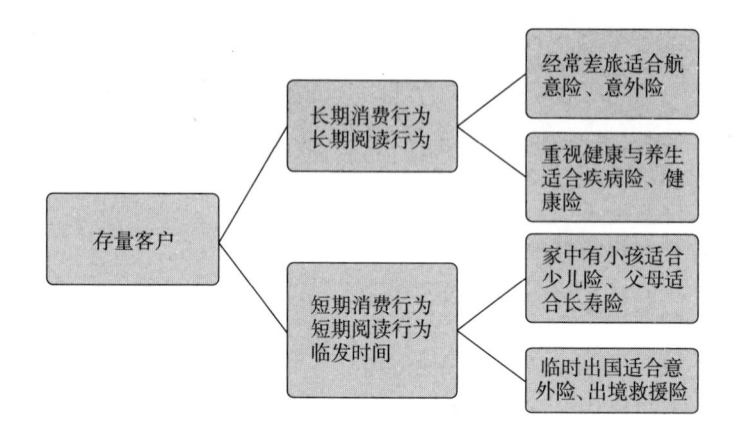

图4-4 大数据对存量营销的应用

4. 预防客户流失

保险公司一方面需要积极开发新的客户，另一方面也要预防存量客户的流失。但实际业务中，保险公司对预防客户流失的重视程度远远不够。实际上，借助大数据技术可以有效地预防客户流失。例如，大数据技术可基于海量大数据挖掘，建立预测模型，可以有效识别流失客户特征，以开展流失预警，或者通过修复失联客户（如孤儿单、续期失联或者是外部渠道来源的客户）的多种触达手段，挽回流失客户。具体来说，大数据技术可以帮助保险公司根据保单、险种信息、销售人员信息、经济能力、健康状况等各种类型数据对续保率关键信息进行建模，筛选出影响客户退保的关键因素，并对业务进行调整。大数据技术还可以帮助保险公司利用回归算法建立续收风险预测模型，或者舆情监控，将存量客户按照其潜在退保率进行分类，将可能流失的客户定位出来，寻找客户不满意的原因，加以改进，及时公关，挽回即将流失的客户。

产品创新

传统保险产品创新往往容易忽视消费者个体行为的信息，因此很难推出富有个性化的产品，而且保险公司掌握的数据集中体现为内部数据，而很少含有客户外部行为数据。通过积累和挖掘保险行业内外的客户数据，保险公司可以开发出创新的、个性化的、满足用户需求的产品，如银行卡安全险、放心淘产品质量保证险等。

1. 开发定制化产品

大数据在保险产品定制中发挥着重要的作用。定制保险的推出流程与传统产品推出模式正好相反，是"需求引致供给"。保险公司通过个人的公共数据情况、信息体系、社交网络、健康数据、性格等信息，可以进行客户的"私人定制"，做到真正以客户为中心。例如，一旦汽车数字化可在互联网存储与分享，保险公司通过数据分析，可以掌握客户车辆主要用途、基本行车路线、路途的风险程度、驾驶习惯、事故发生频率等信息，从而测评出该客户车辆的风险指数，从而实现对该客户车险的"私人定制"。

2. 产品组合管理

通过对现有客户进行大数据分析，就有可能掌握客户的喜好与保险需求等信息，并根据模型找出满足客户即刻保险需求的最佳险种组合，或预测出在客户生命周期中所需的保险产品，对客户进行捆绑销售。

保险公司通过与其他平台合作，还可以整合供应链，建立基于核心保险业务的生态系统，使保险公司真正成为一揽子风险管理服务方案的供应商，拓展保险公司风险管理的内涵和外延。2015年5月，某保险公司联合途虎、新焦点推出了轮胎意外保险服务。该服务是基于传统车险并不负责轮胎的单独损坏而推出的，即消费者在指定地点购买并安装轮胎，可以享受平台赠送的轮胎意外保障，保障期限为一年。若其间轮胎遭遇爆胎或鼓包导致其无法继续使用，经过核保后消费者可收到平台发放的60%~80%额度的抵用券。此服务将保险流程完全嵌入平台现有场景，双方通过业务数据在线实时交互，实现承保、理赔、服务环节的无缝对接，在传统车险的基础上为客户提供其他的风险管理服务，提供优质的用户保障体验。

美国安泰保险（Aetna）为患者推出了基于大数据的高度个性化治疗方案。为了帮助改善代谢综合征患者的病况预测，安泰保险从千名患者中选择102人完成实验。在一个独立的实验室内，通过患者的一系列代谢综合征的检测试验结果，在连续3年内，扫描了60万个化验结果和18万件索赔事件，将最后的结果组成一个高度个性化的治疗方案，以评估患者的危险因素和重点治疗方案。这样，医生可以建议患者食用他汀类药物及减重 2.3 公斤等措施以达到减少未来 10 年内 50% 的发病率，或者依据患者目前体内高于 20% 的含糖量，而建议患者降低体内甘油三酯总量。

3. 个性化保险定价

传统的保险精算是基于大数法则，通过一定的抽样模式和技术，从长期、大量的经营实践中提取一定量的样本，构建数学模型，从而对保险产品进行定价。但实际操作结果并不尽如人意：一方面，无法真正获取足够量的样本，实际操作中也存在着许多偶然性并导致误差；另一方面，因保险标的的风险状况会随着时间推移和社会发展不断变化，但保险费率却在保险期限内固定不变。而且传统的精算定价是基于总体而非个体，倾向于将个体抽象化、一般化来把握整体趋势，与大数据更强调个体的思维完全不同。但在大数据时代，一方面，海量数据的采集和处理成为可能。通过全局的数据了解标的背后的风险真相，相对于过去定价中以抽取一定样本代替全体的统计方法，其统计出来的结果更为精确，基于此进行的产品定价也更为符合真实状况。另一方面，大数据极大地丰富了保险风险因子，生活地区、信用、收入、浏览记录、生活作息、运动频率、兴趣爱好、上网时长、风险偏好、基因等更多维度、更全面的信息，将丰富对一个人的风险刻画。将个体的全量数据与群体的样本数据加以结合进行产品定价，将推动传统精算理论与保险定价能力的提高，进而满足客户差异化、个性化的需求（图4-5）。

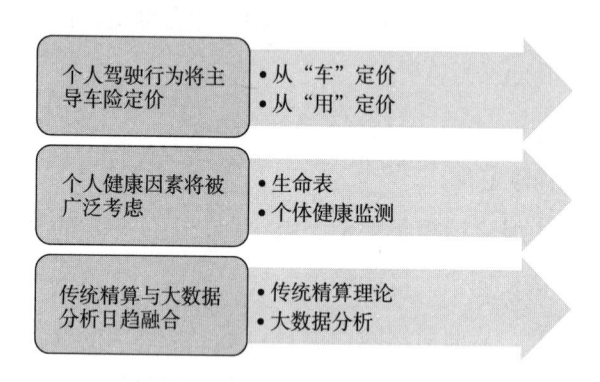

- 个人驾驶行为将主导车险定价
  - 从"车"定价
  - 从"用"定价
- 个人健康因素将被广泛考虑
  - 生命表
  - 个体健康监测
- 传统精算与大数据分析日趋融合
  - 传统精算理论
  - 大数据分析

图4-5 大数据在产品定价中的应用

在寿险和健康险定价中，大数据发挥着越来越重要的作用。保险公司利用可穿戴设备（如Jawbone推出的Up、Apple推出的Health Kit）能够实时监控人体健康情况（运动量、睡眠、心跳等），弥补了生命表对于洞察细分群体健康及生死概率能力的不足，通过分析这些数据对投保者按照生活习惯进行分类并进行区别定价与动态定价（图4-6）。2015年8月，众安保险推出了国内首款与可穿戴设备及运动大数据结合的健康管理计划——步步保，以用户运动量作为重大疾病保险的定价依据，同时用户的运动步数还可以抵扣保费。在众安保险的合作伙伴小米运动、乐动力App中开设入口，用户投保时，系统会根据用户的历史运动情况以及预期目标，推荐不同保额档位的重大疾病保险保障（目前分档为20万元、15万元、10万元），用户历史平均步数越多，推荐保额就越高，最高可换取20万元重疾保障。其中，如果用户利用"步步保"，在参加健康计划前30天的平均步数达到5000步，则被推荐10万元保额重大疾病保险保障；在申请加入健康计划后，申请日的次日会作为每月的固定结算日，只要每天运动步数达到设定目标，下月结算时就可以多免费一天。保单生效后，用户每天运动的步数越多，下个月需要缴纳的保费就越少。

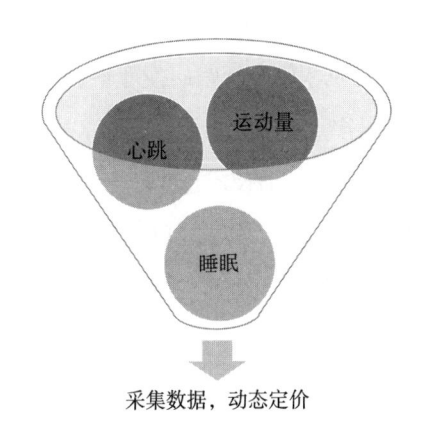

图4-6 智能可穿戴设备监控人体健康情况

在车险中，UBI保险，即现驾现付保险，近年来引起了业界的广泛兴趣。不同于传统车险"静态"的精算定价模式，UBI通过收集驾驶者的风险数据——实际驾驶时间、车速、地点和驾驶方式等，计算应该收取的保费，实现保费的实时动态更新。而传统的车险定价虽然将影响费率的因素分为从人因素、从车因素以及环境因素等，但这是一种静态的费率分级机制，对于驾驶人行为的永久性改变，保险人难以及时发现，保险人往往是在被保险人发生事故之后才做出相应调整，因此保险人的反应是被动并且滞后的。借助车联网，保险公司可以实时采集车辆位置及车辆运行情况数据。这些数据是动态而非静态数据，其数据类型与以往的样本数据大不相同，包含了丰富的、与风险相关的信息，可以更好地应用于车险定价，也可以用于防控欺诈、客户管理等风险管理服务。

在我国，人保财险、国寿财险、平安财险和太平洋财险等多家公司都在用不同的方式开始研发车联网车险产品。例如，人保财险已与腾讯路宝盒子成为合作伙伴，已完成车联网相关保险的全面解决方案，包括技术选型、分析建模、业务模式和运营架构，并形成营业用车和家庭自用车两个子模块。与国内UBI进展缓慢相比，美国、英国、韩国等则进展迅速。以美国州立农业公司（State Farm）为例，这是北美最大的汽车保险公司之一，自2010年开始推出了一系列车联网保险产品，包括OnStar、Sync和In-Drive系列的产品。

（1）OnStar

OnStar产品提供的实际上是一款典型的PAYD保险产品。客户实际驾驶的里程数越少，得到的保费折扣越大。OnStar将会记录车辆驾驶的里程数，并提供给State Farm公司。OnStar是由通用汽车公司开发和部署的一套系统，当车辆发生意外情况时，通过该系统可以为车主提供快速及有效的服务，同时也可提供远程服务、道路信息、导航及其他服务。

（2）Sync

Sync 提供的也是 PAYD 保险产品，然而与 OnStar 不同的是，Sync 具有不同的信息传输平台，其由福特汽车公司开发，并由微软公司提供技术支持。

（3）In-Drive

不同于 OnStar 和 Sync，In-Drive 的定价因子更多，并且其 PAYD 保险产品还附加各种可选择的安全服务，客户能够得到的保费折扣将取决于其驾驶方式。具体来说，In-Drive 通过车载设备记录司机的以下信息：紧急刹车次数、加速次数、转弯次数、驾驶的时间段、时速超过 80 英里每小时。

服务创新

传统保险公司与客户的沟通交互较少，服务客户频率较低，大数据的蓬勃发展彻底改变了这一局面。许多保险公司已经意识到大数据能够提升保险公司的服务质量和水平，为客户提供贴心优质的服务。

1. 提升服务质量

保险公司可以利用大数据分析客户的特征、习惯以及偏好，分析和预测客户需求，为向客户提供精准服务奠定基础。如美国前进保险公司的索赔环节与同类保险公司相比十分突出：客户在完成注册后即可实现在线报案、发起索赔并全程跟踪理赔的各个环节。此外,其网站还详细地介绍了诸如维修网点、道路救援以及客户理赔感受等各种信息(图4-7)。这使潜在客户在浏览网站时增加了对该公司产品与服务的信任感,从而产生了购买意愿。

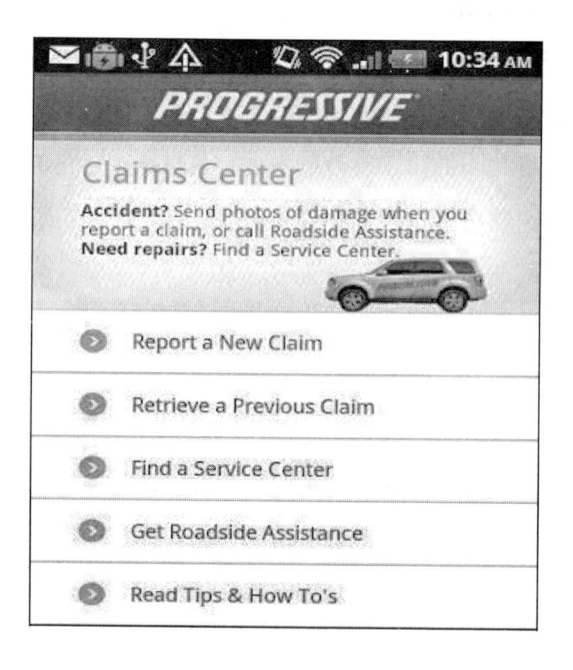

图4-7 前进保险公司的界面

2. 简化服务流程

大数据简化了承保服务流程,为保险人与投保人带来了巨大的便捷。与传统承保过程中的营销员说服客户与客户填单两个步骤相比,在大数据时代,保险公司可以通过与多种社会平台合作的方式作来获取客户信息，包括个人基本信息、医疗记录和驾驶记录等，然后基于对这些数据的挖掘为客户提供有针对性的保险产品和报价，在承保前简化了营销员面对面了解客户的过程。以"平安直销车险"为例，老车主续保及新车主投保，都可以在微信上一键操作完成，大大提高了车险投保的便利性。而且随着微信的日益普及与成熟，车主进行微信投保时还可以有更多的支付选择。

大数据还带来了保险理赔服务的便捷。保险公司可以利用相关数据建立网络智能核赔平台，并加强与移动互联网终端应用的联系，实现互联网保险业务流程自动化，大大缩短理赔的处理时间。如基于大数据的互联网航班延误险有效解决了传统的航班延误险从购买到理赔过程中烦琐的问题。某保险公司在微信公众号上推出的航空延误险，通过后台直接与第三方系统对接的信息共享机制可以减少客户索赔时提交各种资料的麻烦。

3. 提高服务效率

大数据的出现提高了保险服务效率，实现对客户数据单证及其处理流程的优化、对自动核保规则的优化以及对网页流程的优化，从而减少客户的输入数据量，提高单证录入与核保效率。

大数据使线上查勘定损成为可能。以 UBI 保险为例，智能 OBD 记录仪在碰撞瞬间可以拍摄 3 张照片和 1 个短视频并上传到云端，保险公司可以针对拍到的图片和视频进行事故分析，联系核实客户之后指导其对汽车损失部位进行拍照，后台人员根据客户拍摄的照片进行进一步分析，并核损核价（图4-8）。对于必须由专业人员处理的复杂案件，大数据技术也优化了线下查勘过程。当发生需要专业人员现场处理的事件，保险公司的后台云端就会将事故相关信息发送到离事故地点最近的查勘车辆，该车辆随即与出险车辆进行网联，与客户进行交流。

图4-8 UBI保险定损原理

英国的 Insure the box 公司将含有 GPS、运动传感器、SIM卡（用户身份识别卡）和计算机软件的盒子装在汽车上，通过GPS 技术追踪定位失窃车辆，协助客户找回车辆。当盒子检测到车辆撞击或意外事故时，该公司会打电话给客户以确定客户的人身安全。紧急情况下，盒子还会呼叫应急救援部门参与救援。此外，盒子里面的数据亦可协助客户分析车辆损失情况。

4. 提供个性化服务

保险公司可以充分利用大数据对客户个性化描述的便利，根据客户的购买习惯、服务偏好等信息进行客户细分，更好地开展客户个性服务。以平安打造的"以客户为中心"的一体化服务模式为例，平安依托其官网直销平台，打造一站式客户线上自助服务栏目——个人中心，实现了购买跟踪、服务查询、产品营销、客户个人信息维护等各服务独立环节的集约式展现，成功搭建了各环节数据调取以及资源共享的桥梁。通过"个人中心"，线上购买的客户可以自助进行购买跟踪（包括订单、保单、配送状态、产品评价等）查询，录入和修改个人信息（包括偏好、车辆、配送、常用保险人信息等），个人中心还嵌入了推荐好友、订阅信息、投诉、在线客服等网站辅助功能。此外，平安借助一体化服务模式成功实现了面向公司全渠道客户的承保理赔查询。自助服务功能的拓展，有效弥补了线下服务不便的缺陷，极大提升了服务效能和客户满意度。

美国州立农业保险公司推出的 UBI 车险，一方面利用驾驶员的行为数据来计算保费，追踪驾驶员驾车信息，销售保险产品；另一方面也向客户提供多种服务，包括道路救援、驾驶监控等。例如，18 岁以上的美国青年人可以拥有驾照、允许驾车，有些父母担心子女的驾驶安全、去向等问题，州立农业保险公司通过车联网为父母提供关注驾车动向的功能。这些功能被打包成一个服务项目，费用从每个月 7 美元到 12 美元不等。

风险控制

保险的经营对象是风险，因此保险公司经营的核心内容之一即对风险的控制。传统风险控制主要体现在核保和核赔两个环节，保险公司判断客户是否存在逆选择或保险欺诈，主要依靠一些固定标准和核保核赔人员所积累的经验及与公安、交通、医院等部门的合作情况。在面对大量新型欺诈案件时，传统手段和方法难免捉襟见肘、疲于应对。

虽然理论上对于"大数据有助于风险控制和反欺诈"存在普遍的认同。但在现实层面大数据在协助保险公司进行风险控制和反欺诈方面的作用尚未得到有效发挥。

1. 风险控制

大数据的发展极大地提高了保险公司的风控水平：首先，保险公司可利用大数据收集的由移动互联网及移动智能设备技术等终端得到的关于被保险对象的综合信息，经过处理后获得客户准确而且个性的风险信息；其次，在对客户承保后，大数据可以提高对潜在风险的精细管理，有助于事先发现潜在风险以防止潜在风险演变为事实风险。

（1）信息共享平台

信息共享平台的建立是解决信息交流、数据沟通问题的长效机制。通过将保险公司、银行、公安、医院等部门或机构的信息对接，建立诸如"高风险客户""高风险从业人员""特殊名单"等数据库,可以及时发现和识别高风险,提高信息的传递效率。

在健康险中,风险控制是世界性难题,医疗费用上涨、过度医疗、保险欺诈等阻碍着健康险持续发展。在美国,保险公司依靠庞大的投保人资源建立起自己的医疗网络,甚至控制医生的考核与收入,详细审查就医记录,从而使大量过度医疗行为得到了遏制,医疗费用得到严格管控。但严格的成本管控也遭到了很多批评。

近几年,我国多家公司开始试水"保险+医疗"模式。包括人保系、通用再保险、中再寿险、泰康、太平人寿、平安养老在内的保险公司,陆续与海虹控股、卫宁科技等具有医疗控费平台的医疗信息化公司签署了合作协议。海虹已在20余个省、直辖市的百余地市开展医保控费业务,覆盖参保人群约为4亿,监管4000亿元基金。目前,医保审核系统及医疗质量控制系统已在杭州市、苏州市的医保端及部分医院端成功并行。同样,卫宁科技的医院端客户资源约占全国10%,其多年积累的包括临床在内的医疗数据,不仅是医保产品开发、理赔的基础,也是进行医保控费的关键。通过与医疗控费平台的合作,保险公司可以收集到患者的医疗信息,建立被保险人的完整健康信息档案,并对病患做到提前预防、病后报销,从而更好地进行风控。同时,病患每次的就医记录将成为其能否顺利参保的重要依据。

我国于2016年1月建立了首个"人身险核保理赔风险筛查平台",填补了我国保险行业核保理赔风险信息查询的技术空白。该平台由中国保险行业协会发起,由慕尼黑再保险公司提供技术支持,其主要功能(图4-9)包括:一是风险信息发布,针对投保和理赔可疑客户,保险公司核保理赔人员可通过"案件发布"功能,发起相关信息排查;二是风险信息回复及查询,其他保险公司进行风险信息回复和标识,并可查询系统记录的疑似欺诈客户信息;三是多维度统计分析,可对欺诈类型、欺诈客户特征等进行数据分析,监测欺诈发展趋势,有效识别核保和理赔风险;四是风险防范行业协作,平台内置了各保险公司相关核保理赔人员联系方式,方便行业协作开展案件联合调查和防范欺诈。

图4-9 我国"人身险核保理赔风险筛查平台"

(2)潜在风险控制

利用大数据技术,保险公司可以通过对客户行为的"追踪"来加强客户行为管理,减少被保险人出现事故的概率,从而降低保险公司的风险。

国外保险公司大多是基于可穿戴医疗设备和提供健康咨

询来降低被保险人风险,而且效果显著。如 Humana Vitality 面向雇员的健康应用 App,通过追踪记录客户的运动,可以指导客户提高健康状况。此外,Humana 还开发了如 My Humana、Humana are Match、Humana Pharmacy、Humana Core 等健康应用,为会员和客户提供健康咨询、服药提醒等全方位服务(图4-10)。

图4-10 Humana Vitality应用App

在国内，泰康在线与咕咚开展了"活力计划"互动式保险服务。咕咚鼓励被保险人将自己每一次运动的数据加以记录并上传网络，分享自己运动的数据与体验，经常运动的被保险人将会获得额外的经济收益，如提供保费优惠、礼品回馈等。又如小雨伞保险，客户在关注"微信运动"公众号后，最低每天投保1元，根据每天走路步数决定当天的津贴红包，红包金额在0.2~1.6元。保险公司通过这些方式鼓励客户运动，降低客户的健康风险。

车险和财险中也有类似的尝试。在UBI车险中，保险公司通过收集到的数据对客户的风险进行分析，如果表明客户的安全驾驶习惯已经养成，发生事故的概率降低，保险公司就会主动降低保费。美国州立农业保险公司与警报安全公司合作，为客户在家中安装智能家居设备。当家中出现失火和漏水等意外情况时，该设备可自动采取减损措施。当家中出现犯罪行为时，该智能设备也可通过远程通信提醒住户采取措施。这些措施都降低了客户的出险概率。

（3）建立预测模型

通过大数据建立预测模型，保险公司可以有效地进行风险控制。美国利宝互助（Liberty Mutual）保险集团，结合内外部约1.4亿个数据信息对客户进行早期异常值检验，数据包括客户的个人数据（健康状况、人口特征、雇主信息等）和集团的内部数据（过往的理赔信息和已经采取的医疗干预信息等），通过及时发现并采取措施，使平均索赔费用下降20%。

伴随着新数据的加入,利宝互助的预测模型不断进行调整,其准确率还在不断提高。

2. 反欺诈

从保险业诞生之日起,保险欺诈就如影随形,不仅增加了保险公司的运营管控成本,而且还损害了客户权益,造成保险服务资源浪费。大数据能够弱化部分不对称的信息,通过构建一个基于大数据的反欺诈网络,可以将保险公司的各个部门、第三方平台、网络和通信运营商等平台整合起来,让保险欺诈无所遁形。首先,保险公司可以通过反欺诈网络实时获得客户之前的购买信息、理赔信息,利用大数据分析技术,对客户的信用水平进行划分,拒绝承保可能做出欺诈行为的客户;同时,根据客户的购买信息也可以确认客户是否购买超额保险或重复保险,避免高额投保所导致的故意造成保险标的损失的情形。其次,保险公司可通过反欺诈网络实时获得客户的出险信息,例如,在车险中,客户在高速公路上驾车发生事故后向交警报案,保险公司就能够及时获得报案信息。同时,保险公司可以加强与修理行业的合作,获取关于每辆汽车的维修、保养情况的数据,以避免客户从保险中不当得利,防止保险欺诈。

在反欺诈领域,国外已经领先一步。在车险中,英国有三大保险反欺诈数据库,分别是汽车保险商贩和盗窃数据库(MIAFTA)、汽车保险数据库(MID)以及理赔和承保信息交流数据库(CUE)。MIAFTA 由英国保险人协会运营,数据库包括车主姓名、住址、汽车牌照、底盘号码等多种信息，保险公司可以在该平台查到汽车的索赔历史记录并与之前的保险公司联系。MID 由英国汽车保险商务部进行运营，数据库内的信息与 MIAFTA 数据库相比偏重了对保单持有人信息的记录，可以迅速辨别驾驶人的身份信息。CUE 数据库由欧洲保险及再保险联盟建立，数据库可以在投保和理赔两个环节审查恶意投保行为，并建立理赔的历史档案以防范潜在欺诈者。美国各州已经筹划在未来建立全民医保的网络销售平台时，附加建立用于识别和侦破异常索赔数据的专业软件平台。该软件平台可寻找数据间的规律以追踪鉴别欺诈现象，并具有实时更新的功能。

在反欺诈中，可以利用的大数据技术包括以下三点。

（1）风险场景技术

风险场景技术是指利用数据对骗保人员作案的主要手段或是案件表现出的特征进行综合分析。如在车险领域，当记录显示一起事故中同时出现"同一辆车作为'第三者车'曾多次出现""无人受伤""车辆受损部位相同"等风险场景特征时，理赔人员就有理由相信该案件可能属于骗保事件，并应做进一步调查。大数据的出现丰富了风险场景中可被读取的风险因子，极大提高了骗保事件的识别率和准确率。

规则分析和模型分析都可以对各类风险场景和风险因子进行分析并生成风险案件。规则分析是将稽查和理赔中业务员积累出的漏损场景概括出具体特征，并将上述特征加以量化描述，然后在后台系统中将符合上述特征的案件筛选出来并进一步分析其是否存在骗保情况。这是对国内外保险业骗保案件的高度总结。模型分析则将反映赔案风险的数据进行深度挖掘并处理成可被模型识别的有效数据，然后使用模型进行分析，识别出数据层面表现异常的赔案。

全美反保险欺诈办公署就运用预测技术，建立统计分析模型，来识别数据中所隐含的索赔人复杂的行为方式，还开发了索赔评级系统，根据索赔人的年龄、事故类型、涉及的交通工具类型以及医疗处理频率等评级，依据评级得分高低来确认该索赔是否有欺诈成分（图4-11）。

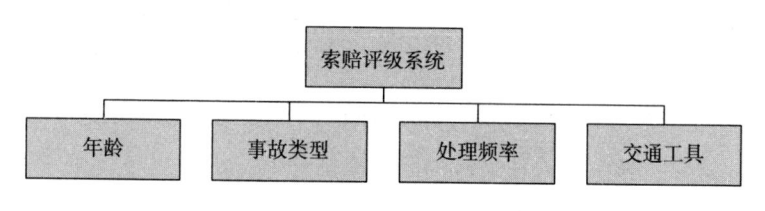

图4-11预测技术判断欺诈行为

以美国Allstate Corporation汽车保险公司为例，该公司根据理赔数据、理赔人数据、网络数据和揭发者数据在后台系统模型的识别结果判断该案件是否有诈骗嫌疑，并将对应案件交由特别调查部门审阅。据统计，大数据成功帮助该公司在车险领域减少了30%的诈骗案，50%的误报率，以及将整个索赔成本降低了2%~3%。

世界著名的数据库律商联讯（Lexis Nexis），凭借优异的信息来源、先进的网络技术和专有的品牌资源，为法律机构、企业、政府与学术单位提供全面、权威的信息服务。在保险业务方面，它可以利用理赔、政府数据和犯罪记录监测出大量欺诈行为。该数据库通过关联大量美国保险公司理赔数据、第三方保险公司的历史理赔数据，按照关系匹配官方数据（如婚姻记录）和犯罪记录，自动整合理赔人的犯罪记录及相关人记录，通过算法监测欺诈行为及欺诈网络。通过大数据监测发现，超过 20% 的理赔请求属于欺诈、重叠或不当，而且存在医疗机构介入汽车保险欺诈网络的情况。

我国也有类似的应用，如"航空退票险"。该险种上线之后赔付率一度高达 190%，在后台通过数据监测，发现某些地理位置频繁出现连续的、非正常的退票行为，跟踪结果居然牵扯出一条以帮人退票为主业的造假产业链。通过数据建模和优化之后，该款保险在短时间内迅速扭亏为盈。

（2）智能系统

智能系统也可以有效识别欺诈行为。如 UBI 保险中，智能 OBD 记录仪一方面可以通过分析驾驶轨迹来判断是否存在诸如营运车购买非营运车保险的情况；另一方面可以通过碰撞时刻的视频和照片判断事故的真实性。

（3）生物特征识别技术

生物特征识别技术是指通过人类特有的生物特征对其进行身份识别或验证的一种技术。由于具有很好的判别性和持久性，生物特征识别技术很好地解决了寿险及社会保险中经常出现的冒名顶替骗取保险金的问题。如可以在养老金发放系统中加装人脸识别系统,在采集录入工作完毕后,参保人员就可在相应时间凭"人脸签到"领取养老金。认证过程不仅省时高效,还可以确保养老金的精确发放。

我国互联网保险的发展历程、潜力和趋势

发展历程

我国互联网保险的发展始于1997年,在过去20年时间里,我国互联网保险的发展主要分为四个阶段:萌芽期、探索期、全面发展期和爆发期(表4–1)。

表4–1 我国互联网保险发展的重要阶段

阶段	时间	主要事件
萌芽期	1997—2007年	1997年底互联网保险信息公司诞生
		2000年8月太保与平安开通全国性网站
		2000年9月泰康在线开通
		2005年电子签名法颁布
探索期	2008—2011年	电商平台兴起
		保险网站如惠择网、向日葵网等纷纷涌现并获取风投

续表

阶段	时间	主要事件
全面发展期	2012—2013年	互联网保险依托官方网站、保险超市、门户网站、O2O平台、第三方电商平台等多渠道展开
		理财型保险引入第三方电商平台，销售火爆
爆发期	2014年至今	保险电商化成为趋势
		进军移动端，向无纸化、智能化、客制化、智能保险系统发展

资料来源：《互联网保险行业发展报告》，平安证券研究所。

1. 第一阶段——萌芽期（1997—2007年）

1997年，中国保险信息网成立，它是我国首家保险网站，也是我国最早的保险行业第三方网站，这标志着互联网保险在我国的真正开端。在此期间，太保公司、平安公司、泰康人寿等陆续进入互联网保险市场并开展了自己的互联网保险市场业务。可是，由于在这个过程中遇到了互联网泡沫的破裂，整个互联网保险市场也受到了很大的冲击，发展一度受到制约。我国2005年颁布了《中华人民共和国电子签名法》，我国的互联网保险又面临着新一轮的发展。

2. 第二阶段——探索期（2008—2011年）

阿里巴巴等互联网公司的迅速崛起为中国互联网市场的发展创造了很好的环境。随着互联网保险发展的成熟，细分市场也慢慢涌现。惠择网、向日葵网等保险信息服务平台也顺势而出，在大量资金的追逐中也进一步推动了互联网保险市场的发展，同时竞争也开始加强。2011年9月，保监会出台《保险代理、经纪公司互联网保险业务监管办法（试行）》，标志着互联网保险业务向规范化与专业化转变。

此发展阶段过程中，最突出的特点是整体保费收入较少，其拓展市场的能力和价值还没有彻底体现出来，资源的配置也没有充分地重视和利用，期待有效的政策进行必要的扶持。但是，可以预见其发展的潜力和爆发力，稳定的消费群体、高素质的消费人群的增长，都将成为互联网保险市场发展的重要助力。

3. 第三阶段——全面发展期（2012—2013年）

截至2012年，我国的互联网保险保费收入已达百亿的规模，由于互联网销售的特性，其中以短期险种为主，有些寿险公司也开始发力，尝试从健康险和万能险等方面开始销售，网上全部在线品种有60余种。在此期间，保险的销售模式也开始呈现多样化同步发展。官方网站、离线商务、保险超市和第三方互联网平台等协同发展，实现了线上与线下的资源配合。淘宝和京东都建立了专门的互联网保险销售门店和互联网保险公司等。

2013年被誉为互联网金融元年，可见其里程碑式的价值所在。互联网保险也借势展开强势发展，2013年的"双11"销售寿险保险产品总额超过6亿元，国华人寿更是取得了

10分钟1亿元的成绩。这种对传统互联网销售模式的彻底颠覆更是一个巨大的创新，势不可当的强劲推动力孕育着更大的爆发式增长。经过了前期的互联网保险发展，其在产品设计、销售、数据分析等各方面都有了相关管理经验，并建立了一套较为完整的互联网保险销售的多样兼容模式。

4. 第四阶段——爆发期（2014年至今）

前期的发展，使社会对互联网保险的理解一步步深刻，对其价值也有了更多的认可，对其发展可能出现的风险也有了一定的认识和防控的手段。可以预见，互联网基础设施的建设已初具规模，社会经济的渗透影响也逐步显现，互联网保险在此大势中的爆发性增长也已经到来。2014年互联网保险保费收入为858.9亿元，约占全年保费收入的4.2%，同比增长195%。同时，互联网保险销售业务的保险公司共85家，超过我国保险公司数量的一半。2015年，我国实现互联网保费收入2234亿元，同比增长160.1%，占总保费收入的9.2%，已有超过110家保险公司开始经营互联网保险，占所有保险公司数量的七成以上。

2016年，由于保监会的相关监管趋严，前海人寿、恒大人寿、华夏人寿、东吴人寿等8家保险公司的互联网渠道保险业务被叫停，互联网保费收入增速有所放缓，占总保费比重也有所下滑。2017年，行业监管更加严格，短期内在一定程度上限制了互联网保险规模的扩张（图4-12）。

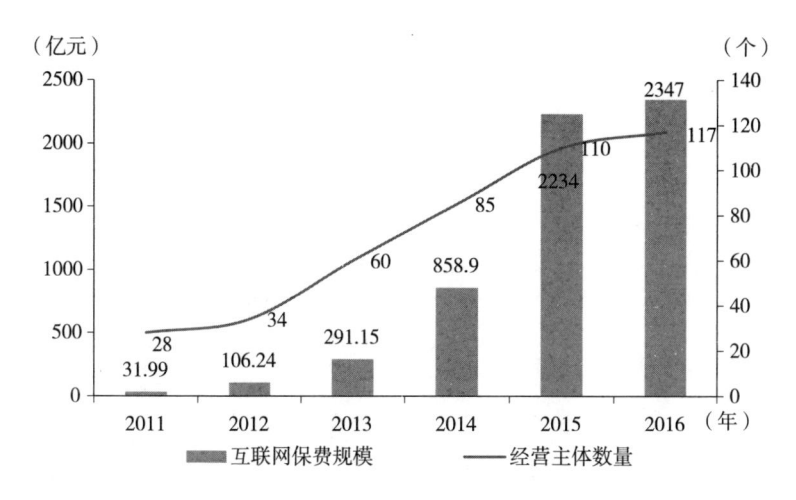

图4-12 我国互联网保费规模增长情况

发展潜力

近年来我国保险业处在快速发展阶段，人们的保险需求也在不断增加，尤其是在 2014 年提出"国十条"（2020 年保险深度达到 5%、保险密度达到 3500 元人民币 / 人）目标以后，将行业发展提升到了国家战略层面。保险业的发展和保险需求的不断增长为互联网保险的发展奠定了需求基础（图 4-13）。

虽然经过 20 年的发展，我国互联网保险的渗透率仍然不足，除了车险和理财型保险，其他险种的基数非常小。这与发达国家的互联网保险发展阶段相去较远，但这也正说明互联网保险在我国未来蕴含着巨大的市场开拓发展潜力。渗透率从 2011 年的 0.22% 增长到 2015 年的 9.2%，再到 2016 年渗透率回落到 7.6%，但随着互联网保险模式的不断探索，渗透率必将进一步提升。

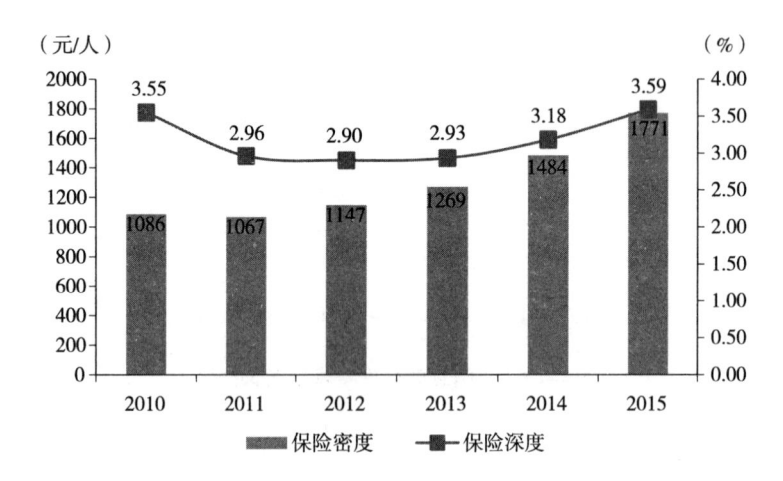

图4-13 我国保险深度和保险密度

从目前的互联网保险产品占比结构来看，车险和理财类保险是最主要的两类产品。根据 2015 年底保监会发布的互联网保险数据：在财产险中 93% 为车险；在人身险中 96% 以上是人寿保险，其中高现金价值的理财型保险占比高，保障型人身险占比很低。随着模式和渠道创新，互联网保险适用的险种范围必将更加广阔，产品结构也将逐步优化和多样化。

未来可见，移动互联网的兴盛对互联网保险也是一轮新的革命，原来一系列的互联网保险服务将进一步加深，加之更加便利的操作，又一次突破对地域、时间和空间的限制。移动终端服务能实现更多的应用场景，包括无纸化、智能化、客制化（为客户提供保障的高级定制保险产品）和打造智能移动保险生态系统。

当前，我国互联网保险营销模式已基本能实现在线咨询、在线支付、自助服务、网上理赔等功能。总体来看，我国互联网保险发展已进入实质转化的阶段，未来发展将呈现加速度的态势，覆盖面也将日益纵深。

发展趋势

任何创新实践都需要基于投入成本和效率优势获益的比较分析开展。互联网保险的创新投入成本既包括"破坏性创新"打破原有业务模式对现实收入造成的损失，也包括数字化转型对于数据资源获取、数据技术应用以及与之相适应的人员、组织架构的调整产生的相应成本。对于互联网保险机构来说，实施创新的投入规模需要提前进行总量和财务方面的规划，需要考虑总体投入和融资能力以及经营获得现金流的匹配，仅仅通过跟随式的分步投入可能无法实现创新投入成本和效率优势获益之间的平衡。

从创新演进的角度看，我国互联网保险行业需要经历"三级跳"才能实现数字化转型的目标。"一级跳"的主要内容是线上渠道的开拓。保险公司基于互联网和移动互联网渠道的开拓适应了网上消费人群的购买习惯，同时基于流量的变现降低了人均获客的成本，目前线上保险渠道的设立已经成为保险公司开展互联网保险的标配，毕竟线上保险销售和普通的电子商务并没有太多的区别。在此阶段，基于服务内容仅限定于销售，价格成为消费者关心的核心问题，理财型保险和车险业务的线上化成为这个阶段的主要内容。此阶段对于保险公司需要的投入也仅仅是网站的建设和维护；当然，第三方平台凭借流量优势也可成为保险机构比较理想的合作对象，但由于流量是线上销售的基础，保险机构在和具有流量优势的第三方平台的合作中往往处于比较被动的地位，与此相对应，也需要支付相对较高的渠道成本。因为信息展示内容的限制使该模式具有明显的局限性，适用于该模式的保险产品往往是标准化程度较高、服务内容差异性较小的一类产品，而更多体现保险风险管理职能，适应个性化风险管理需求的产品在此模式下实际上无法提供。

基于以上情况，互联网保险"二级跳"的主要内容是基于线上场景的扩展和新技术的应用提高保险业务流程的互联网化程度，包括从数据来源的扩展到业务流程数据的获取为风险定价、核保、理赔流程再造提供支持。现有的大量基于特定场景出现的互联网财产非车保险包括退货运费险、航空意外险、账户安全险等即属于这个类型。上述保险基于特定场景的具体需求产生，但件均价值低、发生频率高是共同特点。基于特定的场景需要保险公司通过外部合作获得提供服务的机会，同时线上场景也为保险公司实现线上核保、理赔提供了数据支持，使

第 4 章 互联网保险概述

保险公司可以通过线上闭环服务或者部分线上闭环服务实现件均服务成本的大幅度降低，进而实现人工环节成本较高对保险服务范围的限制。此阶段是目前互联网保险机构正在经历的主要内容，线上场景的获得以及业务流程的数据化改造是现阶段的主要任务，但是受社会经济整体互联网化进程的影响以及新技术的应用尚处于起步阶段，现阶段互联网保险已经实现覆盖的场景大多属于碎片化、件均低价的场景，而对于大额财产、人身健康等更需风险管理覆盖的领域供给能力不足。保险公司参与该阶段的竞争需要以场景的获得和服务流程的数据化改造为前提，相应的投入远远大于渠道阶段的投入，甚至需要获得战略层面的合作或者股权结构调整实现。通过以上分析也可知道，由于技术创新成为场景拓展的重要驱动，新技术的应用获得保险行业高度关注。

新技术的应用将对现实世界诸多领域产生实质性影响，仅仅通过保险公司一个环节显然无法实现建立全新业务模式所需要的基础条件，技术应用的落地需要基于对保险生态的协调能力才能实现，这就是互联网保险的"三级跳"——产业链生态重塑阶段。数字化保险生态圈的塑造既需要打通相关产业链条，形成高度一致的战略协同，同时也需要强大的数据资产和数据分析技术实现数据对保险业务的驱动。保险相关产业链的打通需要较为清晰的战略设定和强大的实力作为支撑，同时具备以上条件的公司在国内和国际范围都属于少数；数据资产和数据分析技术是大型互联网公司的强项，但是针对诸多场景的深入挖掘远非单独一家互联网公司可以胜任，数据资产获得、数据分析技术能力以及特定场景风险管控能力的组合成为另外一种符合互联网保险投入产出逻辑的模式。前者我们可以称之为"闭合生态圈模式"，后者我们可以称之为"开放平台模式"。除此之外，基于目标状态和现实起点之间存在的较大空间，采取O2O（线上线下相结合）的模式也成为我国互联网保险发展过程中经历的一个模式，但是该模式需要基于对市场和技术进步的深度洞察，需要建立以成本为导向的运营模式调整机制。

1. 闭合生态圈模式

互联网保险通过构建生态圈，既可以使用跨界竞争、客户迁徙战略建立竞争优势，又可以通过产品组合优势压缩渠道成本，提高盈利水平。互联网巨头做金融，靠的是日常生活方式作为入口，然后再提供一些金融服务，最终进入金融产业，而金融机构则希望通过金融服务作为起始点搭载到互联网里去，比如，在互联网金融领域处于领先位置的平安，开发平安好车、平安好房等，都是希望通过金融服务延伸到生活服务领域。这两种方式可谓殊途同归，都是要建立一个闭合的生态圈，提供吃喝玩乐、衣食住行、生老病死的全方位服务和各类金融理财服务，将客户牢牢把握在可以掌控的场景之中。

那么如何形成保险产业链生态圈呢？一种方式是做保险上下游的产业链的整合和延伸。比如，随着互联网的不断渗透，寿险业将通过集中医、药、健康、养老、投资等在内的关联产业和客户，整合衍生产品和相关增值服务，最终形成一个互联网保险的生态圈；另一种方式是提供包揽客户衣食住行玩的大部分基础服务，满足客户日常生活所想所需，全方位体现并成就客户价值，让客户认知到保险企业具有的巨大价值和能量，从而建立起信任感与忠诚度。[①]下面我们以医疗健康生态圈与汽车生态圈为例，解析互联网保险如何通过深度解决垂直领域的痛点和保险产业价值链的延伸，打造保险生态圈。

（1）泰康医疗健康生态圈

泰康自 2008 年聚焦生命产业链以来，加速健康产业链与保险产业链的融合，形成了"普惠医养+高端医养"的健康服务新模式。近年来，公司一直在谋篇布局大健康、大医养战略，为完善国家医养三支柱体系尽责，先后参与多省市城乡居民大病保险业务，在全国八城建设医养融合养老社区，与美国约翰霍普金斯等国际知名医院以及国内 1000 多家医院合作，形成国内顶尖的"防诊治康"一站式医疗健康服务网络。

响应监管号召，积极研发并销售税优健康险，是泰康探索"保险+医养"新型保障体系的又一个新开始，是泰康提升居民个人保险保障，缓解社会与个人医疗费用支出压力的重要举措。2016 年 2 月 16 日，泰康养老等 3 家险企首批获准经营个人税收优惠型健康保险业务，该保险终于从政策制定和产

[①] 互联网保险规模暴涨生态圈扩围现三大趋势. 和讯科技 [EB/OL]. http://tech.hexun.com/2015-11-23/180737532.html.

品、系统开发阶段全面迈入经营阶段。泰康充分发挥"互联网+大健康"优势，为税优健康险搭建了全流程O2O服务体系，为客户提供自助投保、自助理赔等便捷的服务。客户能够通过泰康大健康产业链内的全方位健康管理服务享受到包括"365×24小时的电话咨询问诊"，"全国千余家医院的精准导诊、转诊预约、住院安排、诊后随访"，以及"约翰霍普金斯等海外医院的二次诊疗、远程会诊"等服务。泰康养老作为泰康的全资子公司，近年来业务领域不断拓展，在保持企业年金管理优势的同时，还开发了全系列的团体及个人长期养老和健康保险产品，公司产品线已经全面对接国家医养体系，通过定制化、个性化服务，可为雇主及雇员提供一揽子医养解决方案。

（2）平安集团依托平安科技打造车险新生态

2016年2月，平安集团官方声明将平安好车和平安产险进行业务整合，并表示合并举措是为了延长整体生态链。车主从挑车、买车交易，用车买保险，日常使用，安全驾驶保养，包括地图、违章查询，再产生可能要卖二手车这样的需要，形成产业链条。平安一步步从布局二手车、车险、租车、汽车电商、汽车行车数据领域，逐步建立起了自己的汽车生态圈。

平安产险于2014年底推出好车主App，主打车生活概念，目标是为车主提供最优惠的车险投保通道、实时理赔进度、权威的全国违章查询、快速获取保单信息以及丰富的积分体系，涵盖了车主的车保险、车服务、车生活，成为打造车主车生活的重要平台。在"车保险"方面，车主使用好车主App可在几分钟内完成在线自助投保，已投保客户甚至可实现一键续保；好车主还包括"平安行"和"绿色出行"功能，结合传统的车辆参数，通过记录行驶里程和驾驶行为对客户行为特征进行精准评估，最终为一人一车一价的UBI产品提供支撑；"车服务"方面，好车主平台聚合4S店及修理厂，可支持车主实时咨询用车问题并找到最优解决方案、违章查询模块、24小时内完成违章代办等服务；"车生活"方面，好车主App联合平安车主信用卡，满足条件的车主即有机会享受加油折扣、加油奖励以及加油移动支付等便捷服务。①

　　平安集团除了上述在汽车领域的布局之外，还专门成立了平安科技，目标是为金融服务提供技术支撑。平安集团董事长马明哲在股东大会上表示，集团每年要将业务收入的1%用作科技研发支持。2016年，平安集团业务收入7700亿元，投入科技研发和创新的资金超过70亿元，重金打造科技实力。正是依托平安科技的支撑，平安车险可以使40%的车险实现查勘员5分钟到达现场，还可以预测哪些地区容易发生车祸；平安科技公布的一项声纹识别技术可以从十几亿人的声音中辨识出个人的声音，此类技术的支撑将为客户服务的便捷性发挥重要影响。基于以上分析可知，凭借保险公司清晰的战略规划和持续的投入，打造封闭的生态圈成为我国互联网保险创新发展

---

① 平安好车与众不同的改革之路．内蒙古新闻网—财经频道．http://economy.nmgnews.com.cn/system/2016/03/09/011911141.shtml．

的一种可行模式。

2. 开放平台模式

互联网公司凭借持续多年的技术投入在数据收集及分析应用方面建立了明显的优势，针对保险行业输出场景、风控等服务能力成为其参与保险行业的一种方式。以阿里为例，其电商业务不仅为我国最早的互联网场景保险——退货运费险提供了基本的业务场景，还产生了包括多类保险产品、覆盖电商业务各个环节的消费保险。所谓消费保险就是利用保险机制为消费行为提供保障，从质量、价格、物流等各环节提升消费体验，化解纠纷，提供经济补偿的保险业务。通过消费保险产品的开发，一方面，保险切入消费场景，提升互联网消费活力，用户需求敢于进一步释放；另一方面，蓬勃生长的互联网消费又反过来激发更多的保险需求，为保险带来增量。保险与消费在互联网领域产生了相互促进的"共生效应"。来自蚂蚁金服保险平台的数据显示，在2016年"双11"电商节上，仅蚂蚁金服平台，消费保险保单数在12小时内达到了3.9亿单，消费保险成为全球保单量最大的险种。

除了场景的支持，阿里旗下的蚂蚁金服还利用科技优势推出"车险分"和"定损宝"，为保险服务的关键环节提供解决方案，从完善行业基础设施的角度为保险行业赋能。2017年5月25日，蚂蚁金服宣布向保险行业开放首个"车险分"，以蚂蚁金服在大数据、人工智能、数据建模等方面的技术积累，为保险公司更准确识别客户风险、合理定价、个性化服务提供支撑。"车险分"综合了职业特性风险度、身份特质风险度、信用历史、消费习惯、驾驶习惯、稳定水平等"从人"信息对车主进行精准画像和风险分析。保险公司在获得用户授权的情况下，可以查询用户的车险标准分，依据车险分进行更为精确的车险定价。

"定损宝"应用了深度学习图像识别检测技术，通过部署在云端的算法识别事故照片，用户与保险公司连接后，在几秒钟之内就能给出定损结果，包括受损部件、维修方案及维修价格。"定损宝"的推出将使自动定损成为现实，其普通个人使用的版本中，用户自己拍照就能实现定损。在"定损宝"自动目标识别、车辆损失程度判定，维修方案简单便捷的功能背后，实际上需要依靠大量的数字处理、物体监测和识别、场景理解和智能决策技术的支持。据介绍，"定损宝"首先收集了大量的有标记的图片供机器学习，系统通过对大量的各种格式和各种来源的图片进行结构化规整、数据整理、清洗以及必要的标注建立自己的知识图库，系统通过对比接收到的图片和存储中的各类图片判断车型和各种零配件。"定损宝"技术团队在分析了多个会对损伤判定造成干扰的因素之后，针对不同的车型、颜色和光照条件进行模型迭代学习，融合多个模型的经验，制定出现在的"定损宝"解决方案。该技术能够输出针对各种程度的剐蹭、变形、部件的开裂和脱落等损伤的定损结论。当受损程度判定完成后，"定损宝"根据保险行业在车辆维修过程中的既有规则提出维修方案建议。"定损宝"可以有效帮助保险公司减少理赔渗漏的比例，同时将有效解决中小险企在偏远地区和高峰时段查勘能力不足的问题。

通过以上分析可知，基于场景和技术优势，通过打造开放的技术平台，整合保险公司资源成为我国互联网保险创新发展的又一种模式。

3. O2O模式

互联网能够为保民提供线上便捷的保险产品比价、选品、购买及咨询、资讯服务；而线下着重的不仅是便捷，更体现一种增值服务，除去提供最优惠的价格，更是全程跟踪、协助所有被保险人，让被保险人最直接快速地收到保险赔款。在整体产业链上效率存在瓶颈、技术创新有待持续优化的情况下，互联网销售渠道和传统的线下代理模式是两种发展方向，它们的关系也应该是相互补充的，而不是取代与被取代的关系，保险企业及从业人员在看待这两种渠道的时候，也应该更理智。线上线下O2O相结合的模式是一种创新的商业模式，是对保险行业从承保、理赔、系统支持、客户服务等全方位运营体系的完善。①

O2O模式比较适合于寿险业务。一方面，产品、服务、综合开拓都可以通过拥抱"互联网+"；另一方面，利用线下

---

① 袁园. 互联网时代却专注线下门店华泰财险打什么算盘［EB/OL］. 每日经济新闻. http://money.163.com/16/0112/01/BD3GQKC700253B0H.html。

队伍为客户面对面提供更好、更优质的服务。比如,北大方正人寿与北大医院合作,通过互联网方式获得更多的医疗准用户,同时借助北大公开课的流量获得更多的客户资源,由传统的寿险服务转向线上,获得具有医疗和教育需求的准客户,经过中间数据、平台分析和客户定位,最终通过专业代理人实现真正的寿险销售。[①]

而华泰财险在 2016 年 1 月启动了专属代理门店(EA 模式)的全国试点运营,更是凸显出互联网保险线上线下相结合的商业模式。华泰财险相关负责人表示 EA 门店的核心优势在于服务,因此客户定位于价值敏感型而非价格敏感型客户。公司鼓励店主通过良好的服务发展直接客户,反对店主通过其他中介渠道获取业务。未来,华泰将加强两大战略主渠道之间的深度融合,打通线上与线下,最大限度地发挥 O2O 模式的优势。

基于以上分析,O2O 线上线下相结合的模式实际上是一个动态平衡的过程,该模式需要基于对市场和技术进步的深度洞察,需要建立以成本为导向的运营模式调整机制。

---

① 刘小微. 寿险拥抱"互联网+"O2O 模式受青睐 [EB/OL]. 金融时报. http://www.financialnews.com.cn/bx/sx/201510/t20151014_85346.html.

第 5 章
保险科技创新实践

随着互联网与保险业的加速融合，保险业迸发出前所未有的商业机遇，而《互联网保险业务监管暂行办法》的下发，也为保险科技的创新发展创造了必要的制度环境。在我国，保险科技聚焦渠道、产品、服务三大领域，通过积极的探索取得了显著的成绩，同时也为我国保险科技事业的进一步发展积累了大量鲜活的经验。

保险科技在财产保险中的创新实践

财产保险主要分为车险与非车险两大领域，保险科技在上述两大领域均有应用。尽管从业务份额上来看互联网车险保费规模目前远远大于互联网非车险，但互联网非车险不论是在销售渠道，还是在产品设计以及核保、理赔等领域都涌现出了大量的创新案例，并且有较大增长空间。在互联网非车险业务中，排名前三位的险种分别是财产险、意外健康险和信用保证保险。

业务概况

互联网的高速发展，给传统保险业带来了巨大的冲击和变革，将传统保险互联网化已成为整个保险业的必然选择。越来越多的财产保险公司意识到互联网业务的巨大发展潜力，但互联网保险并非只是单纯地将传统保险搬上互联网平台，而是要从创新、创意的角度，并结合不同的消费场景，制定出全新的保险险种，诸如由众安保险、平安保险联合推出的"保骉车险"，华泰保险与淘宝合作推出的"退货运费险"，意时网推出的"碎乐"，人保与支付宝、微信合作推出的"账户安全险"，以及德国保险代理公司Friendsurance推出的P2P保险，等等。

在产品创新方面，UBI车险以个性化定价为主要特点，成为众多保险公司运用保险科技尝试创新的主要领域，市面上相继出现了保骉车险、腾讯路宝、车宝、通易优驾、元征GOLO、领航欣车智通、永泰和车医生、开元智信通、方硕邦途车管家、深圳成为智能等产品。在理赔方面，微信查勘、电子理赔单据、电子保单等方式的使用也让用户感觉到更加便利。而互联网非车险中包括，出行类保险如航班延误、旅行保险、酒店取消等，场景化保险如退费险。互联网短期医疗保险遵循了融入场景和深挖需求的原则，一方面将高流量的电商平台转化为保险销售渠道，另一方面努力寻找客户的"痛点"，以满足客户实际需求为目标帮助客户实现风险管理，获得了市场的认可。

案例：保骉车险

保骉车险是由众安保险、平安保险联合推出的国内首个互联网车险品牌，这也是国内首个以 O2O 合作共保模式推出的互联网车险，还是国内车险费改后首个"互联网+"样本。保骉车险以合作共保的形式联手，依靠双方大数据资源，以 OBD、ADAS、多通道场景式理赔服务体系等创新技术为驱动，力图将差异化定价和精准服务等车险概念变为现实。

1. O2O 合作共保

共保模式是保骉车险的最大亮点之一。共保意味着数据共享，风险共担，系统互通。众安和平安利用各自优势，全面实现线上线下的高度融合。

作为国内首家互联网保险公司，众安保险利用既有的互联网资源，嵌入高频的移动互联网场景中，利用不同互联网场景特点针对性地获客，使碎片化的客户需求得以满足。在定价方面，保骉车险依靠互联网大数据，根据车主的驾驶行为习惯等多维度因子进行定价。平安行业标杆性的服务是整个保骉车险得以落地的基石。在保骉车险中，平安凭借其成熟的行业经验和积累的历史数据，参与整个产品的设计流程。除了定价和核保外，平安为保骉车险提供全方位的车险理赔服务。

2. 差异化车险服务

保骉车险根据用户的驾驶习惯等多维度因子实现差异化定价，为不同用户提供差异化的车险服务。未来保骉车险的用户都将受赠 OBD 设备使用权，在消费者授权后记录用户的驾驶行为数据，之后，保骉车险将对用户的驾驶行为习惯进行分析，根据用车的频次、程度，设计不同的产品，为车险的多维度定价和服务推送提供参考。

3. 互联网车险产业链

未来，以 OBD、ADAS 等为代表的车载硬件技术将成为车险乃至整个车险产业链的助推器。有业内专家认为，互联网车险中最重要的就是数据的获取。保骉车险的用户都将受赠 OBD 设备使用权。在整个保骉车险产业链中，技术创新还将扩展车险相关业务的外延，衍生出新形态的保险服务。

案例：Friendsurance

Friendsurance 是 2010 年创立于德国首都柏林的一家保险代理公司，公司名是英文单词朋友（friend）与保险（insurance）的结合，其首创了"P2P 保险"的概念。

在 Friendsurance 的创始人看来，传统保险太贵并且缺乏透明度，很多人每年支付高昂的保费却没有得到任何回报。因此，Friendsurance 提出了具有革命性的 P2P 保险概念，以奖励那些每年年底没有出现索赔的小组成员。

Friendsurance 的模式是用户先在 Friendsurance 平台购买相应的保险产品，然后通过 Facebook、Linkedin（领英）等社交平台邀请朋友、家人组成 4~16 人的小组，建立互助保险关系。用户也可以不邀请好友，Friendsurance 会通过网上自动匹配的方式，将持有相同类型保险的用户进行分组。

用户所交的保费会被分为两部分，一部分作为传统保险产品的保费，另一部分则进入一个回报资金池。每年年底，如果小组里没有成员出险，则各成员能够获得回报资金池中保费的返还，最高可以达到 40%，如果发生了索赔，则每个成员获得的返还奖励将相应降低。

根据 Friendsurance 提供的数据，2013—2014 年，有超过 80% 的消费者获得了保费返还的奖励，其中财产保险保费的平均返还比例为 33%。

如果小组中有成员出险，当其索赔额度较小时，则从回报资金池中直接予以赔付。当索赔额度超过回报资金池的覆盖范围时，则由保险公司对超出的部分予以赔付，形成小额赔付互助分摊，大额赔付由保险公司承担的模式。同时，如果发生的小额索赔较多，回报资金池的资金在其覆盖范围内不足以处理索赔时，Friendsurance 还建立了一个止损保险，以承担超出资金池承受能力的部分。Friendsurance 通过不同层次的保障措施，使投保人可以自始至终享受完全承保，同时也不用多支付保费。

Friendsurance 模式之所以能够实现对消费者保费的返还，其根源在于大幅降低了各方面的成本，主要包括以下几个方面。

一是降低了保险反欺诈的成本。Friendsurance 通过社交网络将具有同质风险的亲朋好友聚集成小的群体，由于成员之间相互认识，情感因素的存在，使发生保险欺诈的可能性更小，减少了保险公司应对保险欺诈的成本。

二是降低了风险行为及赔付费用。消费者在拉入其他成员时，会基于对其了解和认识，倾向于选择风险行为更低的成员，降低整体风险发生的概率，从而降低整体赔付的费用。从实际情况来看，Friendsurance 的索赔率确实低于市场平均值。

三是降低了小额赔付的处理成本。Friendsurance 通过建立回报资金池对消费者的小额赔付进行覆盖，减少了保险公司处理这种小额赔付的管理成本。同时，对于消费者来说避免了过去保险公司复杂的理赔流程，提高了用户体验。

四是降低了销售成本。Friendsurance 通过社交网络传播和销售，能够通过病毒式营销降低保险产品的销售成本。根据 Friendsurance 的测算，在以上几方面因素的影响下，相比于传统保险产品，Friendsurance 的模式可以降低高达 50% 的成本费用，在给予消费者切实优惠的同时，提高了用户的满意度和忠诚度。

总体来看，Friendsurance 的模式实质上利用了两大特点，一是利用熟人关系降低风控成本，二是通过互联网降低信息交互成本。从第一点来看，Friendsurance 通过引入熟人关系，减少了信息不对称的情况，加之情感因素的存在，降低了保险欺诈发生的概率。与社交借贷相比，熟人关系在这种互助保险中能够更好地发挥作用。从第二点来看，由于互联网能够实现更加高效、低成本的信息交互，能更好地应对小额赔付这种长尾市场，既降低了传统保险公司的管理成本，也提高了消费者的用户体验。借助于社交网络等传播力更强的互联网工具，保险产品销售的成本也能够大幅降低。总的来看，Friendsurance在避开自身缺陷的同时，给消费者带来了实实在在的优惠，也避免了与传统保险机构的冲突，其发展路径具有现实可操作性。

应用趋势

根据中国保险业协会数据，自 2013 年以来，我国互联网财产保险获得高速发展，特别是非车险业务，无论是产品种类还是保费规模都实现了迅猛增长。各家保险公司通过深入挖掘市场需求，优化相关保险产品，推出了"退货运费险""航班延误险""航空意外险""个人意外伤害险""短期综合意外险""出境人员意外伤害险""旅行意外险""酒店退订险""宠物责任险"等创新产品。放眼未来，随着互联网保险的不断生活化，互联网财产险发展趋势也将以如何更好的创新为主。接下来笔者将从产品和渠道创新来探讨保险科技在财产保险中的应用趋势。

1. 产品创新

无论是在传统时代还是在互联网时代，保险产品的创新都是保险发展的重要环节。尤其当下我们处在互联网时代，互联网保险产品的创新发展更是成为一种趋势。

（1）可保性的扩展创新

近几年的电子商务飞速发展，"选择利用互联网或移动客户端"几乎成为现代人的生活习惯，但"网上交易"带来的个人账户安全问题也越来越引起人们的关注，网络安全漏洞、账户盗用盗刷事件层出不穷，银行卡、网银账户被盗窃的风险也随之升高。2015年，众安、人保、阳光等公司分别围绕着各类互联网场景，分析研究商品质量、售后服务、资金安全等各环节中的风险，并针对性地开发出盗刷险、网络支付交易损失险、账户安全险等互联网交易保障产品。此类互联网安全险相当于网络交易的第二道保护盾。投保该险种后，一旦因个人账户信息泄露或被第三方非法获得导致账户资金受到损失，保险公司将给予相应补偿。众所周知，互联网技术的优势在于能够极大地解放人力、提升效率和服务体验，并打破时间、地域、空间等各个方面的限制，为风险管理提供解决方案，这为保险公司进行产品的开发提供了解决方案和技术支持，使不可保风险变得可保，并为客户带来全新的服务体验。平安、众安、意时等公司推出的手机碎屏保险便是利用互联网技术支持产品创新并提升承保能力的典型代表。利用互联网新技术，客户在产品购买过程中拍摄手机屏幕的一张照片便可以通过后台的验机系统识别屏幕状况以评估手机是否可保，有效解决了手机"带病投保"的难题，将曾经"不可保的"碎屏风险变得可保。

（2）极简化的流程创新

随着互联网在经营管理上提质增效作用的日益凸显，越来越多的保险公司进一步更新互联网技术，在业务操作流程上追求简约化，实现了自动报价、自动核保、自动承保、自动交易，并强化线上与线下客户服务、理赔工作的融合。传统的保险产品在投保和理赔时往往涉及填报较多信息的烦琐手续和流程，极大影响了投保和理赔的操作时效，降低了效率，使客户对保险公司常规流程体验较差。互联网的普及使极简、极优的产品设计成为可能。例如，人保、阳光、华泰、众安等公司的退货运费险，在电商平台上购买商品时与货物同时付款，只增加了一个勾选框，消费者即可简单完成投保。理赔操作同样简单，当客户购买的商品在送达时发生拒签或退货请求，保险公司借助物流信息，无须客户提供证明或材料信息填报，就能自动理赔到客户网上账户。此类退货运费险的产生给电子商务平台良性发展提供了支撑，不仅完善了交易流程，还促进了网络消费市场的生态发展。对于商家而言，解决了退货过程中买卖双方在运费支出方面的纠纷，节省了退货的沟通成本和经济成本，提升了对消费者的售后服务质量。消费者则增强了网络购物的信心，解除了交易中的后顾之忧，提升了消费体验，交易平台交易额的上升也得到了促进。又如，多家公司开发的航空延误险，同样是投保与飞机票搭配销售，一键投保，理赔则根据航班延误信息自动完成，往往飞机未落地，赔款已进入客户账户，极大地优化了产品流程。

（3）多样化的技术创新

大数据技术的应用。随着互联网时代到来，各项技术的提升，数据的收集和信息的捕捉变得更加容易，保险公司可以对数据进行实时收集并有效存储和应用。数据资源的丰富使保险产品定价越来越具科学性，通过对互联网海量客户的数据分析，可以有针对性地进行产品开发、定价、销售，且大大提升销售转换率。另外，网络业务为个人客户提供了更强大的保险服务支持，让客户的生活更加方便、快捷。保险产品本身提供的是一种风险服务保障，所以最终满足客户需求才是留住客户的根本。大数据时代互联网保险在产品设计创新、产品精准定价、大数据营销、风险控制、客户服务等方面都有红利体现。目前，网络购物退货运费险就是标准的互联网创新保险产品，它基于互联网积累大数据进行定价。在产品定价过程中可能产生定价不准确风险，因此产品推出初期，保险公司通常采用相对保守的定价策略。运营一段时间后，保险公司对大数据进行充分挖掘和分析，建立数据模型，根据实践反馈不断调整保险定价，迭代升级产品。目前市场上人保、阳光、华泰、众安等保险公司提供退货运费险产品，各家公司都以符合监管要求的方式，利用大数据进行系统自动核算并精准定价。

传感技术与物联网的应用。传感技术在财产险中的应用范围广泛，通过收集分析现实环境中的多维信息，对事故发生的概率进行预判评估，由此起到预防危难的发生和保障的作用。传感技术可以在开车时更好地保障驾驶安全，例如，在事故频发地段，传感器可以提醒司机减速注意安全，因此，传感技术在车险中的应用也是目前市场应用较广的领域。通过传感技术跟踪现实世界中的驾驶信息，实现车与车、车与人、车与路的互通与协同，对数据进行采集、分析和决策，实现智能化交通管理、智能动态信息服务和车辆智能化控制，可为车险消费者和保险提供者带来更多便利。

2. 渠道创新

各家公司积极投身于互联网保险业务，基于保险公司自身的互联网平台以及互联网生态、场景、技术的销售模式创新层出不穷，使互联网保险的发展精彩纷呈。总体上看，互联网保险在销售模式创新方面体现出两大特征：一是多家传统财产保险公司在原有官方直销平台的基础上，充分利用移动互联平台和社交媒体操作便捷和易传播的特性，提升对外宣传和服务效率，同时整合线下销售人员资源，推动传统销售模式转型；二是各家公司在关注自身平台建设和销售模式转型的同时，加大了与互联网生态的融合，保险与互联网的合作在广度与深度上都有重大突破。

（1）加强官方网络品牌建设，提升营销效率

移动互联技术的运用与发展。互联技术运用的好坏，会直接影响到营销的效率。各大保险公司官方平台应把控好互联网营销的三要素，在目标用户选择上，从用户兴趣、爱好等开始入手，为目标客户提供独特的用户体验，为实施交叉销售提供有效支撑；在业务产品设计上，运用数据挖掘技术实现对用户需求的快速响应，并且要将业务有效整合，将最合适的业务推荐给有需求的客户；在营销规则设计上，不断优化，并且实施整合营销，在特定的环境、特定的地点挖掘客户最大的兴趣点和需求点，把握最好的营销时机。自2013年社交媒体快速发展以来，以微信为代表的社交媒体用户开始爆炸式增长，各家保险公司争相进驻微信、微博等平台，借助社会化、社交化的营销和服务手段，提高公司公信力，延伸企业品牌价值，有效建立与客户的沟通渠道，提升营销的效率。以人保财险为例，作为国内最大的财产保险公司，总公司各部门和各级分支机构充分借助微信、微博等社交媒体平台打造品牌，为客户提供个性化、差异化的保险金融服务。同时，为保证宣传的统一性和建设的安全性，人保财险建立了统一、标准、满足差异化功能的PICC（中国人民保险）社交媒体服务平台，实现社交媒体应用的集中接入、业务逻辑功能统一搭建以及人工座席在线服务等功能，支持对多样化账号（如微信公众账号等）的维护管理。平安产险的微信公众号也体现了这一特点，客户可以通过微信公众号绑定账户，直接与专属座席沟通，包括车险服务、

朋友推荐、理赔协助、综合金融咨询等各方面的需求，都可以利用碎片化的时间得到及时的反馈和服务。

传统模式向O2O模式的转型。2014年以前，各家保险公司主要还是依托PC端官网进行互联网保险销售。2014年以后，保险主体逐渐关注到移动互联网技术并将其投入应用，如借助移动互联平台，推动形成全员营销的意识，支持销售人员进行O2O的销售模式，以提高销售效率，进一步促进传统销售模式的互联网转型。例如，太保财险根据非车险分散型业务碎片化和便捷化的特性，在微信平台推出"码上保"，结合二维码、移动支付、电子保单等创新技术工具，实现在中介、车商、交叉销售等渠道打造简单易操作的展业工具，方便分公司多渠道展业。

（2）依托互联网生态，深化第三方合作

随着2016年保险行业各主体积极开拓与互联网生态的结合点，与第三方互联网平台合作的深度与广度都有很大的创新与突破。

传统互联网场景的拓展和延伸。旅游出行板块是保险公司最早介入的互联网场景之一，2015年各家保险公司积极迎合互联网业态和人们的生活方式，结合消费者生活消费场景需求，深耕细作产品和业务，为消费者提供出行、旅游保障的整体解决方案。其中，华泰、众安、人保、平安、太保、永诚、阳光等公司最为典型，合作渠道涵盖携程、艺龙、去哪儿、同程、途牛、芒果网等在线旅行网站和春秋航空、首都航空、吉祥航空等航空公司平台。合作场景也从原来的航空领域延展到机票预订、酒店预订、车辆预订、旅行预订等，催生出更多的保险与互联网结合的产品。从退货运费险开始，网络购物板块也一直是保险公司重点关注的互联网生态。随着保险公司与各大知名电商平台深度合作，针对电商平台交易中出现的难点和痛点，保险公司量身打造出一批符合互联网特色的保险产品，推出的大众服务产品包括退货运费险、跨境交易损失险、个人账户资金保险等众多创新产品，服务平台包括阿里电商生态圈、京东、1号店等。

新型互联网保险场景的开发和突破。除了相对比较传统的互联网场景外，各大保险公司也都在积极针对一些创新的互联网生态和客户"痛点"开发产品。例如，随着共享经济模式的兴起，滴滴打车、摩拜单车等出行方式走进大众生活，但拼车时遇到的意外事故、物品丢失以及因乘客造成的第三方损失等风险也在凸显。在这种背景下，不少公司推出了基于该场景的创新产品，如安盛天平联合国内知名App"天天用车"推出"搭车险"，乘客只需要在"天天用车"App下单，即可获得保障，享受到真正的出行无忧。"搭车险"的推出不仅规范了搭车市场的秩序，还通过保险转嫁了车主与乘客之间的纠纷风险，提升了客户的乘车体验，也让车主更为安心，让搭车出行无后顾之忧，体现了保险承担社会责任的属性。

保险科技在人身保险中的创新实践

业务概况

人身保险尤其是人寿保险由于复杂性和长期性，整体上在互联网端的创新主要还是体现在三个方面：第一，短期的互联网健康保险的突破及基于传感器的移动健康管理引入健康类保险产品的定价。第二，通过互联网技术和手段解决庞大代理人队伍网络化获客和管理的问题。如代理人销售管理工具、通过互联网收集用户的长期寿险产品需求。第三，相互人身保险模式的突飞猛进，特别是在健康险领域有大量公司做了相关尝试，当然目前阶段主要解决了快速获客和大数法则分摊问题，但还是没有实现盈利和牌照合规问题。

互联网人身保险业务异军突起，极大地推动了保险行业转型创新发展。不过，随着"保险业姓保"的监管导向不断落实，曾经以理财型业务独大的互联网人身保险市场，开始快速转型，不断改造升级传统产品，通过保险产品场景化、定制化、业务结构的优化和产业链的延伸，尤其是互联网健康险取得快速发展，保险科技在人身险方面的创新实践主要包括如下五个方面。

1. 改造升级传统产品

利用大数据、物联网对原有产品进行价格、费率的优化设计是传统保险产品升级的重要体现。互联网金融时代，商业思维转向数据思维，保险行业利用大数据、物联网来分析客户需求、开发产品、运营企业。

大数据、物联网引入后可以使人身保险公司实现动态核保，实时定价。比如，人身保险公司可以通过获取客户投保前连续数十天的血压、心跳、作息时间等信息，进而为其提供精准的保费价格。又如，应用可穿戴技术，及时监测被保险人的生理数据，并能通过智能手机提供建议，提示被保险人防范健康风险，降低赔付率。大数据分析技术、客户行为数据、全局数据等帮助保险企业改变保险产品的定价方式。以数据分析和客户需求为出发点的保险产品设计，将在产品收益、客户体验、风险管理等方面领先。

2. 通过场景化实现营销

传统的保险销售，客户的保险需求和购买意愿往往依赖于销售人员的分析挖掘和推动。而在互联网时代，客户更愿意在信息透明的环境下自主决定，保险的需求更依赖于客户自发地理解和体会。因此，互联网思维下的营销是从产品营销转变为生活场景营销，需要寻找广大消费者在日常生活中真正的"痛点"，通过分析研究消费者日常的生活行为，在大家熟悉的、生活化的、接地气的生活场景里，帮助客户认知、体会、激发保险需求，进而产生购买欲望。

保险场景化，是指针对互联网的生活场景设计开发的一些保险产品，通过保险完善互联网生态体系。场景化的渠道入口本质上是精准定位潜在消费者，采用更快更轻的互联网产品思维开发场景化、简单化、小额化、定制化的互联网人寿险产品，研发新业态人寿险产品，跨界共创，实现空白领域的产品创新。

从行业的具体实践来看，已有多家保险公司针对客户互联网使用中的各个场景嵌入保险产品的销售。如平安人寿通过与保险相关的生活场景，挖掘客户需求及兴趣，增加客户流量。在医疗场景中，与体检中心、保健品品牌等合作，通过微信等媒介推送健康、重疾、门诊等险种，在出行场景中，与租车、代驾、机票酒店预订等商家合作，客户预订成功后发送出行意外险推送。

未来保险公司将更加注重与场景化的结合，借助场景开发大量小额、高频又带有情感关怀的保险产品，激发用户分享和传播欲望，让用户切身体会保险带来的保障红利。此外，保险公司还可以和中小型互联网平台合作，深度融合其生态、先嵌入场景，积累数据了解用户，针对痛点，定制传统保险无法满足的特定险种和服务，提升用户的体验感和黏性。

3. 提供碎片化产品

传统的人寿保险产品组合，往往追求的是保障多而全，产品中未必每个保险责任都是客户所需要的。在信息不对称的情况下，消费者只能被动接受保险公司提供的各类产品套餐。在互联网保险时代，了解客户的消费选择成为保险公司开发产品的第一步，如何满足不同人群的保险需求成为众多保险公司发展的方向。

保险产品碎片化是指在保险产品基础构成要素上，通过覆盖人群碎片化、保险责任碎片化、保险期间碎片化、保费碎片化，以达到客户随需、随时、随意进行保险产品购买的需求。碎片化产品抓住了客户的"痛点"，拓宽产品类别，深挖单一产品保障，把复合形态的保险责任分解开单独卖，从而降低保险门槛，也给予客户更大的选择余地。碎片化产品价格低廉、保障时间缩短、保障范围收窄，条款简单化、标准化产品体量正变得更轻、更小，由原先的"高冷"变得更为"亲民有趣"。

目前已有多家公司推出了碎片化产品。复星保德信针对男、女、老、少四类社会群体，陆续推出关爱女性的"俪人守护女性乳腺癌产品"、关爱老人与儿童的"孝行天下恶性肿瘤保险"与"星宝少儿重大疾病保险"、专为男士打造的"男性关爱特定疾病保险"。泰康养老针对以往保险只能保健康个体的痛点，重点探索针对慢性病人群或特定病种的系列保险产品，如糖尿病保险产品。

4. 打造专属定制化产品

保险行业巨大的市场空间、快速的增长趋势以及传统保险渠道的诸多"痛点"，吸引着各大互联网公司积极进军互联网保险。同质化常规产品已经无法在激烈的竞争中拥有优势，在细分市场和充分了解目标客户需求的基础上，与第三方网络平台深度合作，打造专属定制化产品将是未来的发展方向之一。保险公司和第三方网络平台可以针对平台上消费者的特定需求，寻找其中未被满足的风险需求，并在产品设计上做更丰富的创新定制。

太平养老与京东、美团、大众点评等专业电商类平台建立合作关系，凭借其强大的客户流量进行互联网数据挖掘，对用户消费行为进行数据分析，与专业电商平台共同开发场景化的保险产品。目前太平养老已与京东合作了京东众包 App 兼职快递人员意外保障项目和商城安全座椅赠送保险服务项目，同时糖尿病保险、儿童疫苗险合作、京东集团职域开拓、个人养老保障产品合作均在同步推动中。

5. 延伸产业链布局，接入相关服务领域

由于人口增长、老龄化进程加快、居民支付能力增强等因素，人民群众日益提升的健康需求已进入爆发式增长阶段，作为产业链的延伸与融合，保险与医疗的合作无论是在政策层面还是在行业层面，仍在不断推进。事实证明，保险和医疗大健康的整合已势在必行。医疗健康服务为互联网保险提供了保险产品的增值服务，在传统保险产品互联网化的过程中，增加了必要的医疗和健康服务，保险产品不再是单纯的保险，而是"互联网 + 保险 + 医疗 / 健康服务"的组合配套项目。

长城人寿针对传统种牙市场具有患者分散、浪费医疗资源、医患沟通过程漫长、种牙费用高的痛点，与医疗机构合作，推出"种牙险"。种牙险仿照美国先进的管理式医疗模式，将保险公司引入医疗过程中，一方面由保险公司和医疗服务机构对现有的医疗资源和流程进行整合和标准化改造；另一方面吸引大量客户产生规模效益，并通过保险公司与医疗机构和材料厂商达成价格协定，最大限度地让利客户。该产品突破传统的以客户为风险选择控制的核心，而将风险控制的核心设置在对后端的医疗行为上。通过与重点三甲医疗机构的深度合作，在保证提供优质医疗服务的前提下，推动材料厂商及医疗机构降费和优化流程，最终提供给缺牙患者一套高档品牌的植体和牙冠的种植服务，患者可以在微信公众号上一键购买，并享受方便快捷的绿色就诊、专业的个性化治疗方案，以及种植风险赔偿等服务。该款产品是保险公司参与健康服务业整合和医疗体系改革的重大创新，极大地提高了医疗机构的服务效率，促进了整个医疗体系资源的优化。

案例：太平洋人寿

太平洋人寿坚持价值可持续增长的经营理念，以客户需求为导向，运用移动互联新技术打造基于大数据经营的移动智能保险生态系统，初步实现线上线下一个账户、多个产品、多个界面的服务。通过太保集团支持，太平洋人寿完成了以"中国太保"官方微信、"神行太保"移动展业平台和"稳健一生"客户关系管理系统为主要构成的企业级移动应用布局。目前，"神行太保"移动平台已经覆盖全国各地十几万名营销员。

"稳健一生"移动 CRM 系统的设计理念是以客户为中心，通过移动互联实现前、中后台融合，端到端交互，再造客户关系管理流程，覆盖销售、理赔、服务、管理四大领域，全方位地支持服务客户的新作业模式。

一线业务员借助"神行太保"，给客户提供服务。业务员展业时只需携带平板电脑，客户名单和拜访任务即可自动推送到业务员的客户端，客户的基本信息、投保情况、服务记录一目了然，具体的产品信息和案例也可方便展示，轻松实现了移动展业、缴费、承保、保全、理赔等服务。

客户可通过"中国太保"微信平台进行理赔报案，不受时间地点限制，理赔进度也可随时查询，真正实现了简便、快捷、透明化的"一键理赔"。除保单查询、交费查询、交费提醒等服务项目外，公司微信平台"中国太保"还推出"微回访"服务，客户在手机上简单操作即可完成回访，还有"微贷款"服务，保单质押贷款随时申请，T+1 到账，还款便捷，进一步丰富了保险服务的附加值。

在人员管理上，内、外勤管理人员通过"记事本"App 可将团队成员的客户约访、转介绍、收费、回访等一系列行为转化为系统操作任务，并依照任务完成情况进行打分排名。借助这个新武器，管理者可以随时通过手机跟踪团队展业活动，及时发现问题，也可随时查看、掌握全面的业务和队伍活动量数据，从而做出正确的决策，实现高效管理。

案例：中国平安的"医、食、住、行、玩"生态圈

在新技术环境下，中国平安公司的战略定位是将保险服务融入客户"医、食、住、行、玩"的生活场景和需求，通过传统与非传统方式齐头并进，最终实现"一个客户，一个账户，多个产品，一站式服务"的目标。结合平安发展战略，平安人寿的互联网保险发展也在走一条传统和非传统业务相辅相成的创新道路，通过建立保险生态圈，提供吃喝玩乐、衣食住行、生老病死的全方位服务和各类金融理财服务是实施这一战略的重要途径。

目前平安人寿已经在社交、医疗、支付、消费等生活场景有所布局。其中平安人寿 App 可为客户提供围绕"医、食、住、行、玩"生态圈的服务，如"平安好医生"App，以家庭医生与专科医生的在线诊疗服务作为切入口，配合大数据的挖掘、分析及应用，用线上、线下相结合的方式，为客户提供形式多样、内容丰富的个性化医疗及健康管理服务。这个在线健康信息咨询服务平台建立了"医生—医院—人寿险"的大健康管理模式；移动平台的"平安有约健康行"活动，通过行走计步、朋友圈等功能引导客户养成运动习惯，用户还可以体验到以专

属家庭医生服务为核心的健康管理服务。

案例：Clover Health

Clover Health 是一家位于美国旧金山的医疗保险初创公司，成立于 2014 年，仅仅 1 年后，就获得了高达 1 亿美元的融资。Clover Health 的创新在于使用先进的技术手段，实现了对用户健康状况的监测及预测分析，并以此为依托采取预防护理措施，降低老年高风险人群患病的概率及医疗费用支出。Clover Health 能够在短时间内获得巨额风投，主要有以下四方面的原因。

一是创新技术，解决了非结构化数据的处理问题。由于用户的健康数据多种多样，要建立分析模型的一个难题就在于如何将这些非结构化数据整合到一个完整的系统中，以便分析某个用户是否属于高风险人群，同时还需要明确为什么这名患者面临高的疾病风险，以及应该如何进行干预。Clover Health 很好地解决了这一问题。

二是变治疗为预防，主动管理风险发生的概率。Clover Health 与传统医疗保险最大的不同，是利用技术手段找到高风险人群，通过预防护理措施，改善这部分人群的健康状况，从而减少医疗费用的支出，即风险补偿的费用。

这种模式产生了两方面的效果，一方面通过区分不同人群的发病风险，健康人群可以支付相对较低的保费，使保费支出更加公平合理。另一方面，对于高风险人群，Clover Health 采取的是更加积极的管理手段，通过预防护理减少发病的概率和疾病恶化的程度，从而降低整体的风险。这样就可能同时降低健康人群及高风险人群的医疗费用支出。

三是瞄准特定的人群，提供差异化的服务。在奥巴马执政前，美国因为没有全民医保，也不强制企业帮员工购买医保，很多人都是自己购买商业保险。当一个员工退休后，他的医疗保险往往是由自己负担。而这部分人是医疗消费大户，治病、住院是常事，需要支付的医疗费用不菲。在传统模式下，他们和保险公司都需要付出高额费用。

Clover Health 的目标用户是 65 岁以上的高风险人群，正是瞄准了这一特定群体，抓住其"痛点"，提供差异化服务，从而获得更大的竞争优势。对于 Clover Health 来说，有利的情况是这些人往往积累了大量的历史医疗数据，Clover Health 可以很好地利用自身的技术优势，通过数据分析出这些人的身体状况，进行提前预防，从而提升这一群体的健康水平，减少治疗费用。

四是解决了不同主体之间的协调问题。Clover Health 通过技术手段，使不同主体（患者、医生、护士等）在合适的时间能够获得适当的信息，从而减少摩擦，提高整个医疗保险服务的流畅性和效率。例如，对于医生来说，可以通过 Clover Health 的软件详尽地了解病人的情况，从而更专注于为病人服务。

应用趋势

随着保险科技的日渐成熟和保险行业环境的日趋完善，保险业必将进一步通过产品创新、服务创新和模式创新，推动人身险业务持续增长。保险科技在人身保险领域的应用趋势主要表现为如下方面。

1．"可穿戴设备＋保险"

多年来，涉足健康险领域的保险公司，因无法实时掌握被保险人的健康情况，无法与医院实现联网系统对接，而面临着精准定价难、赔付成本居高不下的尴尬局面。不过这种现状正随着可穿戴设备及运动大数据的应用，有望得到改善，未来得到解决只是时间长短的问题。

可穿戴设备包括智能手环、手表、眼镜、衣服、鞋子等，通过软件支持以及数据交互、云端交互来实现强大的功能。可穿戴设备将会对我们的生活、感知带来很大的转变，也将为保险产品的创新带来新的可能。由于大部分可穿戴设备均内置了多种传感器，可以随时监测记录各种与人体健康息息相关的数据，因此保险公司可以通过这些数据了解投保者的生活习惯及各项身体数据是否健康，并通过建立基于健康生活习惯量度的保费收费标准，鼓励个人加强健康管理并获得保费优惠，这种方式可谓是达到了双赢。保险公司通过这种生活习惯的分析，不仅使用户节省了保险费的开支，还促使用户形成了良好的生活习惯。另外，相对于保险公司而言，投保的用户生活越健康，所支出的医疗费用也就越低。

目前行业中已经推出了与可穿戴设备及运动大数据结合的重疾产品，将根据客户的运动情况进行定价。未来，随着可穿戴设备的普及，将会陆续推出更丰富的基于可穿戴设备的创新产品，以新的定价模式和产品形态，推动传统保险业务模式的变革。

2. "生物科技 + 保险"，创新人身险产品形态及风险管理模式

健康类产品和人寿险产品，都以人的健康和生命为保险标的，生物科技的进步从两个方面改变着保险产品和风险管理模式。

第一，在承保前风险筛选环节，生物技术能够提高保险公司的风险管理水平。癌症早期筛查技术，能够更精准、更早期发现癌症。世界卫生组织（WHO）明确指出：早期发现是提高癌症治疗率的关键。只要早期发现，90%的癌症完全可以治愈。认真做好癌症的早期发现、早期诊断及早期治疗工作，癌症的死亡率可降低约三分之一。

同时，因基因检测结果涉及个人隐私，是否能用于保险业务尚无明确规定。基因检测专业人士表示，尽管基因检测技术目前已经开始涉及临床应用，但将其大规模推广及采用还存在技术准入、政策法规障碍等很多挑战，有关部门还有很多工作要做。

第二，生物技术的进步提升了疾病的诊断率，可能带来比精算假设更高的赔付率。疾病筛查技术的进步，为保险公司在客户风险选择环节提供便利的同时，也在客户疾病诊断环节带来了更高的诊断率，可能超出产品开发时假设的发生率。这种情况下，健康险产品的赔付情况可能比预计的要差，但由于更早发现能够极大地提高存活率及治愈率，人寿险产品的赔付情况可能优于预期。

3. 覆盖高风险及非健康群体

人身险的保险标的是人的寿命和身体，鉴于风险选择的需要，保险公司在人寿险、健康险经营过程中，倾向于选择年轻、健康的低风险人群作为保险客户，主要通过健康告知、核保、体检、生存调查等多种方式，对申请投保的客户进行健康情况的判断和甄别。年轻、健康的客户能够以较低的费率承保，年龄较大的客户或健康状况不佳的客户则可能被加费承保、除外责任或拒保。保险公司的这种风险选择机制，在传统的业务模式下，是符合保险原理，也符合商业保险的经营规律的。

基于大数据、基因检测等风险识别手段的保险产品定价、客户筛选，将给传统保险业务模式带来深刻的变革，这种趋势是行业发展的必然。风险识别技术对保险的渗透和改造，使保险公司的风险选择能力不断提升，高风险客户甚至潜在风险客户在投保后的风险筛查过程中都将暴露无遗。这对于保险公司的经营来说是利好的，能够提高业务风险管理水平，降低赔付率，提升盈利水平。但也有业内人士对此表示担忧，保险是群体成员对未知风险的分担，如果风险变得越来越能够预知和明确，可能意味着保险将因此失去互助的社会价值。

从目前的行业发展趋势来观察，未来的保险保障的群体不仅不会缩小，反而会更加广泛。人身险的保障对象将从健康人群扩展到高风险人群甚至确诊的患病人群，老年人、患病人群等传统健康保险中高风险的业务，未来将拥有更多的机会获得保险保障。未来，这类面向癌症患者、残疾人群、老年人等传统意义上高风险人群的专属保险产品将更加丰富。而通过肿瘤筛查、基因检测等技术手段筛查出来的潜在风险人群，也同样可以通过特定保险产品和健康管理服务的融合，获得保险的支付服务和更专业的健康服务。

传统保险产品仅作为支付手段，承担客户患病或死亡带来的经济损失，一旦发生赔付，客户与保险公司的关系就终止了。"保险+健康管理"的保险业务模式，能够为客户提供全生命周期的保险服务，无论是健康还是患病，都能够得到保险的支持和保障。这不仅为传统业务模式下无法获得保险保障的人群提供了机会和可能，更重要的是，保险产品与医疗服务、健康管理的深度结合，能够帮助客户改善健康状况，实现保险公司与客户的共赢。由此，健康类保险产品的竞争力将由其稀缺的健康服务资源决定。传统重疾保险往往有挂号服务、绿色通道等绑定服务，但由于这类服务可以通过第三方机构采购，在激烈的行业竞争中逐渐成为重疾类产品的标配，大多数公司都具备的服务也就不再成为核心竞争力。独有的优质医疗资源、基于大数据的定制化健康服务等才是决定保险产品的市场竞争力。

保险科技在第三方平台中的应用实践

业务概况

目前国外保险电子商务涵盖的服务内容很多，保险产品信息咨询、询价谈判、在线交易、争议解决、赔付等业务环节均已纳入其经营活动之中；产品线方面，包含健康险、年金在内的新保险品种也逐步实现了网络化销售，极大地丰富了在线保险产品市场。此外，部分保险企业利用网络进行销售活动的同时，还将互联网技术应用于公司内部经营管理，通过互联网进行资料收集、统计分析和客户关系管理等，电子商务应用水平不断提高。按照中国互联网保险第三方平台的业务类型，可分为传统中介变革、互联网公司布局和细分市场保险服务商三类。

1. 传统中介变革

保险中介机构是保险交易活动的重要桥梁和纽带，我国保险中介市场已在销售保险产品、改善保险服务、提高市场效率等方面发挥了重要的作用。传统的专业／兼业保险中介机构及其设立的网站平台最初的业务模式以渠道属性为主，随着消费习惯的改变，传统保险代理、经纪公司超出了原有的"渠道、超市"类网销模式，开始往更细分的领域发展。

2. 互联网公司布局

越来越多的互联网公司在保险领域开始深度布局，如蚂蚁金服、腾讯、网易、百度、携程这些互联网公司，主要通过资本注入、场景结合和流量平台三种方式跟保险行业结合。

如蚂蚁金服推出"保险分"和"定损宝"为保险行业完善基础设施做出有益尝试。其中，"保险分"以蚂蚁金服在大数据、人工智能、数据建模等方面的技术，为保险公司更准确识别客户风险、更合理定价、更高效服务消费者提供依据；"定损宝"可用人工智能技术模拟定损中的人工作业流程，实现自动化。

3. 细分市场保险服务商

细分市场的服务商，主要来自创新型企业，在更细分的市场为保险公司提供技术解决方案，如某些保险服务商在风控环节，设计出创新的方式来降低用户道德风险。例如，在手机碎屏这个领域，意时网将碎屏险与手机上门维修变为一种全新的商业逻辑关系，以及设计出利用简单的打地鼠游戏就能更好地解决风控问题，这在商业逻辑、风控等环节都是创新性的突破。

在车险领域，相关服务商在承保、理赔、运营、数据技术、风控、车后服务等各个环节都有创业项目，例如，最惠保、易车险等是承保领域的服务商。

案例：蚂蚁金服

蚂蚁金服在2015年底正式成立保险事业部，通过搭建平台、提供场景，提供保险需求的挖掘、数据风控技术输出、理赔体验改善方案、消费者保险意识培育等服务，将保险科技改造为现实的、直接的服务[①]。

1. 场景保险服务

蚂蚁金服从阿里的生态体系里涉及衣、食、住、行、乐等各个生活电商场景中提炼出保险需求，并设计成可执行的项目，供保险公司参考。蚂蚁金服与合作伙伴一起，在创新实践中不断提升技术能力，优化产品，改进用户理赔体验，总结对传统保险产品升级有参考意义的数据反哺方案。

对场景保险服务的整体思路是：充分整合阿里巴巴集团和蚂蚁金服集团内各电商平台资源，以业务规模为导向，提升用户覆盖面，培养保险感知。一方面，继续深耕退运险、支付宝账户安全险等成熟的场景保险产品。另一方面，围绕四个领

[①] 李红坤，刘富强，翟大恒.国内外互联网保险发展比较及其对我国的启示[J].金融发展研究，2014，10：77-83.

域，继续挖掘生态圈其他场景的保险需求：电商领域，从淘宝到天猫，从国内到国际继续深耕；农村领域，在阿里巴巴村淘计划大战略下探索，利用互联网技术和保险原理促进普惠金融；O2O领域，解决线上线下信息不对称、品质和效率等问题；出行（旅行）相关领域，从用户角度围绕出行设计的多个场景切换，提供多类保障。

2. 平台保险服务

蚂蚁金服的保险平台并不是定义为"保险超市"的概念，而是希望通过场景交叉推介、阿里生态内会员权益对接、数据分析用户行为等运营方案，做到千人千面的平台体验。目前，蚂蚁金服的平台保险服务包括淘宝保险（PC端）和支付宝我的保险（移动端）。

创新产品及流量平台并不能孵化出可持续的互联网保险产品，仍需要电商平台的参与运营、深耕。因此，蚂蚁保险在2016年转变策略，重点加强对保险公司的运营支持，实现针对不同消费者推荐不同的保险产品计划。此外，蚂蚁保险将建立按险种、按用户群体等细分的垂直平台，重点关注车险、健康险和小微企业保险领域。

案例：意时网

意时网是2011年创立的一家第三方互联网保险平台。经过6年的快速发展，累积服务用户超过5000多万，合作伙伴包括百度、去哪儿、途牛、中国联通、中国工商银行、招商银行等公司。意时首创了场景化保险设计之先河，又推出了"保险+服务"的商业模式，使互联网保险从保险延伸到了产业链的层面，形成了独具特色的"保险流量管理+产业链延伸"模式。

意时网模式的核心是：通过保险产品结合互联网重新设计新的互联网保险产品，以保险+服务（理赔服务）为核心，打通保险的上下游产业，最大限度降低客户与保险的博弈成本，使保险产品更性感、更具体验性。

保险产品有几个大的特点：长期有效性、非及时反馈产品；用户越少逆选择越严重；客户得到赔偿越少忠诚度越低；四方博弈［用户、保险风险承担者、复原机构（医院、修理厂）、销售渠道］，客户如果能得到越多价值就会越满意。所以意时网创造性提出既做保险又做复原机构，同时还通过互联网实现流量管理。这样的好处是最大限度地降低博弈成本，使客户可以买到物美价廉的保险和服务，从而大大增加黏性并使大量优质客户涌入从而最大限度实现大数法则分摊。当然加入服务后可以使产品更性感，用户体验更优质，"赔服务而不是赔现金"是意时网产品的特色。保险产业如果想革新，借助互联网技术是一方面，另一方面是整合各类线下理赔资源甚至整个产业链。意时网以保险作为流量入口，作为牵动下游行业纽带的一个生态体系。其业务板块大致可分为

Patica（手机保险＋手机后服务）、漫鱼（旅行保险＋旅行后服务）、屡不违（车险＋汽车后服务）等几大产品系列，现将各系列产品介绍如下。

1. 通过产品创新增加用户流量的保险黑板擦

意时网推出的第一款保险类 App 是"保险黑板擦"。保险黑板擦是一款以互联网保险产品创新为核心的生活方式类手机应用，于 2014 年 5 月上线，由上海意时网络科技有限公司设计研发。保险黑板擦以"零险"概念推出了多款类保险服务，而"黑板擦"寓意擦掉保险的中间成本。用户只需输入个人基本信息（姓名、性别、身份证号）进行免费预约来完成"投保"，"出险"后通过上传规定材料进行补偿申请，部分服务可实现自动审核。

以"家用空调修修乐"为例，用户点击"我要抢"免费领取该项服务后，次日即可生效，在有效期限 90 天内，对于用户因家用空调损坏而进行维修的费用，保险黑板擦将补贴 100 元。在补贴申请时，用户只要上传家用空调维修发票照片（需显示维修时间）和服务对象本人身份证照片即可申请补偿金，每人每年限一次获取补偿的机会。另一款产品"失眠乐"则可实现自动审核，用户在完成免费领取后，只需在凌晨 0~1 点在评论区有超过 5 个字符的有效评论，保险黑板擦会主动搜集服务对象的评论，进行自动审核和补贴。

截至 2017 年 7 月，保险黑板擦已经推出了超过 10 款免费类保险服务,如降雨乐、失眠数羊乐、病假乐、美甲乐、痴汉乐、萝莉乐、退税乐、观影乐、填海乐等。此外,保险黑板擦还额外提供与保险公司共同设计的数款保险,如关服险、账户被盗险。

2. 跨界设计通过补贴服务来维持高用户黏性的漫鱼

漫鱼是意时网旗下的子品牌,成立于 2015 年 8 月,以保险 +Wi-Fi(允许电子设备连接到无线局域网的技术)的创新型产品模式,正式进军旅游业。目前漫鱼由"漫鱼保险 +Wi-Fi 服务"与"漫鱼按钮"App 组成,解决用户在旅行中的所有问题,从而在用户与漫鱼之间建立连接,并结合了旅游保险、自由行翻译。[1]

3. 全球救援及免费试用的移动 Wi-Fi 设备产品

意时网通过保险产品链接后服务并反哺线下的"手机碎屏险",即推出的高品质生活服务类应用 PaTica,将手机碎屏险与手机上门维修服务结合,将理赔款转化为手机换屏服务的成本,通过为投保人更换屏幕获取增值服务利润,甚至可以通过手机修屏业务的盈利,反哺互联网保险产品,通过降低其保费获得更大的客户流量和业务收入。

---

[1] 唐金成,李亚茹,韦红鲜.美国第三方网络保险平台 InsWeb 兴衰经验借鉴[J].上海保险,2015(3).

4. 保险云

保险云是意时网经过多年在互联网保险领域的积累和打磨，于2016年在原有的互联网接口平台上推出了一套互联网保险整体解决方案。保险云的主要功能在于通过保险产品，打通相关产业的上下游，让互联网和场景形成结合；同时加速保险公司产品上线的效率，降低新产品的试错成本；简化渠道对接保险产品流程，改善终端用户从购买到理赔的体验，构建互联网保险生态圈，形成服务共享、销售共享、产品共享。

截至2016年底，保险云已经累计服务超过7000万旅行用户，获取了包括航班、日期、国家、消费能力等20多个维度大量旅行和服务数据，保险产品也从旅行险扩展到八大类超一千多款产品，而且数据量每天仍然在不断增长。

保险云技术平台是在互联网基础云平台上搭建的新型互联网平台，同时专门引入互联网上新型的技术。通过云计算技术，确保资源的快速弹性扩展和网络的快速稳定，满足随时海量并发需求的快速出单；同时基于现有数据和多发合作的海量数据，应用大数据技术，从8大维度32个垂直行业领域及10000多个细分标签深度刻画分析用户特征来进行有效核保。在产品理赔上引入人工智能，基于深度学习和海量数据的OCR检测识别算法可以进行人脸和身份证有效识别、银行卡识别、单证识别、自然场景识别等，提高理赔的效率并提升客户的体验性。

保险云平台是意时网实现保险+战略的核心平台，通过这个平台来连接和调节互联网保险市场中保险公司、渠道方、服务方和用户四方的利益关系。对于保险公司来说，保险云可以降低对接成本，提高业务上线速度，同时，保险公司的业务人员可以通过保险云平台来快速定制适合渠道的互联网产品，实时签约，实时上线。对于渠道来说，保险云可以输送各种保险产品和服务产品，无论平台大小，都可以通过保险云来定制服务自身的产品，同时通过保险云解决保险的合规和支付问题。

综上所述，意时网模式的创新在于以下几点。

免费的方式满足碎片化保险需求。在类保险服务的挖掘上，通过保险黑板擦独辟蹊径，深入生活场景，开发出一批极为碎片化的产品。由于设计过于新颖，产品普遍缺乏定价基础和成熟的风控手段，对于传统保险公司来说是"无法做"的产品，而保险黑板擦选择以免费的方式提供这些类保险服务，并采用每日定时抢购的策略吸引流量，提高用户黏性。同时，为了改变传统保险产品的低频问题，保险黑板擦在产品创新中添加了一些更高频的产品（如失眠乐）来保持一定的使用频次。更为重要的是，这些碎片化产品还兼具互动性和趣味性，潜移默化地改变了大众（尤其是年轻用户群）保险意识薄弱的状况，同时也改善了对传统保险服务的刻板印象，培养了保险意识。

基于互联网的风控创新。意时网设计的"零险"实现了全流程线上化，"预约—申请补偿—补偿—提现"均不涉及线下环节。为了杜绝骗保问题，保险黑板擦采用了多道基于互联网的风控创新，如在"碎乐"产品的"投保"环节，通过设置打地鼠的游戏来验证用户的屏幕是否完好无损，而在申请补偿环节多通过上传规定凭证照片来完成"核保"。基于互联网的风控创新实现了保险服务全流程的线上化,整体运营较轻,风控成本较低,同时不伤害用户体验。

提供"保险+"服务。为了改善用户体验,主动介入后续服务,打造一站式"保险+"服务,最为典型的就是为"碎乐"产品提供后续上门维修服务。而"漫鱼"的自由行旅游保障产品则结合了旅游保险、自由行翻译、救援以及10天免费试用的移动Wi-Fi设备,实现了出境旅游的"保险+"服务,在保险和相关产业间形成服务闭环。

总体来看,目前意时网的创新集中在产品需求开发和产品营销策略及整合产业链下游资源和控制成本模式上,以保险服务作为流量入口,为用户提供一站式服务,但一站式服务对资源调动的要求较高,需要寻找好的供应商。外部供应商在质量上难以把控,因此在投入不高、成本可控且有资源和人才支持的条件下,意时网选择自己做供应商,提升服务。

挑战及趋势

1. 面临的挑战

总体看来,虽然目前国内第三方保险平台的发展势头凶猛,但依旧面临如下问题。

(1)牌照申请竞争加剧,加剧了监管宏观面的不确定性

根据中国保监会印发的《互联网保险业务监管暂行办

法》，第三方网络平台经营开展互联网保险业务的销售、承保、理赔、退保、投诉处理及客户服务等保险经营行为应取得保险业务经营资格。也就是说，需要取得保险代理或经纪牌照才能销售、承保业务，并明确了申请中介资质的要求。根据中国保监会规定，第三方网络平台申请保险中介牌照需具备5000万元资本金，所以对于一些中小网络平台而言，这一资本金门槛相对较高。

除硬性的资本金门槛外，中国保监会还规定了第三方网络平台应具备下列条件：第一，具有互联网行业主管部门颁发的许可证或在互联网行业主管部门完成网站备案，且网站接入地在中华人民共和国境内；第二，具有安全可靠的互联网运营系统和信息安全管理体系，实现与保险机构应用系统的有效隔离，避免信息安全风险在保险机构内外部传递与蔓延；第三，能够完整、准确、及时地向保险机构提供开展保险业务所需的投保人、被保险人、受益人的个人身份信息、联系信息、账户信息及投保操作轨迹等信息；第四，最近两年未受到互联网行业主管部门、工商行政管理部门等政府部门的重大行政处罚，未被中国保监会列入保险行业禁止合作清单；第五，中国保监会规定的其他条件。第三方网络平台不符合上述条件的，保险机构不得与其合作开展互联网保险业务。上述诸多条件对第三方平台申请执照造成一些现实困难，同时也对第三方平台长期经营的规划产生影响。

（2）在互联网去中介化的趋势下，第三方和保险公司之间存在矛盾

互联网保险第三方越来越不甘于只做网络销售渠道，随着理赔等数据的网络化，拥有用户的第三方机构希望成为直接的产品定义方和风险承担者，这样的行为等于是动了原有保险公司的奶酪，这也是为什么越来越多的互联网公司希望成立或参与保险公司股份的原因。最终的大趋势是融合一体，这样才能最大限度降低行业成本，使客户获益。因此第三方机构如何在这个过程中做好战略平衡是关键，合作和竞争的关系一直会持续下去，直到最终融合。

（3）大流量对服务形成巨大挑战

目前，第三方销售平台都在尽力针对传统保险销售的痛点优化用户体验，包括售前咨询导购、售中条款解释提醒、售后协助理赔甚至是到产业的服务消费，这需要强大的后台智能客服或人工客服支持。目前，第三方平台人力紧缺，第三方平台不能及时提供防灾防损指导，对于消费者和保险公司而言都会产生风险防范的漏洞，保险保障风险的实际意义和现实功能会因此大打折扣。因此人工智能在互联网保险里面的应用尤为重要，语义识别、机器学习、量化模型、机器人客服将在未来3年内登上历史舞台，所以如果第三方机构缺乏技术储备和战略储备，将在未来竞争中彻底落后。

2. 发展趋势

未来 30 年，云计算、大数据、人工智能的技术应用日渐成熟，会成为各行各业发展的基本的公共服务。可预见的是，每个行业都会在技术变革下面临转型升级。实践证明，电商的发展并没有代替零售业，而是线上线下融合后产生了覆盖面更广、渗透率更深的新型零售业。未来会有巨大的改变，更是巨大的机会。

而保险是能最快适应数字技术变革时代的行业之一，因为保险行业是最早应用大数据的行业，同时，第三方平台未来也会因为技术变革而在现有形态上转型升级。第三方平台主要将面临如下发展趋势。

（1）第三方平台将加速保民数量的增长

小额、高频、碎片化的产品，虽不是"刚需"，但对通过便捷理赔来培养消费者风险意识和保障意识的养成有着至关重要的作用。互联网不仅是一种销售渠道，而且是了解消费者、跟消费者直接沟通的界面。在没有任何保险购买体验的情况下，一次性购买长期高额的保险产品是有较高心理门槛的，而且在日常生活中体验过保险理赔的便捷和服务，再考虑长期保险配置则相对更容易被消费者接受。互联网第三方平台的发展将有助于保民数量增长的加速。

（2）第三方平台将促进保险简单化

保险是专业且复杂的金融产品，对消费者而言有较高的理解和购买门槛。保险"简单化"不是单一地把定价小额化、销售碎片化、条款通俗化，而是让消费者更安心地购买，更便捷地理赔，让保险公司建立更强大的风控系统，减少欺诈所产生的费率成本。看似是前端"简单"，其实是后端强大的风控体系和数据技术在做支撑。

互联网保险平台必须具备三大要素，才能做好风控建设：一是大数据的应用和处理能力，仅仅是数据的存储和沉淀不能发挥作用，数据必须动态活用，需要平台有强大的计算能力；二是风险控制系统建设，平台是否有互联网时代所具备的高技术含量的风控系统；三是是否有因数据而建立起的信用体系。简单的背后首先是信任。没有诚信体系，就做不到简单。

如果按照这三个标准去检验现在的第三方平台，还有很大的发展空间。现阶段保险业重视的是销售端，解决保险复杂难懂的问题，未来是走向确保防止风险发生的前端能力，对灾难的预防、处理，技术和服务的提升，风险的防控，才是保险业的核心能力。保险公司的核心人员未来是大数据工程师。这最终会带来组织形式的巨大变化。

只有做到了风险控制，才能真正使保险变得简单，消费者才能真正有安全感。同时，并不等于"一刀切"。消费者对保险的认知都是从产品本身而来，所以未来让更多人理解保险，最好的办法是让产品来教育。

工业时代，流水线生产讲究的是生产一模一样的产品；数据时代，流水线上生产的每个产品都不一样。以前，短时间内大批量生产规模化产品是技术的进步；如今，要在短时间内生产不同用户需求的产品才是未来方向。

（3）第三方平台发展有赖于与监管的互动和创新

互联网技术迅速发展的时代，政府监管部门的变革速度其实也非常迅速。互联网保险第三方平台的发展和创新，有赖于在监管的指导之下完成，最终都会促进监管的创新、制度的创新。

正在到来的技术革命，很难从昨天的历史中找到解决未来问题的方案，没有过去的标准，创新没有基础，创新的目的是建立更先进的标准。标准和创新，有赖于相互沟通和促进。

第6章
互联网保险的风险及监管研究

互联网保险相关风险

互联网保险给保险行业注入了新的增长活力，也降低了保险公司成本，简化了业务开展流程，更调整了市场结构。同时，新技术的引入也带来了不可避免的新风险，其主要风险体现在以下几方面。

法律风险

目前我国互联网保险的法律制度滞后，与当前互联网保险发展现状不匹配。这对保险交易的顺利进行、交易参与者的利益维护都产生诸多隐患，主要体现于以下两个方面。

第一，互联网保险交易合同与传统纸质合同。传统保险合同形式单一，纸质内容具体详细，在合同双方发生争执和分歧时是重要的分辨证据；互联网保险合同是承载于电子信息技术的基础上，运用新式的签名等相关记录技术。电子合同及电子签名的使用已日益普遍，它具备方便、快捷的优势，但同时也存在弊端和法律风险：首先，签约主体的身份难核实；其次，电子数据具有易消失性，电子数据以计算机储存为条件，是无形物，一旦操作不当可能抹掉所有数据；最后，电子数据具有易改动性，数据或信息被人为篡改后，如果没有可对照的副本、映像文件，则难以查清、难以判断。

第二，普通公民资产中保险占比逐步增大，客户的隐私保护需求在增强。隐私权侵犯的两种情况：一是保险经纪人或互联网保险平台泄露投保者的个人信息牟取自身利益，对保险消费者造成经济和精神的双重损失；二是互联网开放的安全技术难以保证个人信息绝对安全。普通消费者对待互联网信息系统的不信任，阻碍了互联网保险市场的发展，因此急需出台相关法律对其进行完善。

安全风险

互联网是保险网络的载体，一个技术密集型系统有其不可避免的安全技术风险，互联网业务的持续开展需要安全的网络系统作为保障。其主要风险体现在：首先是设备运行风险，若互联网保险的平台设备有其尚未突破的缺陷，这样在运行时产生突发状况，就有可能给保险公司和投保者都带来极大的损失。其次是病毒传播风险，网络黑客的恶意攻击或网络运营者的疏忽都可能造成病毒的侵害和传播，造成计算机系统的破坏进而带来不可估量的巨大损失。再次是系统操作风险，投保者和保险人（互联网保险公司）在互联网上进行具体业务操作时，也有可能会因失误（或恶意）的操作而产生风险，如个人信息的泄露、违规越权的操作等。最后是在线支付风险，互联网保险客户支付了保险费用后对保费的流向产生担忧，亟待确定是否进入了保险公司系统。总之，互联网保险方面虽然已做出多方努力，包括设计多重保障系统等，但安全性依然相对薄弱。

道德风险

道德风险往往指在信息不对称的条件下，参与经济的个体为了自身的利益而对他人的利益造成损害。互联网保险中，一方面体现在保险人难以对标的物的风险进行评估，而带来保险消费者隐瞒风险状况或进行逆向选择的风险。另一方面体现在投保者对保险产品的不熟悉，造成保险人对其误导和欺骗。同时维护保险交易双方的合法权益是互联网保险成长的必然保障。

另外，平台内部也会存在道德风险，即：互联网保险工作者篡改相关财务信息及对投保人信息的泄露；出于某种商业目的，保险公司内部员工由于道德底线缺失导致其利用职务便利非法窃取客户资料，这种现象不仅给投保人带来重大的经济损失，同时也严重损害公司形象。

定价风险

保险产品中的定价原则是风险与管理的费用基本决定保险

的价格。由于互联网保险产品的管理费用比传统保险有了较大的节省，则价格也应该有部分的下降。可是，我国的互联网保险发展历史短，无积累历史数据，这样合理的价格便难以确定。定制合适价格和稳健经营互联网保险市场，是当前互联网保险面临的重要问题。

我国互联网保险监管实践

政策演进

互联网保险行业监管政策逐步建立、完善，促进着互联网保险业的健康发展。其中，2011年4月，中国保监会出台《互联网保险业务监管规定（征求意见）》，标志着互联网保险行业监管正式开启；2015年7月，《互联网保险监管暂行办法》（以下简称《暂行办法》）出台后，互联网保险开始进入规范监管时代；2015年9月出台的《关于深化保险中介市场改革的意见》，推行了独立代理人制度，为第三方平台开辟了广阔空间。

我国现有涉及互联网保险的政策规范文件见表6-1。

表6-1 我国互联网保险相关监管政策一览

时间	发文单位	政策法规	主要内容
2005.4	国务院	《中华人民共和国电子签名法》	电子签名与手写签名或印章具有同等法律效力
2009.12	保监会	《保险公司信息化工作管理指引(试行)》	促进保险公司信息化工作管理,提高保险业信息化工作水平和运营效率
2011.4	保监会	《互联网保险业务监管规定(征求意见稿)》	明确保险公司、保险专业中介机构开展互联网保险业务的资质条件和经营规则;防范网络保险欺诈风险
2011.8	保监会	《中国保险业发展"十二五"规划纲要》	大力发展保险电子商务,推动电子保单及移动互联网、云计算等新技术的创新应用
2011.9	保监会	《保险代理、经纪公司互联网保险业务监管办法(试行)》(已废止)	规定保险代理、经纪公司开展互联网保险业务应当具备的条件和操作规程
2012.5	保监会	《关于提示互联网保险业务风险的公告》	除保险公司、保险代理公司、保险经纪公司外,其他单位和个人不得擅自开展互联网保险业务
2013.8	保监会	《关于专业网络保险公司开业验收有关问题的通知》	针对专业网络保险公司开业验收,制定了有关补充条件

续表

时间	发文单位	政策法规	主要内容
2013.12	保监会	《关于促进人身险公司互联网保险业务规范发展的通知（征求意见稿）》	规定保险公司经营区域，认可赠险或服务赠送行为，并强调对网销应严格监管
2014.4	保监会	《关于规范人身保险公司经营互联网保险有关问题的通知（征求意见稿）》	正式就人身保险公司经营互联网保险的条件、风险监管等问题向业内征求意见
2014.8	国务院	《关于加快发展现代保险服务业的若干意见》	支持保险公司运用网络、云计算、大数据、移动互联网等新技术促进保险业销售渠道和服务模式创新
2014.12	保监会	《互联网保险业务监管暂行办法（征求意见稿）》	从经营原则、经营区域、信息披露等方面进行了规范
2015.7	保监会	《互联网保险监管暂行办法》	在经营原则、经营范围、门槛、区域、信息披露、经营规范和监督管理等方面对互联网保险进行了规范，首次将第三方网络平台纳入监管范围
2015.7	十部门联合发布	《关于促进互联网金融健康发展的指导意见》	支持有条件的保险公司建设创新型互联网平台开展网络保险销售等业务，鼓励保险公司与互联网金融公司合作

续表

时间	发文单位	政策法规	主要内容
2015.9	保监会	《关于深化保险中介市场改革的意见》	提升中介服务能力,推进独立代理人制度
2015.11	保监会	《保险小额理赔服务指引(试行)》	推行单证电子化,减少纸质单证,要求保险公司建立健全营业网点、电话、互联网等多样化服务渠道
2016.1	保监会	《关于加强互联网平台保证保险业务管理的通知》	对互联网平台的选择、信息披露、内控管理等提出明确的要求
2016.10	保监会联合人民银行等十四个部门	《互联网保险风险专项整治工作实施方案》	重点整治互联网高现金价值业务、保险机构依托互联网跨界开展业务以及非法经营互联网保险业务的行为
2017.2	保监会	《保险业进一步参与社会治安综合治理工作的指导意见》	加大保险业综治工作落实力度,重点做好反保险欺诈、打击非法集资、加强互联网保险监管、保险纠纷多元化解、信访积案化解等任务,管控好行业风险,维护保险市场稳定运行和保险消费者合法权益

续表

时间	发文单位	政策法规	主要内容
2017.4	保监会	《关于进一步加强保险业风险防控工作的通知》	严防互联网保险风险。保险公司要高度重视互联网保险风险，认清其风险聚集和扩散的可能性。要防范互联网跨界业务风险，不得与不具备经营资质的第三方网络平台开展互联网保险业务。要严控与存在提供增信服务、设立资金池、非法集资等情形的网贷平台合作，避免风险向保险领域传递。要进一步完善风控手段，提高风险识别和监测水平，审慎开展网贷平台信用保证保险业务
2017.5	保监会	《关于弥补监管短板构建严密有效保险监管体系的通知》	完善互联网保险监管和风险防范有关机制，在有效控制风险的前提下支持行业运用互联网技术创新产品、服务和模式；不得与不具备经营资质的第三方网络平台开展互联网保险业务。要严控与存在提供增信服务、设立资金池、非法集资等情形的网贷平台合作，避免风险向保险领域传递；审慎开展网贷平台信用保证保险业务

监管思路

保监会2015年7月发布的《互联网保险业务监管暂行办法》是我国第一部完整的互联网保险业务经营规范的监管规定，确立了促进互联网保险业务健康发展、切实保护互联网保险消费者权益、线上与线下监管标准一致、强化市场退出管理等监管原则，同时也明确了目前法律体系对互联网保险的监管思路。

第一，鼓励创新。鼓励保险机构利用互联网技术创新产品和服务，提升保险业服务实体经济能力。同时，顺应互联网跨地域的特点，适当放开互联网业务的经营区域限制。对意外险、定期寿险及部分面向个人的财产保险等险种，允许保险机构在未设立机构的省级地区经营。鼓励保险机构深挖保险需求，为互联网经济和互联网金融提供风险保障。

第二，防范风险。通过加强事中事后管理，加大监管力度。同时，以强化保险公司管控责任为重点，明确保险公司应对合作开展互联网业务的保险专业中介机构、第三方网络平台等承担合规管理职责，确保互联网业务符合各项监管规定。建立"黑名单"制度，守住风险底线。

第三，保护消费者权益。要求落实三方面措施实现对消费者权益的切实保障：信息披露——互联网保险业务主要通过消费者自主完成交易，经营机构有义务进行充分的信息披露；落地服务——保险机构应根据自身能力确定业务及销售范围，不能保证服务时应暂停销售；信息安全——互联网信息安全风险较高，保险机构要加强信息安全管理，确保交易数据及信息安全。

现存问题

互联网保险发展时间相对较短，又有其自身的虚拟性、直接性、互动性、跨域性等特性。这加大了监管主体对当前互联网保险监管的难度，给监管主体带来了巨大的挑战。监管的缺失可能加剧保险市场的震荡及不稳定，最终影响互联网保险发展的可持续性，主要有如下困境。

1. 监管尚留空白

互联网保险经过了多阶段的发展时期后，开始呈现爆发式增长，场景保险的日益增多、小型初创期互联网保险企业的井喷式涌现、互助类平台迅猛发展等一系列互联网保险的新形态的出现，使监管问题随之复杂化。之前的互联网保险发展的市场监管都是沿用传统的监管原则与措施，但是互联网打破时间与空间的保险交易平台赋予保险销售以新的内涵和特性，引发的最直接问题是当前监管措施严重滞后于互联网保险的快速发展，更甚者为暂时空缺。

首先，跨区域经营和分区域监管的矛盾。人口的流动速度持续加快，互联网保险及时地打破了地域的限制，进而顺应了时代的发展，若对其过分监管将削弱互联网保险优势，阻碍其发展；可是放任跨区域的保险销售，又会导致一系列的后续服务跟进问题。同时，保险监管实行区域监管，由保监会统筹全局，其派出的机构根据保监会的授权对本辖区内保险市场进行监管，以保障消费者的保险权益。监管部门也急需出台跨区域的规范细则以管理其中的空白。

其次，经营与销售资格方面。监管部门需要对保险经营的主体的相关市场准入条件、经营行为准则、权利义务等重新界定。互联网保险销售的模式多样化，使原来单一简单的监管方式无所适从，难以适应其复杂多变的形式。同时，互联网保险模式也决定了其监管不局限于保险行业监管部门，信息产业部、新闻出版总局及公安部门等也有责任对互联网保险实施监管。

2. 法律法规滞后

首先，法律体系不完善。根据《2016互联网保险行业研究报告》，目前互联网保险创业公司已经超过了100家。2015年，互联网保险公司出现井喷式增长，除了车险比价和代理人平台持续增长外，还出现了针对行业险、企业团险、健康险的公司，也有公司以保单管理、保单后服务、理赔赔付为方向。此外，2014年开始，互助保险平台也频频出现在大家的视野中。相较于互联网保险突飞猛进的发展，我国对互联网保险的法律却处于滞后状态，甚至在2011年以前，市场上还没有出现单独的规范性文件正式对互联网保险提出监管上的要求。总的来说，不论是前期的关于互联网保险的相关监管规定还是现行的《暂行办法》，都还在不断摸索中。目前的互联网保险监管，距离构建完善的互联网保险业务监管体系还有较大的改善空间。

其次，监管方式缺乏有效性。虽然从 2015 年开始，专门针对互联网保险的规范性文件不断增多，但是监管方式缺乏有效性。当前，我国对互联网保险的监管基本沿用机构监管和传统业务管理模式，这些方式并不适合监管具有虚拟化、无时空限制、难以确定管辖权等特点的互联网保险营销，明显缺乏有效性。由于在互联网保险平台上开展业务须大量使用电子凭证和电子记录，资金流向变得更加难以预测；当网络业务与传统业务混合在一起时，现有的监管组织形式和现场检查手段也无法满足新的监管需求。

最后，市场信息不对称。互联网保险市场中，信息不对称导致投保人只能用保险产品的价格判断优劣，然而较低价格往往会影响保险产品的质量。监管部门应采取有效措施来解决信息不对称，从而避免其引起的逆向选择与道德风险。

商业信誉在市场经济中具有很大的经济价值，互联网保险市场的信息不对称更是促进了保险公司对其的重视。互联网保险经营者为了实现自身的利益，往往会诱导消费者并影响信息的有效传递。投保人通过互联网对信息检索并过滤对互联网保险产品信息的了解无实质性帮助，仍对保险产品的质量不能确定，因此投保人无法准确地对信息进行筛选和甄别，保险信息的获取效率较低。保监会有必要对互联网保险经营机构进行信息披露。信息不对称使整个互联网保险市场的运行效率低下，低价值的互联网保险产品会替代高价值的保险产品，因此需要保监会充分发挥其监管的职能，保证互联网保险经营者充分、有效、及时地披露其保险信息。

3. 监管人才缺乏

由于互联网保险本身的特殊性，其业务流程复杂，对社会经济影响之大，有必要对其进行更严格的监管。这对人才的数量和质量都有很高的要求，他们不仅要熟悉保险业务、相关法律法规和网络信息技术等知识，同时也要能熟练运用监管知识。复合型保险人才已形成了巨大的缺口，随着互联网保险市场的扩大，对监管人才的需求还会继续增加。

从上面分析可知，当前的互联网保险监管人才已明显不足，这是由经济发展、社会结构调整和互联网技术的飞速发展等原因造成的。保险销售人员与互联网保险平台不适应，易产生系统安全问题，而单纯的互联网技术工作者也易出现因不了解保险市场经营管理而触犯相关法律法规的情况。保险公司内部控制人才匮乏，如内部审计人员的对应培养跟不上现有互联网保险业务发展速度。如果不能大力培养互联网保险需要的人才，将造成对互联网保险发展的制约。

国际互联网保险监管实践

美国

美国作为互联网保险发展的先行者,其发展速度突飞猛进,同时,随着各保险公司市场份额的进一步扩大,其保费收入也在不断增长。据美国相关统计部门报告,2010年,美国互联网保费收入已占据总保费的四分之一。美国在互联网保险模式上的构建及经验上的积累,值得我国借鉴。

美国比中国的互联网发展时间更长,普及率和渗透率也更高,这为该国的互联网保险发展提供了有力的市场条件。1995年前,不少保险公司就建立了自己的官方网站。1996—1999年,互联网业务开始快速发展,而后更是进入了急速的发展时期。数据显示,在2001年美国互联网的保费收入就突破了10亿美元。截至2009年,美国保险公司已有50%以上开展了自己的互联网业务且交易额超过整个保险市场总额的30%。

1. 美国互联网保险公司运营模式分类

表6-2　美国互联网保险自建官网模式

公司官网类型	功能
产品推广型	向用户介绍本公司经营理念、产品和服务、用户需求意见反映、相关部门的联系、地址等
产品销售型	在线销售产品和服务、效果反馈、需求改进等

表6-3　美国互联网保险第三方平台模式

平台类型	运作机理
直接对接型	保险公司通过链接数向网站开发支付一定比例的费用
间接对接型	代理人通过链接数向网站开发支付一定比例的费用
第三方管理型	第三方依托数据库以代理人方式向用户提供咨询服务

表6-4　美国互联网保险综合超市模式

互联网金融产品	功能
国债、黄金、基金、证券、保险等理财产品	个人理财与投资

2. 美国互联网保险市场的监管机制

美国是联邦制的国家，因此很多法律法规都有双重监管的机制。联邦政府角色主要是起保险监督协调的作用，州政府具体对操作细则进行规范管理。美国的法制建设在全世界范围内都是处于领先地位的，同样，美国对保险公司的规范也相对成熟，能有效降低保险公司的运营风险。然而，互联网保险不仅拥有传统保险的种种监管问题，更存在互联网技术方面的安全隐患，具体来说：第一，计算机网络通信系统本身具有的缺点，以及密码病毒带来的风险，技术导致的信息泄露和盗取而引发的经济损失；第二，互联网硬件设备的风险，主要体现在故障引发的整体安全隐患。

3. 美国互联网相关政策法规

1993年的《国家信息基础设施计划》，主要是美国政府关于基础信息设施发展战略的计划部署。1996年的《统一商法典》，规范了互联网保险营销，并制定执业牌照条款等。1997年的《全球电子商务法案》，定义了电子商务的概念，同时还规定其五项基本原则。1998年保险监督官协会（NAIC）发布"Marketing Insurance Over the Internet"，就互联网保险的电子签名、资金划拨、隐私保密原则、合同形式以及执业认证等方面进行了详细阐述。2000年的《电子签名法案》，推动电子签名的使用，确保其交易的安全性和可靠性。这些相关互联网法律法规对美国互联网保险监管的网络环境提供了重要的保障。2001年纽约州政府保险局签发《第五号函件》（Circular Letter No.5），旨在为互联网保险销售业务提供指南：一方面，规范保险人行为，加强针对其网络执业资格和广告信息发布的监督管理；另一方面，呼吁消费者仔细甄别互联网保险信息，保护投保人的利益。

美国保险学会（AIA）也在2000年发布"Public Policy

Principles for Electronic Commerce and Insurance",以"维护系统的完整性、开放市场以促进竞争、保证监管效率并支持为实现系统效率最大化所做的努力"为宏观目标,重点强调了12条网络监管准则。

这些法规和措施为加强美国保险行业自律和维护良好的互联网保险市场秩序铺平了道路,也为其他国家完善互联网保险监管提供了范例。

欧盟

有赖于经济的发展,欧盟互联网保险发展也相对较早。欧盟国家利用现代信息技术不仅开始进行公司内部运营的管理,也普遍接受用电子商务的方式进行交易。保险消费者与保险公司在互联网上的交互渠道畅通,信息透明、即时。为保单持有者等消费群体提供账户管理,部分保险公司通过金融工具、在线教育等提供保存文件以帮助保险投资者进行保险理财、保险咨询、保费精算等。更有保险公司增加额外服务,如预防损失措施。互联网保险公司通过多种安全措施来保障系统和资料安全,并开通网上信用卡,还包括银行转账、自动取款机、电话银行、网上银行等。这些措施进一步增加了保险消费者与保险公司的信任度。

作为最早发展互联网保险的国家,英国伦敦保险市场在1994年就开始应用计算机系统来提高保险交易的运行速度。

英国的"屏幕交易"网站提供的保险产品，如汽车、旅游、意外伤害、健康、家庭财产等，其增长速度都极为可观。英国互联网保险从 2000 年的 29% 的市场规模增加到 2008 年的 43%；汽车互联网保险份额从 3% 上升到 45%；家庭财产保险上升至 28%；而传统保险份额同期从 42% 下降到 25%。在此基础上，大型的保险集团公司和金融集团也开始加入互联网保险市场，这将促进其更进一步的发展。

欧盟互联网保险运营模式的内容具体表现在：第一，在市场准入方面，通过升级现有的网络安全技术、制定特殊的数据处理与数据传输法则及完善现有的服务经营体系等来规范互联网保险的准入门槛；第二，在监管的一致性方面，保险机构基于现有的市场环境，通过构建公平合理的监管体制，使得保险市场与监管体系无缝衔接，以透明公正的体制机制加速互联网保险的运行效率；第三，在运作效果的实时评估方面，通过及时跟进互联网保险业务，对其运行效率和运行结果进行及时合理评估，以此避免因保险业务量的扩大而带来的安全风险，并提高服务质量，同时使保险主体的守法意识和自我约束机制进一步得到加强；第四，在互联网保险监管多元化方面，除了监督政策的引导、监督体系的完善外，监督手段也在不断丰富，如互联网保险业务的真实性与合法性鉴别、消费者合法权益的维护等，多元化的监督手段相互协调，共同补充，协同起作用。

第6章 互联网保险的风险及监管研究

日本

众所周知,日本被誉为"保险王国",保险公司众多。这些保险公司大多有百年历史,随着日本经济的起飞与高速增长,为保障日本国民生活立下汗马功劳。金融风暴时期,日本经济开始飞速下滑,大量的实体经济和金融公司开始倒闭,保险公司也面临着巨大的经营困境。可是,最终保险公司走出困境,保持着难得的经济活力。这归功于金融厅,日本对金融进行监管的行政部原本是大藏省,后易名为财务省。

1997年的亚洲经济危机后,长达11年之久的泡沫经济崩溃,导致日本8家保险公司倒闭。亚洲金融危机对金融业的冲击促使日本加强了对保险业的监管。金融监督厅的成立,保证了保险相关法律的执行,如《金融厅组织令》《金融厅组织规则》《金融厅设置法》等。1998年,日本政府进一步设立金融再生委员会负责管理金融监督厅,然后在2000年改名为金融厅。日本政府明白,当内阁府直接管辖金融厅时,监管效能才能最大限度地发挥。于是,2001年1月,金融厅交由日本内阁府直接管辖。日本金融厅开始对证券、银行、非银行金融、保险等进行全面监管。

日本互联网保险的监管措施具体表现在:第一,法律法规体系的构建和完善。随着互联网保险业务的成熟和发展,相关法律随之出台,如《电子契约法》《电子消费者协议及电子承诺通知相关民法特例法律》等;第二,行政政策的引导,在互联网保险业务的开展中，教育、示范等措施对防治市场违规交易起到了重要作用，且有效缩短了市场对监管部门政策措施的适应过程；第三，多层准入规则的实施，相关监管部门及第三方评估机构对互联网保险主体的适度评估，提高了保险主体的社会信誉度，有效防范了互联网保险主体的内幕和不法交易。

国际实践启示

1. 完善互联网保险法规，增强政策支持力度

健全的法律法规，统一的法律标准，以及完善的互联网基础设施，为互联网保险的健康发展提供良好的制度和技术环境。同时，我们借鉴欧美日发达国家在保险监管方面实行的法律法规，对其进行必要的调整，以适应我国当前国情。改善监管权限和范围，对于非法的互联网保险交易给予严厉的打击，推动监管部门和该行业的良性互动，相互监督和制约，从而共同确保互联网保险业的健康发展。

2. 完善国内信用体系，加强互联网保险监管

发达国家经历上百年的工业发展，其金融市场信用体系与我国相比存在着明显的优势：社会个人对信用体系都抱有很大的信任，这也能约束个人和企业的行为。金融市场立法保证违规将受惩罚。此外，又有信息公平及信用等级评价，这保证了各个经济参与者对自己的行为会做长期考量，每个个体也都为

自己的经济行为负责，这有利于互联网保险风险监管的实施。有鉴于此，我国信用管理体制也必须跟上，以提升监管部门的监管能力。企业和个人积极配合，从而使我国信用体系建设日趋完善。

3. 宽松审慎市场准入，互联网保险监管灵活

欧美日等发达国家的互联网保险监管都秉承着对其不阻碍、不限制的发展原则。我们应采用适度监管的原则，相关政策法规也不应给互联网保险市场发展制造约束。发达国家的互联网保险市场的准入标准，主要为了保护保险消费者的合法权益和提高监管效率。因此，我国也可以仅仅在设立门槛后，不再对互联网保险进行过多的干预，充分尊重市场的自我调节能力。

4. 着重对保险公司偿付能力和市场行为进行监督

偿付能力是各保险公司的重要指标，它能反映公司前期经营的许多问题，有必要对其进行有效监管，更重要的职能是为防止出现经济恶化或其他原因造成保险公司破产的恶果。但是，单一的偿付能力指标会有其明显的局限性，这时需要对他国的技术进行必要的学习和改进。及早发现保险公司存在的问题，进而出台解决方法，从而稳定市场，保护消费者利益，最终将保险公司偿付能力的风险消除在初始阶段。

完善我国互联网保险监管政策建议

互联网保险已步入规模经济的时代，其监管问题更显突出和急需解决。保险业的监管政策与互联网技术的变化产生了严重的断层，这是极不利于互联网保险的有序发展的。作为互联网保险起步较晚的国家，出现多种不匹配的监管问题是可以理解的，但是作为世界第二大经济体，我们的任何政策表现都备受世界关注。我们有必要向其他先进国家学习宝贵经验，维护好互联网保险的发展成果。

监管对象

随着互联网保险的持续发展，其功能从最初对传统保险业务渠道的补充、信息整合及数据的支持，逐步向产品和服务延伸，并推动了对保险行业细分市场潜力的挖掘。互联网保险经营行为主要通过自营网络平台和第三方网络平台开展。我国互联网保险业务的参与主体（即监管对象）根据运营模式的不同主要可分为以下三类：传统保险公司、专业互联网公司、第三方网络服务平台。

1. 传统保险公司

传统保险公司的互联网保险业务首先以扩充业务渠道和提升服务能力为目标,通过自建官方网站、移动 App 等方式销售保险产品并提供咨询、投保、理赔、保单查询等服务。通常情况下,传统保险公司对互联网保险业务的参与程度与其自身市场地位密切相关,大中型保险公司凭借在行业内深耕多年积累的品牌、客户、人才、技术优势,以及广泛的物理网点铺设,更易为线上保险产品的销售提供支持,满足客户的线下服务需求,并形成线上和线下相结合的协同效应。此外,传统大中型保险公司具有更强的话语权和风控水平,由于具有更强的开发、复制、定价能力,在互联网对传统产品的延伸方面(如将传统保险产品优化成符合互联网消费特点的标准化产品)也更具优势。例如,人保财险于 2012 年实行网销事业部改革,成立网络保险事业部,实现了网销业务的集中运营管理,同时结合公司传统的落地服务优势,借助网络营销、落地服务、线下推荐等手段,综合应用 B2C、B2B、O2O 等电商模式,实现了网销商业模式的多元化和客户选择的自主性。

得益于在传统险市场中的领先优势,目前传统产险公司在互联网保险领域仍占据主导地位。2015 年,除众安在线外,互联网财产保险保费收入前 10 名的公司与财产保险行业保费收入排名前 10 名的公司基本一致,这主要是由财险行业以车险为主的业务结构和车险产品标准化程度高的特征所决定。

表6-5　2015年互联网财产保险保费收入排名

互联网财产保险保费收入	公司名称	累计签单数（单）	累计保费收入（亿元）	财产保险行业保费收入排名
1	人保财险	17463311	336.36	1
2	平安财险	13300898	235.93	2
3	太平洋财险	13044313	42.87	3
4	大地财险	1288737	37.58	6
5	阳光财险	6333283	24.96	7
6	众安在线	2179719734	22.83	31
7	天安财险	615966	11.61	10
8	国寿财险	2323841	11.39	4
9	中华联合财险	595557	9.65	5
10	太平财险	9595667	7.72	9

资料来源：公开资料，新世纪评级。

此外，由于互联网人身保险产品集中在理财型险种，互联网人身险保费收入的市场排名更多取决于保险公司万能险、投连险等理财型险种的销售情况。2015年，除工银安盛和阳光人寿外，互联网人身险保费收入前10名的公司总体表现出理财型业务保费收入排名高于保障类业务保费排名的特点。

表6-6 2015年互联网人身保险保费收入排名

2015年互联网人身保险保费收入排名	公司名称	官网保费收入（亿元）	第三方平台保费收入（亿元）	2015年保户投资款新增交费和投连险独立账户新增交费排名	2015年原保险保费收入排名
1	富德生命	2.93	329.88	3	7
2	国华人寿	0.66	173.29	9	13
3	弘康人寿	0.92	133.62	11	46
4	光大永明	—	125.02	7	40
5	前海人寿	0.69	98.39	4	17
6	工银安盛	2.12	95.75	58	14
7	珠江人寿	0.94	94.64	10	67
8	阳光人寿	1.97	92.38	13	10
9	建信人寿	15.08	77.77	14	15
10	华夏人寿	—	46.06	1	32

资料来源：公开资料，新世纪评级。

一方面，尽管传统保险公司在开展互联网保险业务上具备一定的先天优势，但基于传统险种（车险、理财型保险等）更大的市场空间和更成熟的业务模式，拓宽传统险种的获客渠道仍是大中型保险公司参与互联网保险的主要目的。另一方面，随着电子商务的迅速发展、大数据和技术水平的突破，越来越多的传统保险公司正开始寻求与互联网巨头的合作机会，以分享其巨大的流量资源，如2016年"双11"期间，中国人保、中国人寿、中国平安、泰康保险等9家公司参与了消费保险承保业务，又如国泰财险引入蚂蚁金服为控股股东，开始了对场景化、碎片化创新保险产品的探索。

2. 专业互联网保险公司

专业互联网保险公司是为贯彻落实国务院《关于加快发展现代保险服务业的若干意见》精神和关于"互联网+"的战略部署，发挥互联网保险在促进金融普惠、服务经济社会发展方面的独特优势，由中国保监会批准设立的一批试点机构。2013年，首家经保监会批准的专业互联网保险公司——众安在线成立，2015年底至2016年初，泰康在线、安心财险、易安财险3家公司相继获批成立。目前4家专业互联网保险公司均为财产保险公司，经营范围主要为与互联网交易直接相关的企业/家庭财产保险、货运险、责任险、信用保证保险、短期健康/意外伤害保险等，其中，众安在线和安心财险已获批开展车险业务。

从产品来看，专业互联网保险公司不再局限于传统保险产品，而是与各类互联网公司开展业务合作，围绕互联网生态里存在的风险事件/场景进行产品研发创新，主要产品包括退运险、账户资金安全险等消费保险类创新险种。从股东背景看，泰康在线由泰康人寿自建的互联网平台发展而来，众安在线股东包括蚂蚁金服、腾讯等互联网龙头企业和大型金融综合集团中国平安等，易安财险和安心财险主要由所在注册地的互联网企业和其他民营企业发起设立。

表6-7 我国专业互联网保险公司概况

公司	开业时间	注册资本（亿元）	注册地	股东背景	主要产品
众安在线	2013.11	12.41	上海	浙江蚂蚁小微金融服务集团有限公司16.04%，深圳市腾讯计算机系统有限公司12.09%，中国平安保险（集团）股份有限公司12.09%，优孚控股有限公司12.09%，深圳市加德信投资有限公司11.28%，以及其他9名股东	退运险、信用保证保险、责任险、意外伤害险等

续表

公司	开业时间	注册资本（亿元）	注册地	股东背景	主要产品
泰康在线	2015.11	10.00	武汉	泰康人寿保险股份有限公司99%	消费保险（退运险、抢票险等）、家庭财产险等
易安财险	2016.01	10.00	深圳	深圳市银之杰科技股份有限公司15%（证券代码：300085），深圳光汇石油集团股份有限公司15%，以及其他5家股东（持股比例均为14%）	家庭财产险、账户资金安全险、意外伤害险等
安心财险	2016.02	10.00	北京	北京玺萌置业有限公司15%，北京洪海明珠软件科技有限公司14.5%，北京通宇世纪科技有限公司14.5%，以及其他4家股东（持股比例均为14%）	交通工具意外伤害险、网络支付安全险、银行卡资金损失险等

资料来源：公开资料，新世纪评级。

从经营状况来看，除众安在线外，其余三家专业互联网保险公司开业时间尚短，且小额、碎片化的创新产品难以形成规模，保费收入处于同行业较低水平。2016年前三季度，众安在线保费收入22.57亿元，同比增长60.76%，泰康在线、易安财险和安心财险保费收入分别为3.39亿元、1.28亿元和0.41

亿元。众安在线借助股东的渠道、数据等资源和先发优势，实现了业务规模的快速发展，但目前与淘宝网合作的退运险占保费收入的比例在50%以上，平台/产品集中度偏高。其余三家专业互联网保险公司受制于渠道因素，尚未像众安在线一样实现业务的快速扩张（表6-8）。

表6-8　2016年前三季度我国专业互联网保险保费收入

公司	保险保费收入（亿元）	保险保费收入排名
众安在线	22.57	28
泰康在线	3.93	58
易安财险	1.28	64
安心财险	0.41	72

资料来源：公开资料，新世纪评级。

相较于传统保险公司，专业互联网保险公司在业务渠道和经营产品等方面呈现出自身独有的特性。

首先，在业务渠道方面，专业互联网保险公司不设线下分支机构，完全通过互联网进行在线承保和理赔服务，因此可不受时间和空间的限制，实现业务的快速扩张。但不设分支机构也使专业互联网保险公司缺乏线下服务能力，在涉足传统车险业务时，只能依托传统保险公司的线下理赔服务。此外，互联网保险产品具有被动需求的特点，消费者购买产品需要场景搭载，如购买机票会同时购买航空意外险、航空延误险，购买手机会同时购买手机碎屏险等，因此专业互联网保险公司与互联网平台合作关系的紧密度显得尤为重要，特别是阿里巴巴、腾讯、京东等拥有庞大流量的互联网平台，若专业互联网保险公司能够将可复制性强的保险产品接入，则可迅速推动业务规模的增长，如众安在线借助淘宝网销售退运险，在短时间内便实现了市场份额的快速提升。

尽管与互联网巨头合作的紧密度高有助于专业互联网保险公司市场份额的有效提升，但高度依赖于单一的第三方机构不利于公司经营的持续性和稳定性，一旦合作关系动摇，有可能导致公司业务规模的大幅收缩，削弱自身抗风险能力。

其次，专业互联网保险公司注重围绕互联网生态进行产品研发创新，相关产品往往具有碎片化、件均保费低、期限短的特征。据中保协统计，2016年前三季度，销量排名前五位的非车险产品均与网络购物有关，其中四款产品属于退运险，其余非车险种在产品普及率、可复制性等方面与退运险尚存在较大差距，但退运险整体出险率高，承保利润有限，且销售依赖于电商平台支持，行业整体在产品结构上有待优化。此外，部分专业互联网保险公司将信用保证险作为非车险业务拓展的重点，如针对互联网交易过程中消费分期环节的融资行为，承担上述交易的信用违约风险，又如为消费信贷等的资金融出方（如网贷平台、银行类金融机构等）基于底层资产发行的理财产品提供履约保证保险。但信用保证险业务的合作方存在较多初创期的互联网平台企业，该类企业整体运营时间较短，未经过完整的周期检验，且在经济增速放缓的趋势下，相关平台的底层资产质量将承受一定压力，加大了保险公司的理赔风险。

整体而言，丰富产品线、降低出险率较高的险种占比是专业互联网保险公司提升业务竞争力的重要手段。一方面，产品研发创新能力强的保险公司能够提升产品多样性和渠道分散度，降低业务/产品集中风险；另一方面，丰富的数据积累、较强的数据处理能力、精算定价能力、风险管理能力可使保险公司在降低运营成本的同时提升核保、核赔效率，为高频、海量的业务运营奠定良好的基础。

表6-9　2016年前三季度互联网渠道最畅销非车互联网财产保险产品

产品名称	公司	保单数量（万件）	保费收入（亿元）	件均保费（元）
网络购物退货运费损失保险	众安在线	120155.28	5.14	0.43
网络购物运费损失保险	华泰财险	55345.30	2.88	0.52
退货运费险	人保财险	53372.13	2.46	0.46
产品质量保证保险	众安在线	18775.44	0.08	0.04
网络购物退货运费损失保险	太平财险	15293.00	0.81	0.53

资料来源：慧保天下。

3. 第三方网络服务平台

第三方网络服务平台包括综合性电子商务平台、垂直类网站和专业中介代理平台三类。

综合性电商平台包括淘宝/天猫平台、苏宁平台、京东平台、网易平台、百度平台等,具有独立于商品或服务交易双方的特征。保险公司可借助其庞大的流量进行产品销售,或者与该类平台开展更深层合作,将产品内嵌于平台对应的互联网场景中进行销售。

垂直类网站包括银行类机构、航空类机构、旅游预定类机构、汽车类机构等,主要以技术服务形式使用兼业代理的资质与保险公司合作开展业务,代表机构如中国东方航空网站、携程网、去哪儿网、工商银行官网、风行汽车网等。

专业中介代理平台是专业经营保险中介或保险信息业务的互联网平台,其运作模式为根据保险公司的委托,向保险公司收取佣金,并在保险公司授权的范围内代为办理保险业务,或是基于投保人的利益,为投保人与保险公司订立保险合同提供中介服务。2011年9月,随着《保险代理、经纪公司互联网保险业务监管办法(试行)》的出台,专业中介代理平台逐渐走向规范化、专业化;2012年2月,中国保监会授予北京慧保保险经纪有限公司、深圳中民保险经纪股份有限公司、新一站保险代理有限公司、扬子江保险经纪有限公司、航联保险经纪有限公司5家保险经纪公司的19家网站首批互联网保险销售平台资格;2015年7月,《暂行办法》发布,首次将第三方网络平台纳入监管范围,在经营主体、经营条件、经营区域、信息披露、监督管理等方面做出了明确的经营规范和监管要求,规定第三方网络平台在满足经营条件的前提下，才可开展互联网保险业务，中国保监会自此不再对保险网销资格进行批复。专业中介代理相当于保险超市平台，通过代理多家保险公司的多款产品，实现了"大而全"的产品销售模式，方便消费者进行价格和产品功能的比较。但不同于传统保险公司和专业互联网保险公司，专业中介代理平台不具备产品研发能力和发行许可，在互联网保险产业链中仅充当连接用户和保险公司的中间方，品牌影响力、线上流量和销售服务能力是其提升议价能力的关键。

财险行业对第三方网络平台的依赖度较低，2015年通过第三方网站合作的业务保费收入占比仅为8.26%。具体来看，2015年产险公司与综合类电商平台（主要为阿里）合作取得保费收入占比43.44%。由于互联网财产保险的非车险种集中在消费保险类产品，相关产品主要内嵌于电商平台进行销售，因此综合类电商平台是产险公司的主要合作对象。

互联网人身险行业则以第三方平台为主，2015年保费收入占比达97.2%。基于互联网人身险以理财型险种为主的保费收入结构，银行类机构、独立金融产品销售机构等垂直类网站是人身险公司的主要合作对象。据估计，互联网人身险保费收入的40%来源于银行网银、客户端等渠道。

监管方式

互联网保险本身就是一种经营保险的特殊方式,与互联网技术的结合是其主要特色。这导致原来的监管方式在一些方面已不再适应其发展。于是,有必要对现有的监管方式进行改革和变通,更大程度地发挥互联网保险的优势特征,同时最大限度地抑制其劣势部分的影响。

1. 市场准入与退出的弹性安排

互联网保险市场的准入需要考虑很多的因素,主要有互联网安全技术、信息披露、公司内部管理、网上支付平台资质及安全保障等方面。国家政府应该制定严格的准入条件,灵活审批互联网保险的业务,同时,依靠市场本身的调节机制,保持市场活力。

准入条件应包括:确定保险机构具备开展互联网保险业务相关基本条件;保险公司已形成统一标准且运行良好的互联网技术平台与信息基础设施;公司管理规范,能有效识别、监测、衡量与控制互联网风险等。同时,审批将会提高市场准入的成本,在一定程度上抑制互联网保险的发展,但过于严格可能导致行业的整体竞争力下降。

在鼓励互联网保险业务开展的同时,采取灵活的市场准入机制将更有利于互联网保险市场的可持续发展,并维护保险消费者的权益。在市场准入的原则中,对互联网保险平台的信息发布、服务质量、人员资质、系统安全等风险防范进行严格管理。而对具体业务的开展，尽量不进行过多的干涉限制，避免为互联网保险的发展带来不必要的束缚。

目前，我国的保险监管存在重准入和轻退出的现象，法律法规多涉及市场准入条件，对于退出的规定较少。当前中国退出机制最大的问题是没有统一的标准，这给退出的监管造成诸多不便。

应有必要的互联网保险统一退出标准。从法律程序角度分析，只有经过清算和注销才完成了市场的退出行为；从经济学角度分析，互联网保险经营者不退出市场竞争将会蒙受更多损失，因此主动退出市场。明确退出标准能指引经营者进行积极的作为，优化退出的程序，提高其办公效率，鼓励互联网保险经营者依照法律正规程序退出保险市场。保监会应向社会公布退出市场的互联网保险公司名单，让保险消费者获得权威性信息。同时，鉴于复杂的保险市场环境，应采取差异化的具体监管措施。

2. 网络安全与道德风险的双重考量

互联网的特征决定了互联网安全操作的复杂性和特殊性。在整个互联网安全维护中，安全定位是放在首位的，主要体现在：首先，保障运行安全。互联网保险的信息技术标准需要得到确立，同时还要督促经营互联网的保险公司加强对电子商务平台的建设。一方面，设立标准互联网业务流程；另一方面，加大信息投入力度，加强互联网安全的建设，健全互联网保险业务的运行风险评估体系。其次，保障交易安全。出台互联网保险的监管规定，成立互联网保险的专门监管机构，配备高素质监管人才与干部，加大对违法经营互联网保险业务的相关查处力度。最后，保障信息安全。监督保险公司对互联网保险的业务信息安全进行防范，确保核心业务经营数据的运营安全，确保信息系统不被"黑客"攻击；保证保险消费者的投保信息安全，确保电子保单内容的不可篡改性与客户个人的隐私信息安全。

保险领域的不断扩大，特别是互联网保险的快速发展，加之相关法律法规还不够完善，从而使一些不法之徒开始利用互联网技术手段，牟取个人利益。如果未有效地抑制道德风险，互联网保险的经营与发展也会受到一定的影响。对于道德风险的监管，我们应努力做到以下几点。

首先，保险利益原则与保险损失补偿原则的明确。我们都很熟悉这两个原则在保险行业的运用，同时在互联网保险的监管中更不能脱离这两个原则。只有明确和坚持此原则在整个互联网保险行业中的运用才能有效抑制道德风险的出现。

其次，风险评估机制的建立。市场经济中信用价值是巨大的，能对市场风险形成客观的评价体系，这对整个社会的交易成本都有很大的节省。保险公司也可以通过这个体系对投保人信用有一个了解，缓解和抑制道德风险的发生。

最后，保险公司信息共享。当保险行业中的各个公司都开始建立信息共享机制后,保险的投保者等参与经济体都会严格控制自己的行为,以保证未来交易的顺畅,可极大地抑制道德风险的出现。

3. 保险人才的开发与培育

互联网保险的监管人才所需要的知识跨度较大,其中不仅包括保险学、管理学、法律法规等,还包含互联网信息技术的相关知识。培养互联网保险监管人才时,既要具备好的战略眼光,辅助高校开发或调整相关专业课程,努力培养复合型的人才,为互联网保险提供优质的人才储备,又要建设现有人才资源,建立互联网保险监管人员的轮岗制度,减少培养周期和提高人才的成长效率。最后,保险行业协会与互联网保险平台也要协助政府的监管部门,对保险业务人员进行保险法律法规、保险产品知识、互联网销售技能的培训。

4. 法律风险的防控及规避

目前互联网的快速发展导致我国的互联网管理法规相对滞后。前面已提到 2011 年以来,保监会出台了部分规范互联网保险的文件与法规,旨在保护投保者的权益,更是为了互联网保险的健康发展。互联网保险有其独有的特性,脱离了时间和物理空间的限制,增加了对统一、适用宽泛的法律的需求。

互联网保险需要一个统一的成熟法律体系调配,在保险交易过程中对客户的信息安全与合法权益进行保护，并解决纠纷与防止诈骗发生。政府应在市场准入制度、税收、赔偿、交易监督等方面制定法律法规，规范市场参与者行为。电子支付是互联网保险的核心环节，在支付方面也应制定相关法律制度，明确当事人之间的法律关系。最后还应考虑将《消费者权益保护法》《广告法》《票据法》《知识产权法》应用于互联网保险中来。

互联网保险发展的先决条件是互联网的安全保证，其任何发展和创新须建立在安全的基础上。保监会可通过积极地制定法规、建立高效的风险控制体系，及时采取或变更防范的措施，避免互联网保险风险的发生，保证互联网保险市场的有序运行。保监会加强互联网保险业务的安全监管，防范保险公司内部人员利用职务便利实施保险欺诈行为或违规透露投保方的个人信息；互联网保险的信息技术安全监管，有利于保证互联网的交易环境和互联网保险的支付系统安全，也保证了互联网保险信息系统与资源得到保护。

互联网系统的安全性是个人隐私保护的屏障，安全问题是发展互联网保险的关键，我们必须重视和加强保险公司的网站基础建设。保监会须要求互联网保险经营者具有良好的职业道德与经营操守；采取有效策略阻碍保险欺诈，提倡互联网保险经营者建立数据的交流渠道，共享保险欺诈与欺诈人员的交流信息；保监会还需联合其他监管机构，包括与国外监管机构的合作，共同打击互联网保险欺诈。

5. 平台化建设

安全永远是在保险交易中处于首要位置的。保险网站平台面临着市场交易的风险、信息技术的风险等，这直接威胁到平台网站的健康发展，需要积极防范。基于安全观的支付平台选择，将极大降低消费者的互联网支付风险。对保险公司内部员工利用消费者信息而牟取私利的行为给予严厉惩处，目前较为成熟的隐私保护措施主要有证书认证、交易码验证等。同时，政府通过对保险犯罪行为的严厉打击、定期检查、保险网站优化以最终确保广大互联网保险消费者的合法权益。

保险公司官方网站与互联网保险平台是平行的竞争关系。怎样处理好竞争与合作，给消费者最大让渡价值的同时，又使企业在激烈的市场竞争中立于不败之地，这是互联网保险公司经营管理者的一大难题。解决这一难题的途径在于，注重互联网平台的商业信誉，以高商业信誉来提升消费者对保险产品的信任度。

除此之外，商业信誉的排名还有利于消费者对保险信息进行筛选。只有当买方对互联网平台有较高信任度时，保险产品所传递的信息才能真正被消费者接纳；在卖方方面，交易者的资格认证，卖方真实信息的传递，经营交易过程的监管，需要买卖双方的共同努力才能真正规避保险欺诈的发生。

监管体系

为了进一步规范互联网保险业的发展,要从保险监管体系上着手,促进互联网保险沿着法治化轨道运行。

1. 构建稳定的法律体系

《暂行办法》的施行期限只有 3 年,这远短于某些保险产品的合同期限,也不利于鼓励和指导保险公司开发适用于互联网平台的产品、制定相应的销售规则。应尽快制定新的管理办法与《暂行办法》衔接,使《暂行办法》顺利过渡,或者对已颁布的《暂行办法》进行修订和完善,使其成为名副其实的纲领性文件。

2. 制定高阶的法律规范

自 20 世纪 90 年代我国出现了第一张电子保单以来,除了《民法通则》《合同法》等基础法律外,能针对性地解决部分互联网保险的法律只有《电子签名法》,而制定电子签名法是中国准备入世时颁布的法律,早已不能满足现在互联网保险发展的需要,互联网保险缺乏狭义的法律层面的规定。而《暂行办法》作为我国第一部针对互联网金融领域的监管文件也仅仅只是规范性文件,其法律位阶相对较低,导致《暂行办法》实施上存在一定的障碍,既不能突破过时的法律规定,也不能突破相应的部门规章。

3. 完善监管内容

《暂行办法》的出台是构建互联网保险监管体系的开端，需逐步完善互联网保险主体的监管、互联网保险消费者权益的保护，以及互联网保险产品的监管等三个方面的监管内容。

第一，在完善互联网保险主体监管方面，涉及保险机构共性的问题大致包括：保险机构与不具备经营资质的第三方网络平台合作开展互联网保险业务的问题；保险机构与存在提供增信服务、设立资金池、非法集资等行为的互联网信贷平台合作的问题。

第二，在完善互联网保险消费者权益保护方面，首先对合格的互联网保险消费者进行限定，即对互联网保险的消费者进行适格管理；其次建立对互联网保险消费者的身份识别制度，不仅要在法律规范中规定"保险机构应建立健全客户身份识别制度"，还应确立一些切实可行的身份识别的认定标准。

第三，在完善互联网保险产品监管方面，首先确立互联网保险产品开发的基本原则，以《保险法》中关于保险利益等为原则和基础，重视互联网保险产品的创新，促进互联网保险业务的持续、快速、稳定发展。其次建立健全互联网保险产品的备案审批制度。鉴于互联网涉及面广、受众多的特点，应落实切实有效的分层报批管理制度：对于一般的、常规性的互联网保险产品，可以实行产品、条款的备案制；但对于一些具有强烈的互联网基因、主要依赖互联网才能生存的创新型互联网保险产品，其产品、条款需要报保监会审核批准。

参考文献

1. 缴文超，陈雯．保险行业深度报告：从蚂蚁金服看我国互联网保险的发展［EB/OL］．平安证券，2017-1-6.

2. 冯钦远，陆婕．互联网保险调研报告——保险产业升级进行时［EB/OL］．川财证券，2017-3-7.

3. 郑闵钢，喻言．互联网保险监管增强，关注消费金融及数字货币产业链［EB/OL］．东兴证券，2017-2-20.

4. 赵莎莎．保监会下发互联网保险专项整治方案［EB/OL］．华融证券，2016-6-20.

5. 安玖．保监会：弥补监管短板 完善互联网保险监管和风险防范机制［EB/OL］．凤凰财经，2017-5-8.

6. imoney．图解《互联网保险业务监管暂行办法》［EB/OL］．凤凰财经，2015-7-27.

7. 保监会就《互联网保险业务监管暂行办法》答问［EB/OL］．保监会网站，2015-7-27.

8. 中国人民银行金融稳定分析小组．中国金融稳定报告（2016）［EB/OL］．2016-8-20.

9. 中国保险行业协会．2016中国互联网保险行业发展报告［EB/OL］．2016-11-20.

10. 21世纪经济报道．互联网保险监管办法八大看点［EB/OL］．2015-7-27.

11. 蒋阳兵．互联网金融法律风险与防范［EB/OL］．2017-3-5.

12. 中国保监会．关于进一步加强保险业风险防控工作的通知［EB/OL］.2017-4-21.

13. 上海新世纪资信评估投资服务有限公司.我国互联网保险行业发展现状与竞争主体比较分析［EB/OL］.2017-1-3.

14. 和众财富.我国互联网保险法律监管研究［EB/OL］.2016-12-19.

15. 姚军，李方.关于完善互联网保险监管体系的再思考［EB/OL］.中保网，2015-10-8.

16. 中国保险行业协会.2016中国互联网保险行业发展报告［M］.北京：中国财政经济出版社，2016.

17. 奚玉莉.互联网保险新模式［M］.北京：中信出版社，2016.

18. 埃森哲.数字化保险商——以客户为中心迈入数字时代［J］.软件集成电路，2016.

19. 王和.大数据时代保险变革研究［M］.北京：中国金融出版社，2014.

20. 清华大学五道口金融学院互联网金融实验室.互联网保险：国际创新实践［M］.北京：经济科学出版社，2016.

21. 梅兰妮·斯万.区块链：新经济蓝图及导读［M］.北京：新星出版社，2015.

22. 徐明星，刘勇，段新星，郭大治.区块链：重塑经济与世界［M］.北京：中信出版社，2016.

23. 保险区块链项目组.保险区块链研究［M］.北京：中国金融出版社，2017.